中国地理教育：继承与创新

刘晓靖　陆爱清　顾桂梅／主编

中国海洋大学出版社

·青岛·

图书在版编目（CIP）数据

中国地理教育：继承与创新 / 刘晓靖, 陆爱清, 顾桂梅主编. —— 青岛：中国海洋大学出版社, 2018. 9

ISBN 978-7-5670-2185-3

Ⅰ.①中… Ⅱ.①刘… ②陆… ③顾… Ⅲ.①中学地理课 – 教学研究 Ⅳ.①G633.552

中国版本图书馆 CIP 数据核字（2019）第 080797 号

出版发行	中国海洋大学出版社		
社　　址	青岛市香港东路 23 号	邮政编码	266071
出 版 人	杨立敏		
网　　址	http://pub.ouc.edu.cn		
电子邮箱	pankeju@126.com		
订购电话	0532-82032573（传真）		
丛书策划	河北畅志文化传媒		
责任编辑	潘克菊	电　　话	0532-85902533
装帧设计	河北畅志文化传媒		
印　　制	北京虎彩文化传播有限公司		
版　　次	2019 年 8 月第 1 版		
印　　次	2019 年 8 月第 1 次印刷		
成品尺寸	148mm×210mm		
印　　张	13.75		
字　　数	324 千		
印　　数	1～1000		
定　　价	45.00 元		

编委会

主　编

刘晓靖　　　吉林省德惠市第一中学

陆爱清　　　湖北省十堰市东风高中

顾桂梅　　　新疆维吾尔自治区新疆大学附属中学

副主编

车海燕　　　四川省成都市石室锦城外国语学校

成　伟　　　山西省太原市第十二中学校

霍　苗　　　内蒙古自治区锡林浩特六中

矫　玥　　　黑龙江省齐齐哈尔市第四十六中学

林大海　　　辽宁省本溪市第十中学

林世润　　　广西壮族自治区玉林市北流中学

凌晓丽　　　山西省太谷县第二中学校

刘仕萍　　　贵州省毕节市七星关区毕节八中

刘文志　　　山东省胶州市实验中学

马晓梅　　　吉林省农安县合隆镇高级中学

邵秀爱　　　山东省平度市经济开发区高级中学

佘　海　　　四川省邛崃市平乐中学校

史向前　　　山东省济宁市任城区安居第一中学

王桂玉　　　四川省成都市郫都区第一中学校

王国娟　　　山东省临沂市临沂第四十中学

杨　柳　　　辽宁省盘锦市高级中学

于燕华　　　山东省威海市第九中学

岳　迎　　　陕西省宝鸡市岐山县蔡家坡高级中学

张　浩　　　山东省青岛市胶州英姿学校

张　娟　　　辽宁省锦州市义县第二初级中学

张连波　　　黑龙江省依安县第一中学

张　睿　　　山东省烟台市第二中学

赵　蕾　　　山东省德州市同济中学

郑　建　　　浙江省乐清市乐清中学

周淑艳　　　陕西省西安市庆华中学

祝　青　　　山东省莱阳市文峰学校

庄德祥　　　山东省潍坊市第三中学

编　委

陈　斌　　　河北省雄安新区雄县中学

崔玉洁　　　吉林省抚松县第一中学

黄纯龙　　　湖北省洪湖市沙口镇下新河学校

兰惠群　　　湖南省邵阳市绥宁县民族中学

梅春花　　　江苏省盐城市东台市安丰中学

王大勇　　黑龙江省铁力林业局马永顺中学

王金红　　哈尔滨市第三十二中学校

阎　勇　　哈尔滨市剑桥第三中学校

张文双　　四川省绵阳外国语实验学校

郑友平　　四川省仪陇中学校

（副主编、编委排名不分先后）

前　言

地理教育是国民素质教育的重要组成部分,是地球科学与资源环境科学人才培养的重要基础部分;中国地理教育在国家素质教育、地球科学与资源环境科学教育、科学研究人才培养、可持续发展管理人才培养等方面起着奠基作用;面对国内外高度重视创新人才培养的形势,以及在我国市场经济体制下充分考虑地理各专业人才的就业竞争力,中国地理教育在继承优良传统的基础上必须创新;21世纪中国地理教育必须解决专业与就业的矛盾、理论与应用的矛盾、科学与技术的矛盾、学科规范与多样化的矛盾、机构设置与学科对应的矛盾;中国地理教育要迅速适应国际上建立地球系统科学及可持续发展科学对地理学人才的需要,更要满足国家经济与社会发展对地理人才的需求,特别是要满足国家实施科教兴国与可持续发展战略对地理人才的需要。为此,必须对基础地理教育和高等地理教育进行全面的改革。这一改革应针对基础地理教育的教材内容、高等地理教育的专业设置与课程安排以及从事基础与高等地理教育的教师知识结构的完善等方面。为此,提出了实施地理学跨越式发展的三条对策:在地球系统科学与可持续发现科学的框架下构建中国地理教育的新体系;在国家标准和适应国际规范的前提下规范高等地理教育的学科划分和课程体系;在国家自然科学名词审定前提下规范高等地理教育中的地理科学术语。

　　地理教育在我国已有近百年的历史，它在国民素质教育、国家实施科教兴国和可持续发展战略中起着极为重要的作用。然而，地理教育的发展在国内外都受到程度不同的影响，甚至被一些同行称为面临危机。在国内外，一些大学地理系纷纷改换名称，甚至取消地理学专业；一些名牌大学地理学专业招生的第一志愿率近年明显下降，地理学专业的毕业生就业率也呈现出在波动中的下降趋势。与此同时，在国内外，一些大学地理系借助信息技术的发展，在走可持续发展道路、全球变化及地球系统科学大发展的趋势下，逐渐显示出其他学科难以甚至不可替代的作用。有鉴于此，认真总结我国地理教育的经验和教训，继承优良传统，与时俱进，开拓创新，为加强地理学科建设而奠定良好的地理教育基础。

　　本书由多位作者共同完成，具体分工如下：

　　刘晓靖（吉林省德惠市第一中学，负责 10 万字）；陆爱清（湖北省十堰市东风高中，负责 8 万字）；顾桂梅（新疆大学附属中学，负责 5 万字）；剩余部分由副主编、编委共同完成。

刘晓靖

2019 年 1 月

目　　录

第一章　地理学科的特点与发展现状

第一节　地理的学科特点与学习目的

一、地理学科概论

地理学是一门研究地球表层自然要素、人文要素及其相互关系的科学,其本身具有综合性、地域性、开放性、实践性的特点。我国的地理学科过去在许多方面仿承苏联的体系,侧重于地理学的自然属性方面,地理学科是属于自然科学体系的。大学的地理院系是属于理科的,地理研究所是科学院系统的,中国科学院专门设有地学部。

我国的中学地理课程具有理科的传统,具有明显不同于欧美中学地理课程的特点。欧美的中学地理课程多从属于社会学科,过去也没有单独的地理课程标准。但是20世纪90年代以后,美国、英国单独制定了国家地理标准或者国家地理教学文件,增加了地理课时,强化了地理课程。有的国家已经将地理课程从社会学科中独立出来成为必修课程。我国教育部颁布的中学教学标准是将中学地理课程单独设立为课程的。现在的中学课程标准虽然把地理课程纳入社会科学学习领域,但是仍然将地理课程作为独立的课程设置。在初中阶段设置必修的基础型课程和拓展型课程共146课时,主要内容有景观、地图、世界、中国、省区、乡土地理等;在高中阶段设置必修的基础型课程(102课时,主要内容有宇宙、地理环境、地理信息技术）为6学分、选修的拓展型课程为6学分。从中国地理学的传统和中学地理课程的实际教学内容看，中学地理学科虽然可以归为社会科学学习领域，但是它的自然科学的属性是客观存在的。

中学地理学科兼具社会科学和自然科学的特点，中学地理教师在课堂教学中也往往兼文科和理科于一身，在课堂教学中根据教学内容的不同而有偏重。因此，中学地理学科依然具有地理学本身所固有的综合性特点。中学地理课程在我国中小学教育中历来占有重要的地位，中华人民共和国成立前有一段时间，我国的小学和中学每年、每周都有地理课程，客观上帮助我国许多志士仁人打开了眼界，了解了中国的积弱和世界的进步。中华人民共和国成立后有一段时间，我国初中、高中各年级每周都安排两节地理课时，使我国的知识青年了解了中国的地大物博和世界自然地理、经济地理的基本格局，这是有利于当时开发资源、建设祖国的需要的。中学地理课程是使学生获得地理基础知识、基本技能、基本体验的课程，是使学生掌握地理学习的基本方法、学会地理思维、了解研究地理问题的基础课程。对于帮助学生树立环境观念、地球意识和爱国情感具有特别的意义。因此，中学地理学科的内容不是地理学的精深版或者缩略版，而是适合青少年学生的基础版。

由于中学地理学科具有基础性的特点，其教学内容牵涉的范围很大，仅属于自然地理学的就有地质、气象、气候、水文等，还有天文、生物、旅游、经济、城市等，几乎每一个部分都可以从属于一个单独的学科，如地质学、气象学、气候学。但是地理学包罗万象，涉及人类社会、自然环境及其相互关系的方方面面，所以中学地理学科又具有博物性的特点。

中学地理学科的教学内容涉及方方面面，都是以一定空间分布作为基础的。教学中涉及的某个地理事实、地点或者地区,无论其大小,都应该落实在地理空间上,也就是地图中,通过地图判断其地理位置的特点、周围的环境及其相互影响,所以中学地理教材应包括教科书和相应的地图册、练习册。在教学过程中,读地图、用地图往往贯穿地理课堂的始终,所以中学地理学科还具有通过地图、地球仪、虚拟地球、地理信息系统等表现出来的空间性。

二、地理学科的特点

(一)综合性

地理所研究的对象或现象不是孤立的、片面的,各地理要素之间的相互联系、相互影响、相互依赖、相互制约构成地理环境的综合性,即整体性。例如,自然地理要素有气候、地形、水文、土壤、植被;人文地理要素有资源、能源、农业、工业、交通运输、城市、人口。整个体系是一个具有内在联系的完整的有规律的综合体。一种要素的变化会影响其他要素发生变化,进而影响整个景观的变化,而任何一个要素和部分的发展变化也要受到整体的制约。地理学研究范围如此之广,各地理要素之间的相互作用如此之密切,是其他任何学科所不及的。因此在学习地理时,务必先分解它的各个组成部分,研究各个要素本身,然后再用综合的联系的观点去研究分析各要素之间的相互关系。

(二)区域性

地理综合体千差万别,地理学科的内容离不开各个具体的区域,任何区域都有自己的特征,区域和区域之间存在着地理环境及经济结构的地域差异,表现出无可替代的区域特征。世界地理、中国地理、乡土地理就是研究不同范围、不同层次的区域特征和区域差异的。在学习地理时,要从区域性出发,突出地区和国家的主要特征,综合某地区的各自然地理要素和经济人文方面的特点,与其他地区相比较而显示其特性。

(三)空间性

地理所研究的对象和现象都具有一定的存在空间,这一空间非常广阔且有一定的规律可循。空间是一个具有长、宽、高的三维空间,空间性是指空间位置、空间分布、空间联系三个不同而又有联系的概念。培养空间想象力是学习地理极重要的方面。学习一个区域,首先要了解这个地区的空间位置,包括经纬度位置、海陆位置、政治地理与经济地理位置;然后弄清地区内部地理事物(如地形、河流、湖泊、气温、降水、植被)的空间分布及其原因以及经济资源、工业部门、主要农林牧产品、交通运输线的空间分布规律及其配置原因。

(四)动态性

现存的地理事物是过去发展的结果和未来发展的起点。教师得随时留心它的空间和时间的变化。例如,华北被称作干渴的大地,到 2010 年,这里需要多少水? 从何而来? 都需要做出预测。地球上的地理现象十分宏大,学习地理就要求教师从广阔的时间和空间范围内把地理事物同它所处的时空位置及其他事物联系起来思考,这样才有可能更好地达到学习目的。

综上所述,综合联系地理环境的各种要素,分析比较各区域地理环境的异同并放到一定的空间去研究,是地理学习的思维特点。掌握综合性、区域性、空间性、动态性等特点是学生学习好地理学科的重要前提。

三、地理学科的学习目的

(一)地理学习的动机

地理学科是中学科学文化基础知识教育的重要组成部分,在整个科学体系中有自己的立足点,尤其在培养全面发展人才的素质教育中具有得天独厚的优势。学生学习地理的动机是多种多样的,如有些学生觉得从地理知识中可以知道很多国内外风土人情,对此很有兴趣;有些学生为了了解祖国的大好河山;有些学生出于以后旅游的目的;当然也有很多学生是为了应对高考。在这众多的学习地理动机中,笔者最重视的是学习地理的自觉性和认识兴趣,因为它们是促使学生稳定地保持积极学习态度的内在动力。

学习地理的自觉性是指学生对学习地理知识的目的或社会意义的理解程度,是一种将地理学习与社会要求相联系的社会责任感,如有些学生将学习地理知识看作青少年认识祖国、了解祖国应尽的义务。这种自觉性是在学生地理学习认识不断提高,地理能力得到发展的基础上形成的,是在多方面教育下逐渐形成的。学习地理自觉性的形成与发展是形成学生积极而稳定的学习态度的强大内部动力因素。认识兴趣不同于一般因好奇心引起的兴趣,而是一种乐于接触和寻求地理知识,并渴望不断地探索的心理倾向与需要。这种兴趣指向知识,因而通常又被称为求知欲。认识兴趣虽然也是建立在好奇心的基础上,但它是学生在不断地掌握或使用地理知识,不断地加深对地理知识的作用与意义的认识并逐渐体验到学习地理知识的乐趣的过程中形成的。要培养、激发地理学习的求知欲和认识兴趣,最重要的一点是必须对地理学习的价值有所了解。

(二)地理学习的价值

1.知识价值

地理学是研究人类赖以生存的地球表面环境以及人类活动与地理环境之间相互关系的一门科学,它由"地"和"理"两部分组成。"地"是指世界或某一地区的地表景观或现象,"理"是指形成地表景观或现象的原因以及地表景观或现象的发展动态和相互作用的规律。地理学联系着自然环境,具有自然属性;又联系着社会和经济,具有人文科学属性。地理学在自然学科和人文学科之间起着桥梁或纽带的作用,是文理结合的独特学科,具有十分重要的知识价值。人们常用"上知天文,下知地理"来形容一个人知识的渊博,这充分说明了地理学科的重要性。因此作为中学生,一定要学好地理,掌握更多的地理知识,为今后进一步扩充知识面、完善知识结构奠定坚实的基础。

2.德育价值

地理学习的德育价值在于它是对受教育者进行直观、生动、具体的国际主义、爱国主义、辩证唯物主义人生观、国情和国策教育的主渠道。地理环境为人类的生活与生产提供了场所、资源、劳动对象等条件,而人类又对环境存在着反作用。如何解决人类发展所面临的生态、资源、环境等重大问题,如何实施人口、资源、环境、经济、社会五个因素相互协调的可持续发展,有赖于生存在地球上的每个人的共同努力。要增强全球意识,承担人类所应负的责任,单纯依赖专业人员是绝对不够的。通过地理学习,可以使受教育者成为具有强烈环境意识的新一代公民。此外,学习地理还可培养学生的民族自豪感、自尊心和自信心。因此,地理具有其他学科所不可替代的重要德育作用。

3.经济价值

地理学习的经济价值在于它可以帮助人们全面正确地认识祖国、世界和整个地球,并把所学的知识广泛应用于实际。例如,自然和人文地理知识可服务于农业、水利、建筑、气候、环保学科和生产实践;区域地理的地理名称、地理分布知识可服务于政治、历史、外语诸学科；而以处理和协调地理环境之间关系为主要内容的人文地理知识，则更是做一个合格的现代公民所必须具备的科学文化知识，也是今后继续学习和参加经济建设需要具备的知识。

4.美育价值

地理学习的美育价值在于它可以培养学生的审美素质和对美的鉴赏能力。例如，对地理景观的自然美，地域化的人文美，有秩序、有逻辑的科学美，语言、图表的艺术美的欣赏。

5.其他价值

地理学习还有帮助人们形成正确世界观和方法论的哲学价值，合理配置资源的生产价值，培养国际意识、实行对外开放的社会政治价值等，而它在培养学生智能方面的作用也不可低估。

充分认识地理学习的这些价值，明确学习目的，才能调动学生学习的积极性和兴趣。兴趣是入门的向导和最好的教师，是学习者内在而持久的学习动机的源泉，它有助于增强学生学习地理的自觉性，让这门学科成为学生学习中不可缺少的基础知识和生产生活中的有力帮手。

地理课程要给学生提供与其生活和周围世界密切相关的地理知识，侧重基础性的地理知识和技能，增强学生的生存能力。"学习对生活有用的地理"是地理课程改革中最为强调的理念之一，它表明义务教育阶段中的地理课程将从纯粹的科学世界重新回到学生的生活世界。笔者培养的学生每时每刻都处在一个社会生活的环境之中，无论他们将来从事什么工作，都不可避免地会面对现实生活，都要增强生存与生活的能力。这种能力包括认识生活、适应生活、欣赏生活、享受生活、创造生活等方面的能力。地理课程在"培养善于生活的公民"上是有所作为的，它能帮助学生认识现代社会中各种生活现象的地理原因，理解不同生活方式的地理背景，正确鉴赏各具特色的人文地理景观，增强提高生活质量的意识，从而学会与创造健康向上的生活。

第二节　学习有用的地理

一、地理和日常生活密切相关

生活与地理关系密切，解释生活中的现象，解决生活中的问题，都需要一定的地理知识与技能。下面，就以衣食住行为例来说明。

(一)服饰与地理

第一，服饰材料与地理环境密切相关。桑蚕生产适宜亚热带，浙江的杭嘉湖地区、广东的珠江三角洲都是我国重要的蚕丝产地。而太阳光照好的新疆地区是我国长绒棉的最重要产区。人们喜爱的羊毛衫与皮衣，原料主要是我国西部牧区盛产的羊毛与各种皮革。

第二，服饰样式与地域特征有关。在炎热干旱的阿拉伯地区，人们喜欢身着白色宽松的长袍。在北方寒冷区，尤其在冬季，人们一般爱穿深色的皮毛制品衣服。在气温日较差很大的雪域高原，我国藏族牧民往往穿一个胳臂可以露出来的"不对称"的大袍。

第三，服饰变化与季节更替有关。在四季分明的地区，人们一般都要准备几套与季节相对应的衣服，如夏季的短袖衬衫、连衣裙，春秋季的休闲装和羊毛衫，冬季的滑雪衫和皮夹克。

(二)饮食与地理

中国菜肴有鲁、川、粤、闽、苏、浙、湘、徽等流派,被称为中国八大菜系。一个菜系的形成和它的悠久历史与独到的烹饪特色分不开,同时受到这个地区的自然条件、资源特产、饮食文化等影响。有人用拟人化的手法描绘八大菜系:苏、浙菜好比清秀素丽的江南美女;鲁、徽菜犹如古拙朴实的北方健汉;粤、闽菜宛如风流典雅的公子;川、湘菜就像内涵丰富充实、才艺满身的名士。八大菜系的烹调技艺各具风韵,西南地区口味偏辣,江浙一带菜肴带甜,北方菜味浓重并喜欢放葱蒜,而广东菜偏鲜、偏淡。这和各地的气候与文化等因素有关。在主食、小吃、酒、茶等方面,均存在着地域之间的差异。由于水热条件的不同,我国的北方以种植小麦为主,南方以种植水稻为主,形成了"北面南米"的格局。由于我国农作区的粮食生产比较发达,所以大部分酒是以粮食为原料酿制而成的,贵州茅台、泸州老窖、山西汾酒以及浙江一带的黄酒等都是深受欢迎的名酒,我国各地还酿有米酒、果酒、奶酒、青稞酒等。我国的茶叶由于地区之间气候、地势的差异而品种繁多,有绿茶、红茶、乌龙茶、黄茶、白茶、黑茶、菊花茶等。各地的居民在品茶方面有较大的差异,江南一带喝绿茶居多,寒冷地区喝红茶偏多。

(三)住房与地理

传统民居的样式、材料大多受当地自然地理条件的影响。例如,北美因纽特人用冰块做外墙,林区的居民用原木造房子,草原上的牧民为适应游牧的需要通常居住在搭卸方便的蒙古包里,黄土高原的居民利用黄土直立性好的特点开凿窑洞来居住。

(四)出行与地理

在茫茫沙海里,骆驼成为"沙漠之舟";在一望无际的草原上,人们骑着骏马驰骋如飞。无论是旅游还是出差，人们都要根据天气与环境情况决定出发的时间与交通方式。

二、以往的地理教学存在脱离生活的倾向

第一，知识点堆砌，知识与生活脱节。例如，初中地理一开始就集中学习地球知识，不但比较难，而且与人们生活联系不紧密，学生自然就不喜欢学了；在学区域地理的过程中，有过多的地名与地理事实的记忆，而对于其意义的理解以及与生活的联系过少，学生感到枯燥无味。

第二，地理教学中"生活地理"的内容匮乏，如在出游、闲暇、娱乐、健康、收藏、饮食、就医、购物、买房、咨询、储蓄、保险、求职、公证、签证、社区生活方面涉及的地理知识及其应用基本上很少。

第三，以前的地理教材虽然重视用规范的科学的语言阐述地理事物，但往往没有借助学生的生活经验，学起来比较抽象。

地理教学应该考虑学生的心理特点，让其充满生活的乐趣。学生对直观鲜明的图像和声、光、形、色俱佳的多媒体颇感兴趣。而以往地理直观图片(素描图、彩色照片等)的运用比较少。有的学生虽然能够背出亚麻、苎麻、黄麻、剑麻的出产地，但是由于没有实物及照片，还浑然不知它们的模样。中学生好动，喜欢在活动中学习知识，但过去的教学对地理游戏和动手实验的活动安排较少，如地名接龙、击鼓传花、地理跳棋、列车飞奔、地理赛歌都是充满生活乐趣的游戏，可以引入地理教学中去。

三、"学习对生活有用的地理"具有积极意义

(一)有利于凸显地理学科的价值

地理学科具有科学的、文化的、生活的诸多价值。传统地理教学的弊病，使得原本非常生活化的地理离学生远了，以至于他们产生疑问：地理学了究竟有什么用？所以突出"对生活有用的地理"的学习,能够让学生感觉"生活中处处有地理,地理知识就在我们的身边",从而为地理学习建立一种需求感与内驱力。

(二)有利于提高地理学习的兴趣

兴趣是学生学习的最好的教师、最大的动因。五彩缤纷的生活景观、多种多样的社会生活现象与问题会引起学生的好奇心和探究心理,从而激发他们学习地理的兴趣。

(三)有利于培养理论联系实际的学风

联系生活现象学习地理,有利于培养理论联系实际的学风。由于学生对于生活中的地理问题看得到、摸得着,所以联系生活实际学习地理,学生容易接受、便于理解。一方面,运用地理原理解释生活现象与问题;另一方面,生活实例也可能对理论提出质疑与挑战。例如,有一种说法为"旅游业是无烟(污染)工业",学生联系旅游中的所见所闻对此举出反例:旅游区车流的增加使有害尾气的排放量大增, 景点餐饮业的发展也增加了二氧化碳的排放,加剧了白色污染。

(四)有利于增强生活能力

鉴于学生缺乏生活技能的倾向,地理可以结合生活实际对学生进行有关地理技能的操练,有效地帮助学生应对生活中的困难,解决生活中的问题,增强学生的生活能力,提高学生对未来生活的适应能力,更大程度地满足学生生存的需要。

四、什么是对生活有用的地理

在地理教学中,要充分关注"生活地理"的内容。它们包括①正确使用指南针判断方向、运用地图识别方位、估算距离、了解地形。②初步学会观云识天，推测天气的变化趋势，根据当地的气候特点与天气状况来选择生活方式，合理安排生活。③能够评价生活环境质量，根据自己的需要以及个性与爱好选择居住地的区位，能对环境采取积极态度与保护行动。④对各种自然与人为灾害的发生、防御有正确认识，具有安全意识，能基本掌握自我保护的措施。⑤知道地方特征与就业机会的联系，以调整自己的努力方向，在求职中更有竞争力。⑥运用地理常识看懂各种媒体的新闻报道，了解国内外重大事件的地理背景。⑦在休闲时，知道采取什么休闲方式（如娱乐、健身、野营、旅游），并知道怎样利用环境或选择路线来进行休闲活动。⑧知道区位、生产和销售地的自然人文特征与投入产出之间的关系以及生产中的环境代价。⑨熟悉地域文化（语言、艺术、体育、民俗）的特色，并能了解与理解异域文化，增强人际交往和合作能力。

五、学习对终身发展有用的地理

地理课程要反映全球变化形势，突出人口、资源、环境以及区域差异、国土整治、全球变化、可持续发展等内容，使学生所学的内容不仅对学生现在的生活和学习有用，而且对他们的终身学习和发展有用。地理课程有着丰富的内涵与广阔的外延，它应该关注并能够影响学生的生命历程，促进每个学生的终身学习与未来发展。这是时代发展的需要，也是"以学生发展为本"教育理念的充分体现。

(一)"知识爆炸"的挑战

随着科学技术的飞速发展，地理科学正发生着日新月异的变化，学术成果不断涌现，各种流派理论纷呈，新的知识层出不穷。面对"知识爆炸"的挑战，"地理课程被动应付、地理教材简单复制、地理教学机械背记"的老路再也走不通了。我国基础教育课程改革的具体目标：课程要促进每个学生身心健康发展,培养良好品德,培养终身学习的愿望和能力,处理好知识、能力、态度、价值观间的关系,处理好现代社会科技进步与学生发展的关系,精选学生终身学习必备的基础知识和技能,克服过分强调学科体系和注重知识传承的倾向,扭转课程内容繁、难、窄、旧的现状,改变课程实施过程中过分依赖教材、过于强调接受学习、死记硬背、机械训练的现象。

(二)素质教育的要求

目前,我国基础教育正处于"应试教育"向"素质教育"转型的时期。素质教育培养的是适应 21 世纪需要的新人。这种新人是具有坚强人格与自我发展意识、能够不断学习与实践、善于想象与创新的新人。基于上述理念,地理课程与教学必须克服"急功近利"的倾向,摒弃应试教育的旧模式,树立对学生终身负责的思想,让学生学习富有生长性的地理知识,获得充满智慧的策略性知识与地理自学能力。只有这样,学生才可能在离校后仍自觉地关心与感知地理知识,不断充实自己,加快自我发展。

六、地理学习与终身发展的关系

笔者之所以强调选择、学习对终身发展有用的地理,是因为地理学习与学生终身发展有密切关系。除了生活方面(应该说对生活有用的地理也必然是对终身发展有用的地理),地理对于终身发展的作用还表现在以下几方面。

(一)获得可发展的地理基础知识和技能

通过地理学习,既能学到丰富多彩的地理知识,又能获得观察与观测技能、实验制作技能及有关地理读图技能。这些知识技能与相邻学科有着紧密联系,是学生正在构建的现代科学文化基础知识体系的有机组成部分,它们为学生深入学习地理和其他学科奠定了基础,也关系学生日后从事社会建设的能力和效率。随着21世纪我国社会主义市场经济的进一步发展,从资源的开发利用到对国内外市场的分析预测,从区域经济贸易到文化往来交流,从信息高速公路的利用到网络经济的开拓,无论是管理者,还是生产者、消费者,都离不开对基础的地理知识与技能的掌握。

(二)学会地理思维

地理思维是指分析、综合、抽象、概括、推理等基本思维形式与地理学科内在逻辑融合后,特有的间接反映地理客观事实的认识过程。在思考与解决地理问题的过程中,地理思维严格遵循与地理学科特点相符合的逻辑规则。学会地理思维,有助于理解地理学科的综合性和地域性等特点,有助于处理、分析地理信息资料,有助于正确审视人口、资源、环境等方面的问题。学会地理思维,不仅能提高地理学习的效率,扩展知识视野,还能够增强终身学习的能力和解决实际问题的能力。

(三)培养地理科学研究能力

在地理课程中不但能学到地理科学知识,而且能学到地理科学的精神、态度、习惯与方法,从而提高地理科学研究能力。研究能力包括发现地理问题的能力;获取、处理与运用地理信息的能力;领会地理信息的含义并表达出来的能力;把地理研究对象分解成若干部分,以理解其结构的能力;在新的情境下灵活使用所学知识的能力;把部分结合成一个整体来进行研究的能力;对有关决策进行评价,对其可能产生的后果进行判断、预测,并在此基础上进行最佳选择的能力;等等。地理研究能力的培养,无论对今后从事与地理有关的科学研究,还是对将来进行的其他研究均是有益的。

（四）形成环境伦理观念

地理是中学课程中以人类的可持续发展、人类赖以生存发展的地理环境为基本内容的课程,其功能在于教育学生关心并谋求人类的可持续发展。地理学习把树立环境伦理观念视为崇高而神圣的使命,它可以使地理知识技能升华为现代人所必须遵循的道德规范。

（五）培养全球意识和爱国情感

全球意识作为一种跨世纪的新思维正被越来越多的人所关注和接受。显然,地理学科为培养并强化学生的全球意识提供了丰富而又生动的素材。地理课程能够展现全球不同地域的自然地理环境结构和特征,展现与其相关的不同民族的文化、文明、价值观和生活方式。在学习过程中,学生将从全球范围和世界各国相互依存的角度去认识和把握世界现实,并将本国家、本地区、本乡土置于国际大背景下加以思考和分析,从而学会尊重与理解、竞争与合作、关心与交往。面对 21 世纪的机遇和挑战,地理学科可以有效地对学生进行国情和国策教育,培养学生的民族自尊心、责任感和强烈的爱国情感,树立为中华民族屹立于世界民族之林而奋发学习的崇高志向。

（六）养成良好的人文精神与审美情趣

地理使学生接触各具特色的地域文化,领略多姿多彩的民俗风情,体验地域文化的无穷魅力,享受人类丰富的精神养料。德国著名的地理学家赫特纳曾指出:"在理论的地理学以外,还有一种美学的地理学。"经过长期构建的地理学,实际上已经成为一门充满美学意义的课程。地理涉及大量的自然美、社会美、艺术美的内容。学生通过地理学习,可获得美的享受、美的陶冶,从而培养审美的情趣与自身内在的气质。

第三节　怎么学好地理

地理环境空间广大,地理事物多种多样,地理关系错综复杂。学习地理尤其要注意学习方法,只有掌握好学习方法,才能化难为易,学得扎实而灵活。

一、学会使用课本

教科书既是掌握知识与技能的工具,又是培养自学能力的依据。目录提示着全书的要领和前后的联系,要经常翻阅目录,以便对全书内容做到心中有数。精读课文,常看深思,抓住要点,记下问题,要特别重视插图和表格,领会图表所说明的问题。

二、学会使用地图

地图是地理信息的载体,它能将人们不能亲眼见到的广大地理环境变得一目了然。地图又是学习地理的工具,通过分析地图,可以认识地理特征、原理、成因,找到利用改造的途径,要学会读、用各种地图,要记住最基本的地图。对于世界地理而言,首先要记住七大洲和四大洋的分布。

三、重视地理观察

观察就是边思考边细看。看一看当地的地理环境的面貌以及人们在当地是怎样活动的。人们可以通过报刊、电视节目、图片等获得地理信息,以锻炼学生的才智。

四、善于地理想象

观察只能得到局部直观,地图只能提供位置直观,想象才能使二者联系起来,获得地理环境的全面景观,进而展示地理的未来。

五、要善于动脑

经常向自己提出问题,地理问题的一般思路:①学什么,如黄河及其水文特征。②在哪里,如黄河流经的省区和流域范围。③为什么,如黄河的水文特征是怎样形成的。④有何利弊,如怎样评价黄河对我国北部地区提供的有利条件和不利条件。⑤怎样协调好人地关系,如怎样使人类与黄河的关系协调起来,应当怎样合理利用和改造黄河。

六、要勤于动手

经常用手写、动笔画、动手制作学具,这可以使人心灵手巧。方法对头、事半功倍将会让人越学越爱学。有不少人初中地理没有认真学好,只能到高中从头来学。其实学地理是非常有用的,它与人们的日常生活联系特别密切。学了地理之后,会觉得自己长了不少知识,如可以随心所欲地在地图上指出任何一个国家及著名的城市,可以辨别出不同国家的地理概况、风土人情,可以了解到各种自然现象的成因、特征,这些都是格外新鲜有趣的。

七、重在细心

学地理最重要的是细心。就拿一张地图来说,上面的每一点信息都有可能成为考试内容,稍不留神错过一点的话很可能那张图就白读了。复习的时候最好是能腾出一块完整的时间系统地读。

首先是读图,地图是地理的重头戏,有时甚至会比书本还重要。要把山川、河流、城市等地理位置记清楚,争取第一遍时就记熟。这是因为记地图有一个特征,即一旦记住就不轻易忘记,所以与其隔一段时间复习一次,还不如刚开始就认真地记好。通过平时的应用加深印象可省去复习的时间。

然后就是看书,看书时要理解地记忆。一般只要是以前不懂的内容,看的时候印象就比较深。地理和政治、历史不同,地理的常识性知识更多些,所以记忆也不会太难。但是要记的东西也很多,要舍得花时间,自己想窍门,如谐音记忆法或形象记忆。在学自然地理时,需要理解的知识会多一些,因为这部分已经有点接近理科的知识了,但只要肯花时间多想一些问题,学起来也不会太难。在人文地理方面,记忆要占比较大的成分,多背几遍,争取一遍比一遍用的时间少,每一遍都能发现一些以前没有注意到的更细的东西,如某个特定的地区或者环境污染这一类的问题。只要学进去了,就会发现地理其实是很有意思的。如果对它感兴趣了,还怕学不好吗?

第四节　如何上好中学地理课

一、问题分析

第一,受客观条件的制约,农村教师素质与新课程标准的要求存在一定差距,农村的专职地理教师较少。由于长期受学科偏见的影响,有的学校甚至连一名专职地理教师也没有,地理教学工作由其他学科的教师来兼任。而这类教师本身就缺少专业知识,对学科的认识和研究程度不够,缺乏钻研动力,在很大程度上是照本宣科,有的教师就是把课文给学生阅读一遍就算完成教学任务了;有的教师为了应付考试,让学生在书本上将往年考过的内容勾画一下,然后反复背诵或者进行题海战术的训练。教师的思想观念与素质制约着课程改革的发展和素质教育的进行。

第二,农村学生的素质与城市学生相比还存在很大差距。新课程标准强调通过活动让学生自己探究知识、掌握知识，倡导自主学习、合作探究。然而，农村学生的接受能力、知识面、活动能力相对于城市学生来说较为薄弱。很多学生基础差、见识少、生活空间狭窄、知识储备也少，对地理知识的获得主要来自课本和教师，自我学习的觉悟不够，对知识的追求没有明确的目标，新教材还是被作为"背记"的课本来看待，要想建立学生学习的主体地位还不太成熟。另外，农村学生的家长及周围人群的文化素养较低，对学生的学习不太重视，在学习上为学生提供的帮助少，影响学生课堂教学的参与程度，更使新课程改革举步维艰。

第三，学生的厌学成为调动学生学习积极性、主动性的一大障碍，也成为影响教学改革深入的一大因素。随着中考考试制度的革新，地理课在许多学生心目中成了副科，使地理教学面临着新的困境。

第四，教师教学方法和教学观念陈旧，教学手段单一。长期以来，不少教师在教学中都遵循着地理八股式的固定模式进行授课，教师和课本成为课堂上的权威，一节课下来，基本上以教师的"灌输"为主。这忽视了教师和学生的互动关系，忽视了教与学的创造性，扼杀了学生的灵活性。仍有一些教师靠一支粉笔、一本书支撑地理教学，课堂上连一些挂图、模型都没有，更不用说多媒体教学了。这样的课堂枯燥无味，无法调动学生学习的兴趣。

第五，在教学评价方面还普遍存在两大误区：一是教师的评价过于传统，过分注重教师教的过程而忽视学生学的过程，忽视学生学了多少、掌握了多少、学生参与活动情况、学生的认知能力是否得到发展等；二是对学生的评价仍停留在一张试卷上，评价机制尚未成熟制约着教师的"教"和学生的"学"。学校处理好对本校教师的评价和教师处理好对学生的评价,对于促进教学是一大关键。对于评价机制如何进行,由于现在还没有统一的标准,教师们也只能从本学校目前的教学机制出发,很多的教学工作只好围绕考试评价来进行。

第六,由于中考不考地理,初中地理教学没有得到应有的重视。一些中学为了追求升学率,不按新课程标准开课,片面增加主科,压缩副科,甚至把地理课改成其他主科,严重压缩了地理课时;有的学校按照学生主科的成绩分快慢班或实验班、普通班,严重地挫伤了学生学习地理的积极性;学生也面临着巨大的升学压力,不学习甚至放弃学习地理;学生的家长没有对初中地理给予足够的重视;有的地理教师为了完成学校交给的教学任务强迫学生死记硬背,导致学生学习地理时产生了逆反心理。这样初中地理教学就陷入了严重的困难局面。

二、提高地理教学质量

通过对新课程标准下地理教学的探讨,地理教学需要注意以下几点:一是地理教学要让学生联系生活实际,感到学有所用,从而激发学生的兴趣;二是地理课堂要转变教师角色和教法,利用多媒体创设教学情境;三是地理教学要充分利用好地图,建立地域空间思维能力;四是地理教学的评价要淡化应试,突出能力。在地理新课程课堂教学中,仍然有相当多的学生没有学会判读经纬度、计算实地距离、判断方位和气候类型、判断年平均温差等实用技能。因此,在新形势下,地理教师要转变观念,把地理学科摆在应有的地位,不断提高学生对地理学科的浓厚兴趣。

(一)地理教学要让学生联系生活实际,感到学有所用,从而激发学生的兴趣

地理课要加强和实际生活的联系,让学生觉得学到的不是干巴巴的

"死知识",让他们知道这些知识在今后的生活中会有重要应用,是生活中必不可少的一部分。例如,去西双版纳旅游时,让学生自己设计一份从学校出发到西双版纳的最佳旅游陆上交通线,看谁设计的路线花费最低、观察景点最多、内容最丰富。在这一过程中,学生可以认识那里的热带雨林景观、热带动物,可以观察民风,可以了解民俗和特有的建筑风格。对于中学生而言,兴趣是学习驱动力之一,如果学生不喜欢地理课、不喜欢地理教师,怎么能学好地理呢? 所以,在地理教育教学活动中,教师要密切和实际生活的联系,更要做到"晓之以理,动之以情,导之以行,持之以恒",努力创造一种轻松、和谐的师生关系。地理教师应注意增强自己的组织能力与亲和力,在整个教学活动中,教师精湛的语言、诙谐与幽默的教学方式、可亲可敬的教态等,都能提高学生对地理学习的浓厚兴趣。

(二)地理课堂要转变教师角色和教法,利用多媒体创设教学情境

现在的时代进步了,学生的学习环境变化了,地理课已经不是学生获得地理知识与技能的唯一渠道。所以,地理教师应该改变过去以教师单向讲授为主的习惯性教学方法,将师生互动教学引入地理课堂,坚持"以学生活动为主,教师讲述为辅,学生活动在前,教师点拨评价在后"的原则。由于中学生的心理特点,他们很乐意参与教学过程。教师在进行地理课堂教学时往往需要创设教学情境,把学生组织起来亲历这些过程。例如,讲黄土高原时,让学生通过多媒体观察黄土高原的地貌特征,在观察过程中配以黄土高坡的音乐,从而让他们感受到黄土高坡的荒凉、沟壑纵横、支离破碎等地貌特征;再利用多媒体让学生观察黄土高原下大雨时的景观图,观察地表径流情况;接着引导学生分析它形成的原因,并设计一份治理方案。又如,在讲"世界气候"时,可以利用多媒体创设不同气候条件下

的自然景观，如观察亚马孙河流域的自然景观，亚马孙河流域的树木高大、茂密、分层、终年常绿，该流域降水量大，在这样的环境下生长着蟒蛇、鳄鱼等喜水的动物；然后根据自然景观的动、植物特点来分析当地气温与降水两大气候要素，掌握该地区的气候特征；由此判断这里属于热带雨林气候，它的气候特征是高温多雨。

(三)地理教学要充分利用好地图，建立地域空间思维能力

地理教学中普遍存在着两种引入新课的方法。一种是"讲"法，即"同学们，今天我们讲……"，这样就把师生互动的地理教学活动引向"教师讲学生听"的单向活动。还有一种是"翻书"法，即"同学们请把书翻到……"，把以地图教学为主的地理课变成看书画线的枯燥的文字教学课。地理教师应该努力用"学习"或"讨论"来代替"讲"，用翻"图"来代替翻"书"。"没有地图就没有地理学"，所以地图教学是地理教学中培养学生创新意识和实践能力的主要途径，也就是说，地图是其他任何工具都无法取代的。由于地理学科内容的基础性特点，学生无需死记硬背地理知识，完全可以借助地图来掌握有关知识。即使是地理基本原理的学习，也可以借助地图来学习、掌握。地图是地理信息的重要载体。对中学生而言，地图是帮助其树立空间地域概念的基础，也是培养其地理思维的主要手段。所以，地图在一定意义上既是教具，又是学具，它能把所有知识都串联起来，让学生形成空间思维能力。学好地图、用好地图，对学生来说是至关重要的。学习和掌握地图知识，对于学生学习其他科学知识以及开发学生的智力都有着不可替代的作用。

在用好地图的同时，教师应结合多媒体教学技术，让学生在头脑中建立地域空间思维能力。例如，在讲中国的疆域时，先利用多媒体三维空间

定位中国在地球上的位置,让学生利用手中的地图册读出经纬度位置和海陆位置;再让学生根据地图册读出陆上相邻的国家和隔海相望的国家并勾画出中国的国界线。

(四)地理教学的评价要淡化应试,突出能力

地理课堂教学改革要与改革地理教学学习评价方法结合起来,特别是要改革死记硬背的学习方法,采用灵活多变的评价方法。地理学习评价试题的特点应包括①框架性,即公民必备的地理知识,如我国的地理位置、中国地理和世界地理"之最";②地图性,即所有的试题都可以通过读图完成(包括为数不少的地名填图);③开放性,如从哈尔滨去云南、桂林等地旅游的情境题中,有地理位置、距离、乘车路线、气温变化、民俗民风等知识点。这样的学习评价方式可以提高学生兴趣,改变学生怕地理、背地理的心理。

总之,坚持"以学生活动为主,教师引导为辅,学生活动在前,教师点拨评价在后"的原则,通过互动的地理教学,密切地理知识与生活的联系,培养学生学习地理的兴趣和能力,最终使学生从认识地理到学会地理再到会用地理。

三、上好地理课

(一)教师良好的素质是上好地理课的前提

教师不是知识的"二道贩",而是一个指点迷津的引路人。一个地理教师如果具备良好的道德品质,具有较高的文学艺术修养,具有富有感染力的语言,那么他的课就会激发学生的思维活力,提高课堂学习的效率。

(二)和谐民主的课堂氛围是上好地理课的关键

只有形成民主开放的地理课堂,才能激发学生自主学习的激情,只有

激活学生自主学习的激情,才能调动学生的知识储备,使学生在得到愉悦和满足的同时吸收知识、开启智力、陶冶性情。这既突出了学生的主体地位,激发了学生自主学习的热情,又发挥了主导作用,突出了重点;既把课堂还给了学生,又培养了学生的创新精神。

(三)巧妙的教学艺术是上好地理课的手段

课堂教学不能只靠一支粉笔、一块黑板、一张嘴,而要多渠道地收集和积累教育资源,巧妙组织教学。课前深挖教材,研究学情、教法;课上根据具体情况,抓住教学时机,巧妙引导,牢牢吸引学生的注意力,拨动学生思维之弦,激起积极思维的层层浪花,使学生产生强烈的求知欲望。

(四)开展丰富多彩的活动课是上好地理课的根本

开展丰富多彩的活动课可以给学生创造体验生活的机会。生活是地理不竭的动力,只有融入生活,才会为地理提供源头活水,才能让地理焕发出生命的活力,才能拓展学生的视野,丰富学生的创造经验,提高学生的地理学习能力,使学生感到"地理的外延与生活的外延是相等的"。只有融入生活,开展丰富多彩的活动课,才能真正践行陶行知先生"生活即教育""社会即学校""教学做合一"的教育理念。

激活地理课堂教学,应在教学内容上积极引进"活水",在教学思路设计上努力求新,把课上"活",还要在教学方法上真正变注入式为启发式,实现教与学的和谐交流,把学生教"活"。让学生更多、更好、更自觉地掌握与运用语言,丰富语言的积累,培养语感,发展思维,使他们具有适应实际需要的识字写字能力、阅读能力、写作能力、口语交际能力;提高学生的品德修养和审美情趣,使他们逐步形成良好的个性和健全的人格,促进学生德、智、体、美的和谐发展,这是地理教师应有的共同追求。

地理学科是综合性较强的学科,包括自然科学和社会科学诸多方面,如人口、资源、环境、水利建设、生物、土壤、地貌,内容全面,知识广泛,对学生认识世界、认识祖国、认识乡情具有很重要的意义。而且,通过地理教学,可以培养学生认识自然、掌握自然规律、改造自然的能力。

(五)更新教育教学观念

在 21 世纪,每个地理教育工作者不能再像以前那样只注重课内而轻视课外,也不能只注重知识的输入而轻视能力的培养。否则,把考试内容练了又练、考了又考,资料如山,题目如海,学生会不堪重负。在教学中,教师应立足于学校教育,密切联系社会和家庭,积极提高自身素质,在师德、师爱、师识、师艺方面充实自己,完善自己,淡化功名利禄,提倡奉献精神,学习好、掌握好新的教学手段。在教学中,教师要积极进行知识更新,坚持与时俱进,适应新的教育观念,适应新的课程设置,适应新的教学手段、教学方法,这是上好课的重要一环。

(六)创新教育教学方法

在地理教学中,教师要经常结合学生实际,尝试和开拓新的教学方法,这是提高教学质量的重要途径。

1.注重教法,采用多样、灵活的教学方式

应努力做到教师的主导作用与学生的主体作用相结合,教法改革与学法发展相结合,传授知识与发展能力相结合,课堂教学与因材施教相结合,传统的教育手段与现代化教育手段相结合,课堂教学与课外教学相结合。研究学科之间、章节之间的关系,探索愉快教育的新方法,摸索负担轻、质量高的新路子。

2.准确地把握学生的地理现实

地理现实就是每个学生所接触的客观世界中的地理规律以及有关这些规律的地理知识结构,如地理课讲些什么内容,地理教科书的结构,怎样学好地理这门课程。教师可以因势利导地告诉学生,地理这门学科研究的问题既有全球性的、全国性的,又有区域性的,但都与每个人息息相关,以增加学生学习地理的激情。

3.学习目标明确化

有目标,才有动力。目标具有诱发、导向、激励的功能。教师要让学生通过地理课本每单元后的"自学园地"的阅读篇、技能篇、练习篇三部分内容,及时了解自己的学习进度、学习目标和任务。

4.为学生提供良好的地理知识结构

地理知识结构是指基本统一的地理观点或者是一般的、基本的地理事物。教师在地理教学中要引导学生了解地理的基本观点、基本概念、基本地理事物间是怎样相互关联的。通过解决实际问题揭示地与理的概念是不断发展的观点;通过知识内容小结掌握知识,了解地理的整体性和系统性,培养学生从不同角度总结所学知识的方法和能力;通过教学较为完整地向学生展示知识间局部与整体、纵向与横向、正向与逆向的网络结构。

第五节　如何提高学生的学习效率

"知识是能力的载体,能力是知识的升华。"没有知识的积累,能力就成了"无源之水、无本之木",没有能力,知识就成了死水枯木。能力的高低,归根结底在于对基础知识的掌握程度。这就要求对基础知识和基本技能的教学要夯实,对各知识点的学习要提出更高的要求。因此,必须改变以往为教知识而教知识的做法,不让学生死记硬背,应借鉴其他学科的一些特色,有效地将其融入地理课堂中,让学生积极主动地参与地理课堂教学。

一、进一步挖掘视听素材,提高地理课的艺术欣赏价值

由于大部分学生年龄不大,活泼好动,容易分散注意,上课的过程中讲解讨论的时间不宜过长,难度不宜过大,否则会造成教师领着几个学生在动,大多数学生不是不动就是乱动的结果。适当精选一些优美的民族音乐和风光片作为欣赏和调剂很有必要。例如,在讲亚洲地形时,可以选择播放刘欢和韦唯演唱的 1990 年亚运会主题曲《亚洲雄风》,并把歌词打在投影片上,让学生跟着一起唱,唱过后趁着学生还处于兴奋状态中马上利用歌词来和学生一道分析亚洲地形的主要特点。总之,在选材的过程中要力求有鲜明特色,画面优美,解说风趣,学生喜闻乐见。太正统古板的介绍片一般不宜选播,否则既费时间效果又不佳。另外,在看介绍片之前一定要将一些思考性的问题写在黑板上或投影片上,让学生带着问题去听、去看,时间最好控制在 15 分钟以内,否则有学生会坐不住,注意力分散。

27

二、借鉴语、外、史、政等课程的活动经验,把表演引入地理课堂

笔者曾经组织过课堂 5 分钟的地理知识介绍,但形式比较单一,以演讲为主,加上学生水平参差不齐,效果并不理想。细细想来,学生的能力也是多方面的,不是每个学生都是优秀的导游和演讲家,教师不妨把多样的表演引入地理课堂。可让唱歌好的学生在课堂上领唱或独唱一首特色民歌,效果一定比播放一首现成的音乐好,如《北国之春》《铃儿响叮当》《莫斯科郊外的晚上》《牧羊曲》都是不错的选择;让会拉琴的同学来一段独奏;有条件的话,可组织学生来个世界风情表演大会,将全班大多数学生调动起来,参与唱民歌、演讲、地理小品、民乐演奏、时装表演、地理游戏等活动,结合学生民主评议和专家评审来评比优秀节目。

三、鼓励学生提问,剖析思维过程,养成良好思维习惯

思维能力的培养和教学中的启发诱导有密切关系。教师可以提出问题让学生做出迅速回答,鼓励学生直觉思维,引出新颖又富有创新性的概念。例如,提到海洋,就问学生马上能联想到什么,学生可能回答天空、陆地、航船、海浪、游泳、捕鱼、晒盐、海港等;再进一步问:"从地球到北极星,中间可经过几个步骤?"学生也可能有不同的答案。学生的迅速回答来自于丰富的知识、敏捷的思维线索和强烈的探索愿望。平时养成思维的习惯是很重要的。教师要相信学生对于提出的问题经过思考可以解答;同时要鼓励学生提问。因为在教学中大多数学生不爱问问题,也很难发现问题,所以教师就应该引导他们去发现问题、提出问题。首先,根据所学知识发现问题,从而提出问题。然后,学生从不懂的地方提出问题。最后在课外活动中鼓励学生动手动脑,及时发现问题,提出问题。在循循善诱下,使学生豁达顿悟,体会到成功的喜悦,激发学生探索知识、

思考问题的兴趣。

四、通过竞争机制不断激发学生的学习表现欲望

往往刚开始进入学校的学生表现欲和新鲜感很强,表现得都很积极,但时间一长,特别是升到高年级,这样的积极分子就越来越少,所以从一开学就采用必要的激励机制很重要。课上可以请专门的同学来统计每堂课每个小组的发言人数和次数,建立统计表格,高质量地发言一次可算作两次;而答非所问、重复前人或明显错误的发言不予计算;若有小组成员违反纪律被点名批评,则根据情况扣除相应的次数成绩。一堂课结束,成绩最好的小组获胜,挂一面小红旗,对于一个月中获胜最多的小组给予一定的物质奖励。同样,连续几节课保持前几名的同学,也要给予其相应的小奖励,如授予其"地理博士""地理画家""地理歌唱家""地理音乐家"荣誉称号,并张榜公布,从而使学生有荣誉感和自豪感,使其上课热情大大增加,教师也不用为上课难而发愁。

总之,教师在课堂教学中可以根据不同的教学内容和不同的学生情况选择不同的教学方法,充分调动学生学习的积极性。在地理课堂教学中,应通过互动的地理教学以及与生活紧密联系的地理知识传达地理思想,培养学生学习地理的兴趣和能力,让学生从认识地理、学会地理走向会学地理的广阔天空。

第六节　地理课堂存在的问题和教学反思

一、地理课堂存在的问题

地理是一门科学性与综合性都很强的学科，在学校教学中有着十分重要的作用。然而，在传统的地理教学中，地理学科的重要地位并没有得到应有的重视。传统教学中，教师往往注重对学生地理知识的传授，而忽略了如何引导学生有效地学习地理，学生的主体地位得不到体现。这是一个值得教师思考的教学现象。

20世纪80年代以来，我国基础地理教育取得了重大的进步，在地理教学思想更新、课程教材建设、教学方法改革等方面都取得了很大的进展。但从地理教育发展和改革的国际背景、现代社会对公民地理科学素养的要求、我国地理学科在基础教育中的地位等方面来认真考察我国的地理教育，不难发现我国地理教育还存在许多不容回避的问题。

（一）难以通过课堂教学引导学生掌握有效的学习方法与技巧

进入高中阶段，学生学习的地理知识的难度有了进一步提升，因此，较之于初中阶段的地理学习，学生在学习的过程中需要更加讲究方法与技巧，这样才能收到更好的学习效果。然而有效学习方法的掌握与应用，需要教师对学生进行有效指导，课堂教学作为教师对学生进行有效学习方法指导的重要途径，应该引起教师的重视。而在目前的高中地理课堂教学中，对学生进行有效学习方法的教学并没有引起足够的重视，很多教师依然只注重对学生进行知识点的讲解，学生不能掌握有效的学习方法与技巧，最终影响了学习效率。

（二）课堂教学与实际生活联系不够密切

地理是一门与实际生活联系十分密切的学科，教师在教学的过程中应该将知识点的讲解与实际生活结合起来。这样不但能够使学生更好地进行知识点的学习，而且能够使学生将理论知识的学习与实际生活结合起来，提高学生的应用意识，使学生通过地理学的角度解决实际问题的能力得到有效提升。然而目前地理课堂教学与实际生活的结合度并不高，由于高中阶段学生要学习的知识点较多，学生在课堂上的大量时间都用于学习理论知识，而没有将注意集中于理论与实际的有效结合。

（三）课堂教学方法比较单一

中学地理教学大多以教师为中心，实行满堂灌或填鸭式的单一而陈旧的教学模式。近年来高校不断扩招，学生人数骤然增多，班容量不断扩大，而现代化教学设备和条件却很难跟上。面对如此众多的学生，却缺少有效的辅助设施，教师很难开展全班性的操练活动，难以调动学生学习积极性和主动性，更难于对学生进行个性化的培养。地理是一门包罗大量知识点的学科，教师在教学的过程中为了更好地将知识点呈现出来，需要对多种不同的教学方法进行灵活应用。而就目前中学地理课堂教学而言，教师在实现课堂教学方法多样性方面还存在一些问题，不能有效地将多种多样的教学方法与课堂教学结合起来，课堂教学方法相对单一。教学方法的单一使得课堂教学的起伏性降低，影响了课堂教学趣味性的提升，同时影响了教师对学生进行知识点的讲解，使得学生在理解一些知识点的过程中会遇到思维障碍。因此，课堂教学方法较为单一的情况应该引起教师的高度重视，教师应及时提升自身将多种多样的教学方法与课堂教学结合起来的能力，使课堂教学更加有效地开展。

(四)对提升学生灵活应用知识点的能力没有引起重视

教学重心倾斜,"教""学""用"三者脱节。目前,地理应试教育在高中占主要地位,而实用教育则难见踪影。就中学地理教学来说,初中一年级和二年级开设地理课,初三不开地理课,中考也不考地理,很多学校没有专职的地理教师,地理课由其他非专业教师负责,地理课形如虚设,这给高中地理课的教学带来了难以想象的困难。迫于高考的压力,很多学校教师经常在教学中进行题海战术,研究应试技巧,忽视地理实际运用能力的训练,致使大多数学生缺少独立的个性和钻研精神。正是在学校和社会的有形无形的压力下,在考试这根指挥棒的指导下,教学在不经意中偏离了地理教学的真正目的,无意中走进了应试教育的死胡同,使"教""学""用"三者没有有机地结合起来,既浪费了有限的财力、物力,又没有收到应有的效果,也使教学目的无法得到较好的贯彻与落实。在很多学生眼里,地理是一门依靠死记硬背就能够有效掌握的学科,很多学生在学习地理学科的过程中,将时间主要应用于对知识点进行死记硬背,而难以通过对知识点的灵活应用达到解决实际问题的目的。社会发展对学生灵活应用知识点的能力提出了越来越高的要求。例如,随着社会的不断发展,人们面临着更多的发展危机,很多生态问题都需要通过地理知识的应用才能加以解决。学生作为未来社会主义事业的建设者,肩负着环境治理与保护的重任,只有能够对学习的知识进行灵活应用,才能更好地推动人类社会的发展。同时,学生对知识实际应用能力难以得到有效提升,也影响了学生的全面进步。

(五)教材设置不合理,初高中地理教学脱节

初高中地理教材和教学缺乏衔接,不同程度地影响着质和量的脱节,

为地理学习者造成人为和潜在的障碍。在我国现行的初高中地理教材中，存在着许多不必要的重复内容。由于各个阶段教学的侧重点不同，初高中地理学习只以几本教科书为主，主要侧重于地理知识的识记，故学生的应用能力较差。20世纪80年代以来，我国中学地理课程进行了几次卓有成效的改革，九年义务教育阶段的地理课程内容确定了以"人类、资源、环境"为线索加以选择与编排的原则；新的高中地理确定以"可持续发展"作为教学内容编选的指导思想。这些改革举措使地理课程教材更加贴近时代发展的要求，反映了现代地理学的发展趋势与特点。但同时应该看到，随着素质教育的逐步推行，地理课程教材改革在许多方面与地理素质的要求还不适应。

1.地理课程教材改革缺乏研究的积累和地理学家的参与

著名课程论专家钟启泉在总结我国课程教材改革的经验教训时指出："每一次课程教材改革几乎都是匆匆推出，缺乏研究的积累，缺乏理论的武装，缺乏实践的验证，缺乏必要的评估。因此，可说是游击式经验型的课程改革模式，这种模式是不可能引起真正的课程变革的。"这一批评切中要害，我国历次地理课程教材改革也程度不同地存在类似的问题。例如，在地理课程结构上就没有很深入地研究分析地理必修课与选修课的合理比率；对地理活动课的内容、目标、活动形式也大多停留在经验性的层次上；在学科、学生发展、社会需要三者关系的处理上，因缺乏研究和理论武装，地理课程仍有较强的"学科本位"倾向。

从国际背景看，课程计划的制订主体是某一领域的科学家，同时吸收心理学家和一线教师的经验，如美国《国家地理标准》、英国《国家地理课程》都是如此，地理学家参与中学地理课程教材改革具有重要的意义。"站在科学事业发展前沿的科学家,是攀登过科学高峰的人,当他们回头俯视走过的崎岖山路时,他们最有权威指出哪里有坎坷,哪里是捷径。那些登上峰巅的探索者,最了解攀登者必须具备的一切。"在地理科学素质内涵的揭示、地理教学目标的设立、地理课程内容的选择、地理教与学规律的论述等方面,应该吸纳地理学家们的真知灼见,我国的地理课程标准应当融进地理学家们的智慧,而这些在我国的课程教材改革中体现得很不够。

2.地理课程结构单一,缺乏弹性和选择性

我国的学校往往较重视地理必修课,而忽视选修课。在开设的地理选修课中,也往往是学术性的选修课,很难见到技术性的选修课。在地理活动课方面,虽然国家教学计划有地理活动课的安排,但除少数学校外,大多数学校因缺乏一定的活动空间与时间,缺乏必要的资金与设备投入,而这种课程又与考试无关,就将其束之高阁了。国外近来有课程微型化的趋势,但在我国的地理课程设置中还难寻到其踪迹。整齐划一的课程结构使学生难以按其兴趣、认知水平、未来择业需要等来选择合适的地理课程学习,这在一定程度上遏制了学生多方面、多层次、多规格品质的发展。

3.不合理的课程设置使初中学生缺乏必要的地球科学教育

我国中学地理课程设置的特点是初中阶段以区域地理为主,高中阶段以系统地理为主。地球科学教育的内容主要集中在高中阶段。这种课程设置使那些不能升入高中的初中生难以接受必要的地球科学教育,暴露了我国地理课程设置的缺陷。进行一定的地球科学知识的教育,有利于培养学生尊重自然的情感,增进他们对自然的兴趣,加深学生对地球上自然事物现象的理解;有利于学生从小树立与自然界和谐共处的意识,树立科学的自然观、世界观,培养科学的工作态度和思维方法。

地球科学普及教育已成为当代中小学教学改革的共同趋势。有的国家单独设置"地球科学"课程,有的国家在普通科学教育课程中安排地球科学的内容。而我国中小学除了地理学科与小学自然课外,其他学科很少编排地球科学教育的内容,因而地理课是进行地球科学普及教育的主阵地。初中阶段学生缺乏较系统的地球科学教育,这对他们科学素质的形成、人格的塑造都是一种缺憾。

4.地理课程的"学科本位"倾向仍较明显

学科本位型课程强调知识体系,以逻辑方法组织教学内容。这种设计的缺陷在于把"学科"的存在与发展视为重要的,对绝大多数无法迈入学科社群上层的学生弃之不顾;把要教授给学生的知识分离、肢解了,而且这些内容对学生不很实用。它脱离学生的现实世界,学生在日常生活中遇到的问题、事件以及他们关心的问题在课程中没有得到充分体现;它面面俱到,但对学生的能力、需要、兴趣及过去的经验未予足够的注意。

5.地理教学内容迁移价值不大

九年义务教育地理教材和现行高中地理教材罗列了大量地理事物分布的事实,过多地阐述与现实生活联系不太紧密的地理现象。这些内容原理性不强,适用性较差。经验证明,即使花费较多的时间去学习、记忆这类教学内容,授业过程结束后,学生也会很快遗忘。例如,初中地理教材中印度农作物的分布、英国新旧工业部门的分布;高中地理教材中煤炭、石油、水电站的分布。因教材篇幅有限、教学时间有限,这类内容过多地充斥于教材中,必然会削减诸如地理概念、地理观点、地理原理等适应性较强、迁移价值较大的内容的教学。

6.课程内容忽视实际应用,偏离经济、社会发展需要的轨道

虽然地理课程设计也把联系现实生活、增强应用性作为一项选材原则,但联系现实生活的材料往往仅能起到诠释某些地理学术思想的作用。教材叙述成人化、论文化,可读性较差,难以引起学生兴趣,在现行高中地理教材的编写中表现尤为突出。

二、教学反思

教学反思是指教师在教育教学实践中,对自我行为表现进行解析和修正,进而不断提高自身教育教学效能和素养的过程。教学反思的主要特征:一是实践性,指教师教学效能的提高是在其具体的实践操作中进行的;二是针对性,指教师对自我"现行的"行为观念的解剖和分析;三是反省性,指教师对于自身实践方式和情境的反思,是立足于自我以外的多视角、多层次的思考,是教师自觉意识和能力的体现;四是时效性,指对当下存在的非理性行为、观念的及时觉察、纠偏、矫正和完善,意即可以缩短教师成长的周期;五是过程性,一方面指具体的反思是一个过程,要经过意识期、思索期和修正期,另一方面指教师的整个职业成长要经过长期不懈的自我修炼,如此才能成为一个专家型教师。

新课程理念下的地理教学反思,不仅是对地理教学活动一般性的回顾或重复,还应该是教师置身于整体的地理教学情境中,从更宽广的社会、伦理及教育层面激发自我意识的觉醒,更重要的是它是一种面向未来的教学活动。进行新课程理念下的地理教学反思,笔者觉得应包括以下五个方面的内容。

(一)对教学观念的反思

长期以来,教师的教育思想往往是在被动条件下形成的,没有教师主

体的自我实践反思意识和能力的增强,往往只是简单重复或沿袭,其效果是很不理想的。因此,教师应进行新课程理念的更新与转变,并以此指导教学实践。例如,在学习"以某种自然资源为例,说明在不同生产力条件下,自然资源的数量、质量对人类生存与发展的意义"的相关内容时,笔者就以矿产资源为例向学生说明矿产资源的分布、数量、质量和组合状况是影响工业布局的重要条件,一些工业基地往往建在矿产地附近(这种教学旨在渗透"自然环境是人类社会发展的外部条件"的观点);但有些工业基地,如我国的上海宝山钢铁工业基地以及日本的太平洋沿岸和濑户内海钢铁工业基地的周围并无大型铁矿、煤矿,却是著名的工业区,原因是其借助优越的地理位置和发达的海运,摆脱了矿产资源的地域限制(这种教学可以渗透"自然环境并非是决定性条件"的观点)。通过上述这种辩证的分析,学生一方面明确了自然环境可以影响人类社会的发展,另一方面也明确了这种影响不起决定性作用,学生形成了正确的、辩证的人地观。

地理新课程标准不仅对地理知识和技能的教学提出了具体的、符合实际的要求,同时对学生能力和方法的培养以及学生情感态度与价值观的形成提出了具体的、可操作的目标。"培养现代公民必备的地理素养"是高中地理课程的基本理念之一,课程标准中有大量的与人口观、资源观、环境观、可持续发展观有联系的教学内容。因此,课堂教学必须更加符合素质教育的要求,必须有利于学生的可持续发展,能帮助他们形成正确的地理观。

(二)对教学设计的反思

教师为了实现有效的教学,课前都要对一节课进行精心预设,但在课堂实施时会出现多种结果:第一,事先的预设比较顺利地生成了;第二,由于引导不得法,出现预设未生成的尴尬局面;第三,虽然教学出现了意外,但教师通过巧妙引导，获得了非预设生成的意外收获。如果教师课后能对这些结果和过程及时进行记录、整理和分析，反思自己的教学行为，就能对隐藏在教学行为背后的教学理念获得规律性认识，从而提高教学的自我监控能力。长此以往，教师驾驭课堂的能力会不断提高，后续教学行为会越来越合理，学生的主动生成会不断取代被动接受，教师的研究意识和能力会不断得到提升。在进行地理教学实践时，有时会发现地理教学效果或目的与预期的设计有较大差异，课后细细分析一下，原因在于进行教学设计时忽视了对教学设计的实践反思，难以使教学设计在实际应用时发挥出所预想的作用。教师应积极反思教学设计与教学实践是否合适，及时看到实践过程中出现的误差，不断探求教学目的、教学工具、教学方法等方面的问题，积极改进，从而优化教学，有效地促进学生的学习。

(三)对教学过程的反思

教师的反思大多是针对教学过程进行的，教师要对教学中重点和难点的处理、学生的主体地位是否得到确立、学生的创新思维能力是否提高等情况进行反思，然后再回到实践中去探索，使教学与研究能力得到提高。

新课程标准所提倡的探究式学习模式能给学生提供更多获取知识的渠道和方式，在了解知识发生和形成的过程中推动学生关心现实、了解社会、体验人生，帮助学生积累一定的感性知识和实践经验，使学生获得比较完整的学习经历。同时，在学习中将培养学生一种探究性、开放性的学习方法和思维方式。

(四)对自身教学行为的反思

教师在教学过程中要认真地检讨自己的言行：是否从权威的教授转

向师生平等的交往与对话;是否有公正的品质、豁达的胸怀、丰富的感情、敏锐的判断力和丰富的想象力。众所周知,过去为了巩固"双基"(基础知识和基础能力),教师的教学往往追求对学习内容的标准化理解和课本式、教参式表达,强调对问题解决的常规思维、逻辑思考、唯一答案,对学生的置疑、奇思妙想往往采取压制、回避、冷处理甚至简单否定的做法。这样大量、反复地操练,使学生学会的只是"复印"知识。而新课程标准强调的是教师的教学必须注重培养学生的创新意识,所以教师在课堂教学中一定要谨慎地处理自身的教学行为,要能积极地肯定学生的"别出心裁",及时给予适当的肯定和匡正。

(五)对教学反馈的反思

在教学中,教师不仅要注意观察课堂上学生的学习行为,还要通过学生作业获取教学反馈的信息,在信息反馈中对学生知识的掌握、能力的发展、情感的体验等获取全方位的体察。笔者常常会发现对于教师在课堂上讲解的教学内容和习题,学生在考试时还是有许多困惑,原因是多方面的,其中一个重要原因在于知识的习得不是学生自己学会的,而是教师教会的,所以教师教给学生学习方法比教给学生知识本身更重要。例如,在学生做高中地理新教材的习题时,教师不要直接给出答案,而是请学生思考,要求学生说出理由;学生经过思考,较容易地完成了这道题,并且掌握了解题方法,提高了学习能力。地理是一门理论性和实践性很强的学科,要完成新课程标准中规定的知识与技能、过程与方法、情感态度与价值观这三个维度的教学目标,除了师生在课堂上的教与学之外,目前最直接的反馈就来源于作业练习。作业练习也是一种学习的过程。通过作业,不仅可以检查课堂教学的效果,弥补课堂教学的不足,加深学生对所学知识的理解和运用,还可以培养学生的地理思维能力、探究能力和创新能力,同时可以让学生探索获得知识的方法,体验知识形成的过程。所以地理作业必须是科学的、多样的、开放的,教师不能仅为了使学生完成作业而教学,而要教给学生终身发展的能力,要侧重对学生地理技能和方法的培养。

多一点教学反思的细胞,就多一些教学的智慧,经常进行教学反思,益处多多。国外许多研究表明,反思是教师专业成长最有效的途径,美国著名教育家波斯纳提出了教师的成长公式:成长=经验+反思。他认为一个教师如果不经常反思,就只能停留在一个新手的水平上。在新课程改革全面展开的今天,面对纷繁复杂的新问题,教师要及时反思,对已经发生或正在发生的教学活动以及这些活动背后的理论、假设进行积极、持续、周密、深入和自我调节性的思考,使地理课堂朝着积极、健康、有益的态势发展。

第七节 地理探究学习的制约因素及解决方法

倡导探究学习是新一轮中学地理课程改革的重要理念之一。新课程标准和中学地理教材都十分重视学生探究活动的设计,倡导教师在教学实践中积极开展探究活动,以培养学生的探究思维和创新能力。

一、制约探究活动有效开展的因素分析

(一)学生的学习习惯和生活经历

大多数学生养成了被动学习的习惯,"学校—家庭"两点一线的生活圈使学生自动生成的经验和阅历呈现出有限性,知识背景、学习能力、学习习惯与探究式学习不相适应;甚至有学生怕被提问,怕被人耻笑。

(二)教师的教学观念和学习状态

传统的以师为本的教育观念根深蒂固,在短时间内难以扭转,必然影响新课程教育理念的行为化。同时,教师繁重的教学任务使教师很难抽出大量的时间学习、理解、消化新的教育理念、新的教学方式,因此,有教师就将探究学习等同于发现学习或启发式教学。

(三)课程标准与教材因素

虽然新教材重视强化探究性学习,重视教材的系列化建设,特别是教材中的活动为学生的探究性学习提供了典范,但庞杂的教学内容和大量的活动给教与学带来沉重的负担,教师和学生还有多少积极性来实施探究活动呢? 新课程倡导减轻学生负担,新教材编写力求精、简、新,其主旨十分正确,但现实与理想之间还有不小的差距。目前,正在推广使用的各种版本的新教材看似简单,但实际状况是正文的文字量少了,知识点并未有多大减少。有教师感叹:"新课程把过去三年的教学任务压缩到大半年时间来完成,减负的出路何在?"这一感叹不无道理。

(四)教育评价的单一性

目前,最重要的也是最容易的教育评价的方式是考试,应试教育必然影响新的教学模式的发展,其影响力不仅来自于上级的考核,还来自于社会的传统教育价值观。不少教师认为探究活动必然会影响教学进度,还不如通过设问直接给出结论来得迅速、有效。由此引出探究学习影响教学进度,学生难活跃起来的太多等种种抱怨。

二、解决办法

(一)精心筛选活动内容,增强学生的思维活动量

探究活动的实施是探究学习在教学形式上的具体反映,而探究学习

是一种特殊的学习方式。《普通高中地理课程标准(实验)》指出："探究性学习是指学生在教师指导下,从学习生活和社会生活中选择和确定研究专题,主动获得知识、应用知识、解决问题的学习活动。其主旨是通过探究的过程,使学生理解和掌握地理知识,促进学生观察、想象和思维能力的发展,形成正确的探究方法,培养学生的问题意识、合作意识、科学精神等。"由此可见,并不是所有的教学内容都适宜开展探究活动。探究活动内容的选择一般需要考虑下列要求:①探究活动的核心是思维性,要考虑教学内容的思维价值和思维量。②问题是探究活动的起点,要研究教学内容所反映的问题数量及价值。问题要能驱动学生开展探究学习,问题要能促进学生思维发展。③探究活动的主体是学生,要考虑教学内容与学生已有的知识、经验的关系,尽力选择贴近生活的教学内容。

在目前的教育环境下,探究活动的实施宜精不宜多,泛化的探究活动不利于学生探究思维的培养以及探究方法的形成。教师应精心筛选探究活动的内容,真正选择一些具有探究思维特征的教学内容指导学生开展探究活动。

(二)精选探究内容,精心设计探究情境

探究内容的选择,一方面要注重引入最新的易于促进学生创造性思维发展的有争论性的话题或社会热点问题,激发学生自主探究的热情。另一方面要注重地理学科的特色,充分利用地理图表,培养学生的探究能力。同时,教师在教学中要设法创设探究情境,把学生引入其间,使问题成为学生感知和思维的对象,从而在学生心里造成一种悬而未决但必须解决的求知状态。

(三)建立合理的评价机制,促进探究式教学

教师对学生的探究成果应及时给予积极的肯定,鼓励学生求异思维、创造性思维的发展。在目前的探究学习中,教师不应以一个终极决定者的身份出现,更不能以自己认为唯一正确的答案来评定学生探究学习所得出的各种不同的结论,否则就会抹杀学生探究学习的兴趣,甚至会逐渐遏制学生开放性思维的发展。

另外,在每次探究活动结束时,教师在评价学习结果的同时可以有意识地评价学生合作的能力,使学生学会交流、学会合作,使他们真正懂得并非只有聪明人才能成功,只有吸取别人意见、会与他人合作的人才能成功。

(四)提高教师自我素质

教师探究意识的建立和探究能力的提高是实施探究教学成功的关键。地理教师除具备必需的专业知识外,还要具备一定的生产实践、社会生活和科学研究的能力。在指导学生开展探究学习之前,教师应具备探究意识,理解探究的含义,把握探究的核心问题。此外,教师还应随机应变,机智灵活地处理课堂突发问题。

(五)指导学生阅读

指导就是使学生掌握科学有效的学习方法和解决问题的思维方法,变知识为能力,变“学会”为“会学”。笔者针对地理学科的特点,提倡在课堂教学中指导学生学会读书。让学生带着问题有目的地读书,注意知识间的内在联系,注意图文结合,运用多种地理感知手段,因为教材中各种图像和文字是互为关联、互相补充的有机整体。

为让学生读书有目的性,可以采用如下顺序:“什么地方→有什么→怎

么样→为什么"去阅读,可培养学生的自学兴趣、自学习惯。例如,在"人类面临的环境问题与可持续发展"教学中,让学生带着"什么是环境问题""环境问题的表现与分布""环境问题产生的原因"等问题,边读边想边产生疑问,不断地启发学生思考"是什么地方""有什么""为什么""怎么样"等问题。教学中要开放思想、挖掘灵感、真正提高思维效率,就必须以巩固旧知识、增强新知识为目的。

第八节　通过学生自主学习提高地理教学实效

21世纪,知识正在取代资本和能源,成为未来社会最主要的生产要素,其结果必然是重视教育、重视人才。从20世纪80年代末开始,世界各国纷纷对本国的教育系统做出重大改革,而我国的新课程改革也正进行得如火如荼。新课程改革的首要目标就是提高教学的有效性,而教师就要通过课堂教学的有效提升以及多种有效途径来促进学生的发展。在新课程中,教师要更新思想观念,要转变教学行为,学生也要转变学习方式,要实现师生共同成长。为了提高教学的实效,在地理教学中,教师要丰富地理教学活动,充分开发利用各种课程资源,注重学生的生活体验,激发学生学习的兴趣,培养学生思考、观察、创新、探究的欲望。教师要努力创设良好的教学情境,注重课堂的预设与生成,关注学生现有发展区和最近发展区,让学生"跳一跳摘果子",使学生主动参与到自主、探究、合作的活动中。作为教师应积极主动地学习,不断反思自己的教学,努力创造和拥有自己的教学个性,以期对学生多种心理机能和学习的综合性智能的发展都有帮助,真正提高教学效果。

在我国的课程改革中,新课程标准提出了地理课程的六大基本理念:学习生活中有用的地理、学习对终身发展有用的地理、改变学习方式、构建开放式的地理课程、构建基于现代信息技术的地理课程、建立学习结果与学习过程并重的评价机制。这些新理念的提出为地理教育的改革指明了方向。同时,教师必须转变传统的教学观念,将这些新的理念贯穿于平时的教学中。其中在改变学习方式方面强调"改变课程过于注重知识传授的倾向,强调形成积极主动的学习态度",因此,自主学习就显得尤为重要。要培养出高质量的人才,必须确立科学的自主学习的教育观,大力发展探索式学习、发现式学习、研究式学习,通过自主学习培养富有个性和创新精神的人才。

自主学习是指学生自己主宰自己的学习,也就是在教师的指导下,有目的、有计划、大胆地、主动地去学习。在学习过程中,教师可根据学习内容和学生实际灵活运用教学方法,适时地给学生点拨,启发诱导学生,充分调动学生学习的积极性、主动性和创造性,让学生在学习中积极思考,主动探究,发现、分析和解决问题,使学生在学习过程中构建新知,提高能力,形成良好品德。自主学习是当今教育研究的一个重要主题,培养学生的自主学习能力是教学的首要。

一、培养兴趣

兴趣是最好的教师,学习兴趣是学生对于学习活动的一种选择性态度,是学习活动的自觉动力,是鼓舞和推动学生探求新知识的巨大力量。所以要激发学生学习的兴趣,提高学生自主学习的能力,让学习成为一个能动的过程。

第一,设置悬念问题,激发学生的学习兴趣,提高课堂效率。例如,在学习"洋流"时，提出"第二次世界大战期间，盟军死死把守直布罗陀海峡，可为何德军还能神不知鬼不觉地出入直布罗陀海峡，在直布罗陀海峡两侧的地中海和大西洋沿岸频繁制造事端？"的问题。

第二，利用教材中有趣的故事、事件、小品表演等激发学生的学习兴趣。例如，学习行政区划时，可以设计拼图比赛并使用投影，这样既直观又好看；可以将行政区形状想象成各种有趣的动物，由师生共同绘制，并对它们的来历进行介绍，增强学生的感性认识。

第三，进行角色扮演，体验地理知识。角色扮演可以让学生充分参与到教学活动中，由被动的学习者转变为主动的参与者、探索者，逐步学会独立思考、分析问题、解决问题的方法。学生扮演的角色一般分为人物角色和地理角色两大类，其目的都是为了生动形象地去解决一些地理问题，使静态的地理事物动态化，便于学生掌握。

第四，联系日常生活实际学习地理知识，提高学习兴趣。联系生活中的一些实际可以使课堂更加活跃，因为课堂内容有生活中的一些现象，所以会让更多的学生有发言的机会，这样也会有更多的学生参与到自主学习中来。

第五，培养学生搜集、整理资料的能力，拓宽学生视野。教学内容是对学习活动产生兴趣的主要源泉，教师应不断变换教法，使学生的兴趣产生迁移，从而形成新的兴趣，使学习更加深入。

二、教学策略

好的教学策略能激发学生强烈的学习动机，提高学生自主学习的能力，还能建立融洽的师生情感，营造良好的氛围。例如，课前提前到教室和学生聊一聊，以乐于聆听的态度与学生沟通，了解学生的心声，以友好、宽容、民主、平等的方式和学生交往,极力给学生营造一种和谐、民主、愉快的学习环境。

第一,教师可以充分利用多媒体技术,设置情境教学。课堂教学中运用各种手段创设情境,建立情境式课堂教学,可以引发学生思考,激活学生思维,提高学生学习能力,真正使学生成为学习的主人。与地理教学内容联系较紧密的地图、多媒体地理课件,与地理内容有关的诗歌、音乐、时事地理材料等都可以作为创设情境的媒介。

第二,增加学生获得成功的机会。例如,在授新课时遇到有挑战性的问题,应启发学有余力的学生解决;在复习旧知识时尽量把机会留给学习能力一般或学习困难的学生,这样就能让更多的学生参与教学,领悟到参与教学的喜悦及获得成功的喜悦。

第三,积极评价。教学中要善于发现学生学习上的闪光点,对学生的一点点进步,都给予尽可能多的表扬,以激发学生的学习兴趣。

三、把学生作为课堂的主体

传统教学过程中的教师是"主角",少数学习好的学生是"配角",更多的学生充其量是陪衬的"演员",甚至是观众或听众,而新课程改革要求提高学生自主学习的能力,变被动学习为主动学习,以达到终身学习的目的。使更多的学生成为学习的主体,给全体学生上台表演的机会,让学生集中精力参与教学,教学效果才会有大幅度提升。

根据地理课的特点,一定要注重学生读图、观察、思维、创造等能力的培养,而教师不可能在有限的课堂时间内教给学生受用终生的知识,所以要教会学生自主学习的方法,培养学生自学的能力。教师应从多方面进行教学研究、教法改革,注重对学生学习方法的指导和养成,让学生学会怎样学,并且在乐中学、在学中乐,这才是学生获得自学能力的金钥匙,这才能使学生真正成为课堂的主人。总之,在地理教学活动中,教师要多给学生创造主动参与的机会,学生只有参与并注重实践,才能在理解的基础上构建起自己头脑中的知识体系,发挥自己的学习潜能,逐步形成创新精神和实践能力。

第九节　如何培养高中生自主学习地理的能力

自主学习是学生积极主动地获取知识的一种学习方式,在教学过程中,学生始终处于主体地位和积极状态。新课程教学就是要让学生在教师的指导和协作下通过自我尝试、自我体验、自我探究、自我发现和自我实践等学习方式,去获取知识和学习策略,提高自主学习的能力。学生在自主学习中才能最真切地体验知识、感悟知识,才能学会学习,才能培养创新精神和创造力。提倡学生自主学习,研究学生自主学习形式,是对传统的填鸭式教学、被动学习的深刻反思,是对教育本质的回归,也体现了社会发展对教育的要求——科学需要创新,社会需要创新型人才。

高中地理是一门理论性和实践性很强的综合学科。新教材无论是从知识的编排上,还是从插图的设计、活动安排顺序及活动方式上都体现出对学生能力培养、学法指导、自主探究精神的重视和推崇。如何在高中地理课堂教学中培养学生自主学习能力呢？笔者认为可以从以下几个方面入手。

一、培养兴趣,激发学习的主动性

德国教育学家第斯多惠说:"教学的艺术不在于传授本领,而在于激励、唤醒、鼓舞。"所以,教师要根据学生的年龄特点、知识经验、认知规律等,抓住学生思维活动的热点和焦点,为学生提供丰富的材料,从学生生活中喜闻乐见的实情、实物、实例入手,激发学生探索的欲望,唤起学生的学习兴趣,激发学生学习的主动性。

(一)导课激趣

导言是内容或一堂课的开始,它直接关系到学生对新课、新内容学习的兴趣。有人说导言应有思想的深度、感情的浓度、功能的宽度、表达的精度、色彩的亮度,要完成这种要求,就必须用浓厚的兴趣来支撑。教育家布卢纳认为,最好的学习动机莫过于学生对所学材料本身具有的兴趣。因此,教师如果要用课堂上呈现的材料吸引学生,那么导言就在其中起着非常重要的作用。例如,在讲"气压带和风带"一节时,教师用了这么一则导言:"第二次世界大战期间,日本曾用氢气球携带燃烧弹轰炸美国,给美国许多地区造成森林大火。这些氢气炸弹是怎样来到美国的呢?"一下子,学生的兴趣就激发出来了。导言可采取的素材很多,如与地理教材有关的地理趣闻、地理之最、地理谜语、地理之谜、地球现象、诗歌、歌曲、漫画、新闻报刊等。又如,笔者在讲"全球气候变化"时,请同学阅读两段新闻资料,通过阅读这两段资料,让学生思考全球气候发生了什么变化。

资料一:据报道,南极地区的阿德利企鹅数目从 1975 年的 1.5 万对减少到目前的 9 000 对左右。科学家指出,此类企鹅通常喜欢在海面浮动冰山的顶部群居生活。据统计,南极平均气温近 50 年来升高了 2.5℃,浮动冰山顶部的大量积雪融化,淹没了企鹅赖以产卵和孵化幼仔的地方,导致企鹅数量剧减。

资料二:据新华社沈阳 2003 年 9 月 14 日电,中国科学家测量发现,世界之巅——珠穆朗玛峰顶覆盖的千年积雪30年来正在不断融化变薄，使珠峰的雪面高程33年持续下降了约1.3米。

(二)情境激趣

创设问题情境，就是根据学生已经学过或掌握的知识，从知识自身发展的角度考虑在发展中还有什么问题需要研究解决，或者在实际生活中有什么问题是教师现有知识所不能解决的，以这样的问题为核心创设情境，引起学生的注意。课堂上的有些问题对于学生来说有一定的难度，使学生既感到熟悉又不能单纯利用已有的知识和习惯方法解决，这时就激起了学生思维的积极性和求知欲望，使学生进入"心求通而未通，口欲言而未能"的境界，当学生的心理活动已处于"愤"和"悱"的阶段时，对他们进行启发、诱导，进而促使他们自主学习，进行探究性学习。例如，在学习大气对太阳辐射的削弱作用时，笔者提出这么一个问题："指挥交通的红绿灯，为什么用红色表示停止、禁止，用绿色表示安静与安全，用黄色表示有危险呢？"在学习完日界线的教学内容后，笔者又立即提出一个问题："有一对双胞胎，由于她们出生的地点稍有变化，姐姐比妹妹后出生，可能吗？"教室里顿时热闹起来，学生都在思考，都在讨论，试图解决这个问题。

(三)活动激趣

让地理知识走近学生，也让学生切身感受地理学科的实际效用，学生参与活动的成功感以及对地理学习的兴趣会进一步增加。例如，在学习完"地球的运动"一节后，笔者请同学们说出自己的生日，然后描述当天太阳直射点的大致位置、运动方向、昼夜长短的情况以及变化趋势。这项活动不仅活跃了课堂气氛，还及时巩固了学习内容。

在高中地理教学过程中，还有很多激发学生学习兴趣的途径和方法，兴趣是人经常趋向于认识、掌握某种事物,力求参与某项活动,并具有积极情绪色彩的心理倾向。兴趣是学习的挚友,是学习的动力。学生凡是学习感兴趣的事物,必然力求去认识它、掌握它。学生有了学习兴趣,学习活动对他来说就不是一种负担,而是一种享受,一种愉快的体验。

二、动手画图,培养学生思维能力

地理是一门特殊的学科,常常需要把具有时空和地域因素的复杂事物表示出来。没有地图就没有地理学。地图是地理学的重要工具,在中学地理教学中充分运用地图的主体性,引导学生看图、填图、画图、用图,培养学生的空间概念和空间想象力,使地理课充满"地理味"。所以,让学生根据课文中的描述和看到的现象画示意图,实际上就是先让学生在头脑中把所阅读的东西变成表象,然后将头脑中的表象以图画的形式表现出来。而学生要把语言描述变成表象,就必须对学习材料进行积极的加工。这种加工不是简单地记录和记忆信息,而是要改动对这些信息的知觉,把自己所学的信息和自身的知识经验联系起来,这样才能产生一种理解。很显然,学生画图的过程是一个积极思维的过程,画出的示意图,就是他们积极思维的结果。例如,在讲"地球公转与季节"一课时,笔者先带领学生通读课文,通过多媒体演示地球公转的现象,在白纸上画出二分二至日地球的侧视图和极地俯视图;然后用视频展示仪展示学生画的图,找出错误,有针对性地讲解。这样既能锻炼学生观察和组织材料的能力,又能培养学生读图、看图、画图的能力,从而加深印象。

三、剖析地理原理,指导学法

自主学习不同于自学。自学是没有教师指导,自己独立学习。而自主学习有赖于教、学双方的良性互动,需要教师经常组织、启发、点拨、引导和鼓励学生自主学习。只有发挥教师的主导作用、体现学生的主体地位，学生的自主学习能力才能逐步培养起来。

(一)学会提炼规律

高中地理有关地理规律的内容很多,如正午太阳高度角的纬度分布规律,气候类型分布规律,我国气温和降水的日变化、季节变化和年际变化规律,我国降水的空间分布规律,海水温度和盐度分布规律,洋流分布规律,陆地自然带的水平和垂直分布规律,地质演变规律,城市演变规律。如果能引导学生对地理事物进行空间分布、时间分布或演变方面的规律提炼,则有助于学生归纳能力的提高,也有助于学生思维水平的提高。例如,在讲"三圈环流"时,笔者引导学生总结 7 个气压带、6 个风带的分布规律:①气压带和风带相间分布,南北半球对称;②高低气压带相间分布,气压带中心位置与 30°成倍数关系。又如,在讲太阳直射点的位置与昼夜长短变化的关系时,笔者带领学生总结出以下规律:①太阳直射点在哪个半球,哪个半球的白天就长;当太阳直射点在赤道上时,全球昼夜平分。②太阳直射点向北移动,北半球的白天就变长;太阳直射点向南移动,南半球的白天就变长。

(二)学会学法总结

要善于对习题进行归类分析,细心揣摩答题思路,精心总结解题规律,认真解剖思维障碍,从而得出思维方法和解题方法,也可以使学生的思维方式得到改变。例如,日照图图形变化多、情境变化大、知识跨度广是学生学习的难点,其实如果能够引导学生进行解题方法提炼,联系实际应用,那么日照图也是不难的。因此,在课堂中可以通过能力立意型习题的解答和反思,让学生思考和讨论:自己所用的解题方法是否科学,与其他同学的解法相比,谁的解法更灵活、更有创意,哪种解法更具有简洁性和技巧性;如果习题的情境和解题条件变了,应该如何进行解答;日照图的判读是否有规律可循。通过学生的讨论,最后可以归纳出日照图解题时应该抓住以下几点进行思维:①图中隐含条件的判读,如太阳直射点所在的经线为正午 12 点;②晨昏线的判断,晨昏线与赤道的交点的判断;③日期界线的判断。如果解题中能够抓住以上几点作为思维的切入点,解题的思路也就容易打开了。

四、启发思维方式

在地理教学过程中,如果还能够对学生地理思维能力和各种地理思维方式进行有意识的训练,并不断地引导学生思考,就能够促使学生站在一定的高度看问题、从不同的角度和侧面分析问题。在这种思维过程中,学生不但能够发现思维中存在的问题,而且能够很快地提高自身的思维品质,进而有助于学生逐步摆脱僵化的思维模式,形成科学的思维方式和良好的思维习惯。例如,在讲恒星日和太阳日时,教师是这样启发学生思考的:①为什么太阳日大于恒星日?②每一个太阳日,地球都是自转 360°59′吗?③若其他条件不变,而公转(或自转)方向与现在相反,恒星日和太阳日的大小关系将怎样?

五、整合知识,建立地理认知结构

如果学生能够建立起一个良好的地理认知结构,无论对于其今后继续学习地理知识,还是进一步解决地理问题,都会起到积极的作用。通过建立知识间的联系形成地理认知结构对于学生来讲是一个难点,然而这种思维对学生是极为有益的。这种地理认知结构的建立是进一步培养学生地理学科能力的基础和前提,同时这种结构的建立过程就是对学生地理思维能力的培养过程。通过灵活运用知识，建立知识线索，搭建知识间畅通联系的渠道，能够达到知识联系紧密、思维培养深入的目的。在具体操作时，可以在每一单元学完以后帮助学生总结本单元知识结构，逐步实现知识向技能化、能力化发展并加强综合思维能力的培养。

　　在新课程理念指导下，学生能自主学习是教学的最高境界，学生由"他主学习"到"自主学习"是学生学习品质的飞跃，学生不待教师教而能自学是最成功的教育。在学生自主学习过程中，教师应该成为学生学习的引导者和促进者，教师的作用是"创设一种能引导学生主动参与的学习环境"。教师应认真研究新课程理念下的地理教学，在地理课堂教学中充分发挥学生主体性，让学生成为学习的主人。正如美国心理学家布鲁纳所说："学习者不应是信息的被动接受者，而应该是知识获取过程的主动参与者。"

第二章　地理教育创新

第一节　现代技术走进地理课堂

科学技术的高速发展要求教师利用现代信息技术辅助课堂教学,让现代信息技术走进地理课堂,发展学生的自主学习意识和潜能,提高课堂教学的效率和效益。传统的教学模式正在受到新的教育观念和现代教育技术的挑战。多媒体教学是现代教育采用的最先进的教学手段,对于传统教学中难以表达、难以理解的抽象内容,复杂变化过程、细微结构等,多媒体通过动画模拟、局部放大、过程演示等手段都能予以解决。它不但打破了传统教学方法,而且有利于提高学生的学习兴趣和解决问题的能力,在教学中起到事半功倍的效果。多媒体教学的应用,已成为课堂教学改革的必然趋势。地理学科在现代信息技术应用上同其他学科相比,有明显的特殊优势。为了更好地让现代信息技术走进地理课堂,笔者在此结合自己的教学实践提出一些看法。

一、打破学生学习的局限,拓展学生知识面

由于学生的地理信息来源单调,学生运用网络学习的机会较少,多数学生缺乏对地理的感性认识,提高学生的地理学习兴趣是教学中必须解决的关键问题。因此,应对学生经常性地进行调研,充分了解学生的意愿和需求,充分利用多媒体展开教学。

利用多媒体网络技术,为学生营造声形并茂的逼真情境,能够激发学生的学习兴趣。多媒体教学能够变静为动,克服了传统教学中学生面向静态呆板的课文和板书的缺陷。利用影视资料、自制动画、景观图片、地图等,为地理教学营造声、像、图、文并茂的生动逼真的情境,其效果是任何单一形式无法比拟的。教学课件的片头可以加入视频、歌曲等,悠扬的音乐、美丽的画面,一方面给学生以美的享受,另一方面又可以把学生分散的注意力一下子集中到课堂上,让学生觉得既轻松又新颖,让学生处于一种亲切的情境中,有助于学生提高和巩固学习兴趣。学生只有对地理学科有了兴趣,才能品味地理、把握地理,才能充分发挥自身在课堂中的主体作用,从而可以取得良好的教学效果。

例如,笔者针对教材的单元设置,将教材内容分为几个大的专题(天气和大气运动、海洋和陆地的运动形式等),充分利用央视十频道的《探索发现》《百科探秘》等科教栏目的影视资源,根据学生的学习心理和学习能力,选取和教材密切相关的片段进行整合,开展专题教学。根据学生反馈和学习检测,笔者发现这一教学方式有效地提高了学生的学习兴趣,有效地拓展了学生的知识面和地理学科的信息量。另外,进行专题教学,加强学生的学科专题意识,一则使学生有了直观的知识结构,二则引导学生进行了充分的复习。通过教师引导将分散的知识点组合成了知识结构,进而内化为学生的学习方法。

(一)采用适量的音频资料

利用适量的音频资料制成丰富多彩的课件,创设出一种生动有趣的教学情境,化无声为有声,化静为动,使学生进入一种喜闻乐见的、生动活泼的学习氛围,可以充分激发学生的学习积极性和学习兴趣。但音频资料一定要适量,教师不能滥用音频资料,要选取恰当的音频资料,否则会造成事倍功半的结果。

(二)运用多媒体技术因材施教。

除了注意培养学生的兴趣外,还要因材施教。班与班之间有差别,教师可根据各班的认知结构水平和能力来设计教学课件。同一班级的学生能力也有差别,在同一班学生的教学中,也可针对学生个人的实际情况安排学习进度。多媒体对个别化教学具有重要意义,它符合学生的个性特点,可照顾学生学习上的个别差异,能适应不同程度学生的需要。教师应运用多媒体技术真正做到因材施教。

二、多媒体课件的设计

笔者回避了信息技术应用于教学后教师容易陷入的误区和怪圈,针对多媒体教学存在的实际问题,笔者研究探索,形成了一些初步对策。

(一)努力构建以视频和图片为主要内容的课件

根据心理学和认识学理论,人对图片和视频的接触最为敏感,记忆最为深刻,在教学中要充分认识这一规律。笔者结合教学内容,努力构建以视频和图片为主要内容的课件。例如,"地球的公转"一课分为公转的方向、公转的周期、五带的划分、太阳直射点的季节变化四个小栏目,笔者对每一个小栏目采用一个视频加四张图片的组合制作了课件,对于太阳直射点季节变化这个难点,笔者格外准备了"什么叫直射点""南北回归线和赤道""直射点季节运动的轨迹"三个子栏目的视频设计和图片展示,同时附加两个拓展知识面的小知识:地球运动的近日点和远日点、地球大气二氧化碳含量与地球公转的关系。课件里的文字被大幅压缩,除了一个必需的归纳表格,课件的全部字数仅30余字。

(二)制作朴素明快的课件

教学中要根治以放代讲的"多媒体教学综合征"，同时避免课件制作得过于花哨。根据教学观察，有的课件制作水平虽然较高，但是课件中穿插了太多的卡通动画，本来卡通动画只需在导学部分应用，能调动课堂气氛即可，却一再被使用，使得学生被和教学关联性不强的卡通动画干扰，极大地分散了学生学习的注意力。据此，教师制作课件应本着朴素明快的原则对视频和图片要反复推敲，充分保证引用资料与教学的密切度。

此外，教师在进行多媒体教学时应注重体态语言和教学口语表达，杜绝以放代讲，使学生与教师能够形成有效的双向互动——人人互动，而不是人机互动，使学生能够通过教师的体态语言和教学口语表达将注意放在学习内容上。

三、运用多媒体技术旨在培养和提高学生的读图能力

地理教学中传统的一些地图内容繁多、重点不突出，而其内容又是静态的、无声的，给学生的印象依然是孤立的、缺乏联系的。而用多媒体辅助教学恰恰弥补了地图教学的不足之处，既加大了课堂密度，又提高了课堂质量和效率，减轻了学生的负担；不但能帮助学生理解、记忆地理知识，而且能帮助学生建立形象思维，提高解决问题的能力；同时教会学生通过阅读地图进行分析、综合、概括、判断、推理，学生既练就了读图能力又获取了贯穿始终的基本技能。总之，它可帮助学生形成正确的、全面的读图、用图乃至制图的重要本领。

四、利用多媒体网络技术旨在提高地理课堂效率

地理学科的特点是综合性、区域性，它涵盖了地理环境以及人类活动与地理环境相互关系的很多方面，兼有自然科学及社会科学的内容，涉及地球与地图、世界地理、中国地理、乡土地理等部分。而多媒体网络本身就是一个突破空间限制的巨大的信息库,具有强大的处理、综合信息的功能。这一特点在和地理学科教学的融合中可以得到酣畅淋漓的发挥。在制作多媒体课件时,对一些课堂上较难表达的地理知识、地形地貌,可以分专题到有关网站上查找相关资料,搜集与教学内容有关的图、文、声、像材料,然后制作成多媒体课件来组织课堂教学。这种多媒体课件不但能将大量的资料呈现给学生,拓宽学生的视野,而且在说明地理知识时材料集中、简明准确、省时省力,从而达到大容量、高密度、快节奏的现代课堂教学要求,大大地提高了地理课堂的教学效率。

五、应用多媒体信息技术突出重点、淡化难点

地理课中有许多重点、难点,有时单靠教师讲解,学生理解起来很费力。而多媒体地理教学形象、直观、效果好,它可将抽象的知识形象化、具体化,易于学生掌握。运用多媒体教学既有利于增加生动感,又有利于知识的获取,突出重点、淡化难点,收到事半功倍的效果,提高课堂教学的质量。地理学科综合性强,许多知识点学生难以接受,导致教学质量两极分化。有鉴于此,笔者在进行教学时应充分考虑到学生的学习基础、学习能力和学习兴趣,在习题练习上有不同程度的倾斜。

(一)制作课件时应仔细分析习题的难易程度

制作课件时仔细分析习题的难易程度,将习题划分为基础题、提高题和综合题,大胆地跳出习题册的拘泥,重视自主命题和交流命题,根据考试的命题动态进行试题研究,同时利用互联网优势进行交流命题,借鉴吸收其他教师的命题经验和成果,将这些习题应用于教学训练过程中。

(二)课件体现"标准化作业"教育

具体而言就是根据教学、练习、讲评的各环节的需要,设计出一定步骤的课件,让学生在做练习时按照步骤依次完成,使学生养成良好的学习习惯。例如,"第一步课件出示材料,学生阅读题干,找出关键词语。"这可有效防止学生看错题目和漏题。"第二步课件再次出示材料让学生阅读题支,作答并说明理由或解答过程。"这可有效锻炼学生的细节意识和对课本知识点分布的熟稔程度,同时有助于教师分析学生的思路偏差以作为讲评的依据,如在课件演示中,笔者发现学生在比例尺换算和错别字等方面存在问题,所以在讲评中有的放矢,极大地节约了教学课时,减轻了自己与学生的负担,还能将省下来的时间充分地用在学生的自主学习和地理课外知识的拓展上面。

笔者深深地感悟到现代信息技术不仅提高了知识的输入和输出质量,还极大地提高了学生的学习兴趣。值得一提的是,虽然现代信息技术教学有效地提高了教学效率和教学质量,但它不能完全取代传统的教学方法,现代信息技术仍处于教学中的辅助地位,教学过程的诸环节仍需要教师来组织实施。因此,教师只有通过精心认真的教学设计,选择最合适的教学媒体,才能有效地提高教学效率和教学质量,为教学方法的改革注入新的活力。

第二节　传统教学与多媒体教学的整合

多媒体技术是以计算机为中心,将语音处理技术、图像处理技术、视听技术都集成在一起的技术,具有图、文、声、像并茂的特点,这对于教育与教学过程来讲是非常宝贵的。自从多媒体技术被引进教育界以后,就受到了教师们特别是年轻教师的青睐,有的教师甚至不分课堂类型全部运用多媒体教学,将课堂板书、传统教学方法弃如敝屣。事实上,传统教学方法是在人类社会发展的历史中流传下来,经过实践的不断筛选、淘汰,被人们逐渐地认识和利用的。因此,在多媒体教学和传统教学中教师不能只单取其一,而应该扬长避短。本书以地理教学为例,讨论如何整合多媒体教学与传统教学的优势,构建新课程改革背景下的新型地理课堂教学。

一、多媒体教学的优点

(一)将抽象的内容具体化

从教育心理学的角度来看,人类是通过视觉、听觉、嗅觉、味觉等多种渠道获得知识的,其中视觉占有最重要的位置,其次是听觉。多媒体教学在视觉和听觉方面有极其明显的优势。它能够以声音、图片及动画的形式将抽象、生涩难懂的知识比较形象生动地展示给学生,容易激起学生学习的兴趣,吸引他们的注意,让学生更容易理解接受,印象也更加深刻,使教学达到事半功倍的效果。例如,讲到地球自转的方向时,将从不同角度拍摄的地球自转的影像给同学们看,这样地球自转的特点就很容易理解了。传统教学方法只是通过教师的一支粉笔、一张嘴、一块黑板来讲解所学的知识点,涉及比较抽象的知识内容时,教师不能将其以板书的形式形象地展现出来,只能通过教师的讲解和学生的想象来完成抽象知识点的学习。遇到比较难的内容时,教师讲得很辛苦,学生也不是很理解。

(二)节省板书时间

地理学科的特点是内容多而繁杂,而且涉及许多的图表。因此,绝大部分同学谈到地理就说"我记不住,看不懂图"。教师如果在上课的时候结合地图进行讲解,同学们不但能学会怎样看图表,也容易对所学知识进行理解记忆,但是传统的教学方法只能靠教师用粉笔画出图表,如此,大半的时间就会花费在画图上,难以完成教学任务。多媒体教学可以事先按照上课的顺序将文字板书、图表等设计好,上课时只要点击鼠标就可以将这些知识点显示出来,既简便又节省时间。例如,教师在讲时区和区时的时候,直接将全球时区划分图用投影仪显示出来,这样就可以轻松地讲解24时区是怎样划分的,一些重要地点所位于的时区也是一目了然。

(三)扩展知识面,加大信息量

通过多媒体教学技术可以事先将板书处理好,这样就可以大大节省板书时间,教师就有时间讲一些教材没有涉及的本学科最近的发展动态,让学生了解一些新的知识点。

二、多媒体教学的缺点

(一)助长教师的惰性

多媒体技术之所以受到教师们的青睐,是因为它可以通过声音、图像等形式将教学内容形象地表现出来,可以事先按课堂进行的先后顺序将课堂板书设计好。这样不仅省去了教师在课堂上用粉笔板书的辛苦,而且可以一劳永逸———一个课件可以重复利用。课堂教学是教师对课本知识的理解、深化、加工与再创造。有些教师却直接将教材内容照搬到屏幕上,上课就对着电脑念,由传统的"照本宣科"演化成新形势下的"照机宣科"。更有甚者连课件都懒得制作,直接从网上下载,上课时对着电脑做"解说员"。从这一点来看多媒体教学不仅没有提高教学效率,反而阻碍了教师专业素养水平的提高。

(二)课堂教学缺乏灵活性

多媒体教学事先将教学过程、教学方法及课堂板书都设计好了,教师上课就是跟着既定的课件走。但教师面对的是一群有自己思想、可塑性极强的学生,每个学生都有不同的特征,而且课堂不是千篇一律的,优秀的教师应该根据课堂上学生的反馈信息及时调整教学进度和教学方法。而在多媒体教学中,有的教师就被既定的课件"牵着鼻子走",特别是新教师,本身就还是处于关注自身的阶段,无法完全把握整个课堂,进行多媒体教学之后还要调控电脑,所以新教师难免会顾此失彼,调控电脑时无法把握课堂,投入教学时又无暇顾及调控电脑。如果课堂教学中出现一些与课件无关的小插曲,有的教师可能就会手忙脚乱,教师和学生的思路都被打乱。《曹刿论战》中有一句话是"一鼓作气,再而衰,三而竭",如果一堂课出现几次小插曲,那么整堂课的效率就可想而知了。

(三)师生之间缺乏沟通

教学是师生之间的合作,是教与学的完美结合。教师通过举例、启迪和开发等手段引导学生思考,调动学生的学习兴趣,帮助学生接受新的知识。传统教学方法就是通过一问一答或者师生对话的方式将课堂教学流畅地进行下去。多媒体教学被引入课堂之后,教师将大部分时间用于操纵电脑,学生要么被课件的新颖吸引,要么就是埋头抄写笔记,根本不听教师的讲解,因为所有的内容都已经显示在屏幕上了。教师因为要随时更换

PPT,所以就不能像传统教学那样边讲课边在学生中间走动,不能及时获取学生的动态, 只能站在讲台上讲完一张又停下来点击鼠标换成下一张再讲。课堂上师生联系的纽带就是电脑和大屏幕。

其实,优秀的课堂教学不仅依赖于好的教学设计,也必然伴随着教师富有感染力的语言表达及自然、得体的态势语(教师的态势语包括身姿语、手势语、表情语、目光语等)。这些都是教学中不可分割的重要组成部分。它们有助于教师准确传递教学信息并随着教学情境与学生产生感情共鸣,创造和谐轻松的学习氛围。的确,教师的言传身教不仅直接影响教学效果,而且对学生起着潜移默化的作用。但在多媒体课中,师生间的情感交流已被渐渐地忽略了,甚至有的教师在制作课件时,模仿电视台的综艺类节目,将欢笑声、掌声都一起设计好。这不仅不利于师生间的情感交流,而且违背了地理学习评价的基本理念。

三、传统教学方法的优点和缺点

传统教学方法的优点是教师可以根据课堂反馈的信息及时调整教学手段和教学进度,而不是按照既定的 PPT 机械地进行教学。不依赖多媒体,教师会根据自己的理解对知识点进行深化、加工和再创造,并以合适的语言和肢体动作深入浅出地给同学们讲解各个知识点。苏联教育家苏霍姆林斯基指出:"教学应使学生从中产生发现的惊奇、自豪和满足求知欲的愉快等各种情感体验,从而使学生带着高涨的、激动的情绪进行学习和思考,使教学成为一个充满活力和激情的活动。"要想使学生带着高涨的、激动的情绪进行学习和思考,首先教师就必须有高涨的、激动的情绪,给学生起到示范作用,而这个仅靠点击鼠标、当图片解说员是无法实现的。另外,传统教学方法中的板书能够突出教学的重点和难点,更符合学生学习和记忆的心理特点，而且板书的过程也是学生记笔记和思考的过程，同时是教师整理教学思路的过程。没有多媒体横亘在中间，师生之间的交流相应地也会增加。传统教学方法的缺点是动态的、抽象的知识点无法用粉笔板书出来。以地理教学为例，地理教学中图特别多，板书起来很费时间，课堂教学的内容就受到了限制。

四、地理教学中多媒体教学与传统教学的有效结合

(一)传统教学为主、多媒体教学为辅

作为一种先进的教学手段，多媒体技术在地理教学中的确能够起到积极作用，但也并非万能。相比之下，传统的教学手段有时候更有实效。例如，传统教学中的"三板"艺术(板书、板图、板画)经实践证明，仍然是培养学生观察能力和读图能力的有效手段。如今，即使是在科教水平较高的国家，"三板"艺术仍以其简易、灵活、实用等优势而被广泛应用并处于不断的发展之中。因此，在运用现代教学手段的同时，应适当体现"三板"特色，既发挥传统教学手段的优势，又为新一轮地理教学改革推波助澜。

多媒体应该是传统教学手段的补充，如在讲三圈环流时，用投影仪将三圈环流模式图显示到屏幕上，然后再根据图片设疑提问，边讲解边写板书，最后共同讨论得出结论。这样既将知识形象化和动态化，引起学生的注意，又通过板书将重点和难点一一列出来，取得比单纯用一种教学手段要好的教学效果。

(二)因材选法

因材选法的第一层意思是根据上课内容来选择教学方法，如果有比较复杂抽象的知识点时就应该选用多媒体教学来辅助教学，但是要处理好多媒体和粉笔、黑板、普通教具、语言表达之间的关系，特别是合理分配时间。另外一层意思是根据各班学生基础的不同来选择不同的教学方法。例如,对于基础好的班,多媒体教学所占的时间比例应大一些,因为学生的接受能力、自控能力都要好一些;对于基础差的班,多媒体教学的时间相应要短一些,因为基础差的同学需要教师的多次讲解,而且有的学生可能纯粹关注课件的新颖性而没有关注课件本身的实质内容,教师应随时以板书提醒学生,加强课堂的宏观调控。

(三)多媒体教学激发学生学习兴趣,传统教学展开教学

上课伊始,以与课程相关的图片、动画吸引学生的注意,激发学生的学习兴趣,再通过传统教学法进行知识点的讲解。例如,在讲太阳直射点的南北移动时,教师先用 Flash 演示太阳直射点的南北移动,再和学生一起讨论并板书直射点移动的范围、路径以及由此产生的昼夜长短变化特点。这样就把原本很难学的一个知识点轻而易举地击破了,课后学生的反响也很好。教育要面向现代化、面向世界、面向未来。在科技日新月异的信息时代,教师的教学思路、教学方法及教学手段等也应与时俱进,及时给教学注入新的元素和活力。因此,教师要在传统教学的基础上整合多媒体教学的优势,构建新课程改革之下的和谐课堂。

第三节　调查法在教学中的应用

素质教育强调的是培养学生的创新意识和实践能力,只有在素质教育全面发展的基础之上才能形成创新意识、创新精神和创造能力,而能力的培养只有在活动中才能完成,只有在实践活动中才能表现出来。所以开展社会实践活动是实施素质教育、培养学生实践能力和创新意识的有效

途径之一。

在传授地理知识的同时,要教会学生地理学习方法,培养学生实践能力和综合思维能力,让学生会学习、会思考,并能运用所学的地理知识和方法分析和解决生活、生产中的问题。地理教学应积极利用校外地理环境资源和设施,鼓励社会参与,寻找社会支持。地理新课程中可运用的实践方法有地理观测、地理调查、地理实验、地理考察等。在地理学的研究中,地理调查是一种最基本、更灵活、更有效的研究方法。地理调查法也称地理考察法,是指教师通过地理调查或考察的方式指导学生完成既定学习任务的教学方法。它是一种重要的实践方法。这一方法的综合性特点可以帮助学生了解和认识自然界的地理现象和地理事物,可以帮助学生全面获取知识、灵活运用知识、综合性地发现问题和解决问题。

一、确定调查内容

对于现实世界来讲,可供地理调查的内容很多,选择调查的内容要与教学实际相结合,以教学目标为依据,以学生的认知水平为基础,以客观的教学环境为前提,在学生有限的地理知识基础上根据学生的生活实际和当地乡土地理来确定调查内容。调查内容可由教师提供或学生自主选择。教师提供的参考选题,主要是根据教学内容和当地地理环境条件设计的,由教师自己编纂。学生自主选题更能体现学生的积极性和主动性,但教师必须认真审阅,以保证选题实施的可行性。自主选题可以使学生的实践意识和创新意识得到具体的、初步的培养和训练。

二、准备工作

调查活动需要付出一定的劳动,需要吃苦耐劳和团结合作的精神,还需要有组织纪律,更加要注意安全。所以,在开展活动前要对学生做好思想教育和动员工作；准备调查过程中需要的图文资料、影像资料、统计资料等，准备指南针、通信工具、文具、专用仪器等工具；为了调查工作顺利进行还需要进行小组分工，进行关于联系方法、组织纪律、突发事件的处理方法等内容的组织工作。

三、调查的设计

地理调查毕竟是一种教学活动，是整体教学的组成部分，对其设计要遵循教学设计的一般原则和调查的特殊规律。调查的设计包括目的设计、准备设计和过程设计，这三种设计的具体内容如下。

目的设计：调查的对象和内容；调查后学生需要了解、认识和理解些什么；培养学生哪方面的能力；使学生获得什么情感体验。

准备设计：调查前对学生进行哪些方面的指导；考察部门及考察点的选择和联系；交通、安全、生活的安排；小组分工，工具准备等。

过程设计：调查的步骤、程序及组织的实施；调查结果的呈现方式，结论和报告的撰写；调查后的总结和反思。

四、地理调查的实施

实施是具体的操作过程，是地理调查活动的实质性环节，也是学生实地探究、获取真知的平台。这个阶段的主要过程：访问和调查—合作试验—资料收集—分析研究—得出结论。学生的最后活动成果主要是以小论文或调查报告等形式呈现。教师在这一过程中要一直跟踪到位，对学生进行有针对性的指导。在调查后，教师要及时组织学生整理资料、总结结论、撰写报告、展示成果。成果交流中同样蕴涵着非常丰富和特有的素质教育价值，绝不能走形式。交流的四个主要程序如下。

第一，小组代表发言。内容主要包括三个方面：陈述论文或调查报告的主要内容;重点介绍自己调查、试验、分析、总结的全过程;谈谈对活动过程的一些突出体会,特别是如何提高了自己的能力等。

第二,其他小组的同学提出质疑,小组进行集体答辩。

第三,教师小结。

第四,在班或校公告栏张贴。

组织评价标准应经集体研究统一制定,把实践和创新这两方面放在评价的首要地位,保证活动内容联系所学知识,符合地理学的科学性,具有实际利用或参考价值,且有一定的创新性。通过评价的导向作用促进素质教育的实施。评价时要评出优秀的调查报告和活动积极分子,并给予适当的物质奖励。

五、开展地理调查的意义

(一)有益于学生对地理知识的理解和运用

地理调查对正确理解地理知识具有十分重要的意义,可以为课堂上和书本上抽象的孤立的知识提供极为生动形象的例证和解释,可以使学生通过运用地理知识解决问题,看到地理知识的价值。

(二)有益于地理知识迁移和技能发展

例如,学生通过高一地理学习,首先,认识到气候、地形、土壤是影响农业发展的重要区位因素;然后,利用课外时间访问有关单位、实地调查、查阅资料,了解了当地的气候状况(特点、优越性、灾害等)、地形和土壤的主要类型与分布状况等农业自然条件,分析了当地农业发展现状与布局及其与地形、气候、土壤等自然条件的相关程度;最后,提出如何根据当地自然条件,充分发挥山区资源优势,发展山区特色农业。这就是对地理知识和技能的迁移。

(三)有利于学生能力的提高

恩格斯说过，"从事实践活动是能力发展的基本途径。"地理调查实践活动提供的舞台要比课堂广阔得多，失败的教训、成功的经验、尝试和探索的机会要丰富得多。

1.有利于培养学生独立思考和独立完成任务的能力

无论是采取个人活动还是小组活动的形式，在活动中每个人都必须承担一定的责任。为了履行责任，必须要依靠自己的头脑和身体，自主地思考和行动。例如，在调查学校节水问题时，每个学生都有自己的任务，如调查水表的数据、设计表格、记录用水次数、进行计算、向全班宣讲。

2.有利于培养学生人际交往能力

活动以小组或集体的形式进行，在合作与竞争中进行。人际交往的机会要比课堂上更加充分，即使是个人活动，也需要学生不断同他人进行交流。这些交往是多方面、多层次的，学生在其中可以学习如何与他人进行思想交流，如接受别人意见、坚持自己观点、吸收他人思想中合理成分以修正自己的思想，还学习与人合作，如请人帮助、给人帮助、相互帮助与共同合作。

3.有利于培养学生语言表达能力

语言表达能力与思维能力的发展是密不可分的。一个人在把自己的思想用语言表达出来之前，还没有把潜在的学习变为可同自己或别人交流的思维活动。语言表达能力促进学生思维的发展。利用自己的语言向全班同学宣讲自己的或本组的观点，可以使学生的思维活动得到发展。

4.有利于培养学生搜集和处理信息、资料的能力

学生在实践活动中几乎没有或很少有现成的资料，所需数据、事实和

实例都要靠学生自己去寻找、查阅、选择、摘录、分析。所以搜集和处理信息、资料的能力对学生今后的生活和工作极为有利。例如,学生在对学校周边地区环境进行调查时,他们所需的数据、事实和实例都要靠学生自己去寻找、查阅、选择、摘录、分析。

(四)有益于地理知识与其他学科的有机联系

任何一个实际活动都要有综合的知识,任何一个实际问题的解决都需要综合地运用各科知识。例如,学生对校园环境(如污水、废弃物)的调查,不但使学生的地理知识与物理、化学、数学、美术、语文等知识相联系,而且使学生的测量、计算等技能得到发展,撰写论文还能使语文写作的能力得到提高。

总之,实践出真知,地理调查这一社会实践活动是对地理课堂教学的延续和补充。学生通过活动,能在一定范围内和一定程度上接触地理事物和地理观念,增加地理的感性知识,巩固、扩大、加深课堂上获得的地理基础知识,并使所获得的知识在实践中得到应用,从而加深对知识的理解和掌握,真正地实现知识源于生活、知识用于生活这一目的。

第四节　渗透优秀传统文化教育的意义

中国优秀传统文化是中国古圣先贤在几千年的社会实践中积淀下来的文明成果,是中华民族的智慧结晶,其核心就是道德教育,有道德才是做人的基本准则。所以学习和掌握其中的各种思想精华,对树立正确的世界观、人生观、价值观很有益处。2014年,教育部发布《完善中华优秀传统文化教育指导纲要》,强调要分学段有序推进中华优秀传统文化教育,把优秀传统文化教育融入课程和教材体系，全面提升中华优秀传统文化教育。在现有的学校教育中将中国优秀传统文化教育纳入课堂是切实可行的。地理学科涵盖了大量的中国优秀传统文化内容，多显示在人文地理学，如文化地理、聚落地理、旅游地理和农业地理的知识点中。可以借助地理教学这一载体，把中国优秀传统文化教育渗透到课堂教学中。

一、激发探究欲望

学习初一地理下册"自然环境对民居、服饰和饮食的影响"时，教师可以播放中国各地有特色的传统民居、各民族的服饰、中国八大菜系的图片和视频，让同学们探究传统民居、民族服饰、菜系的出处。将课堂变静为动，以悦耳的音乐、美丽的画面、优美动听的解说使学生犹如身临其境，得到美的享受。例如，学生可以直观地感受东北平原地区的口袋房、内蒙古草原地区的蒙古包、华北地区的四合院、黄土高原的窑洞、湘西地区的吊脚楼以及各地风俗和民族服饰文化，从中体会我国各民族人民的智慧与创造力，从而激发自身的探究兴趣。

二、感受民族文化魅力

例如，教师可将宋代著名科学家沈括的故事引入课堂，讲述沈括随其父走南闯北，增长了许多见识，学识渊博，成就卓著，在天文、地学、数学、物理、化学、生物、医药以及水利、军事、文学、音乐等许多领域都有精湛的研究和独到的见解。沈括一生撰书多部，其中《梦溪笔谈》涉及天文、历法、气象、数学、地质、地理、物理、化学、医药、生物、建筑、冶金、文学、史学、音乐、艺术、财政及经济等，是一部集前代科学成就之大成的光辉巨著，倍受中外学者的高度评价和推崇，被誉为"中国科学史上的坐标"，在世界科学史上享有很高的声誉。这可使学生在地理课堂中感受古代中华民族学者著作的魅力。

又如,学习初一地理上册"地图"时,可以引用我国历史上各个朝代的显著成就。清朝康熙年间的《皇舆全览图》是最早采用经纬度制图法测绘的地图;道光年间魏源编写的《海国图志》是中国第一部采用经纬度制图法编绘的世界地图集,在地图投影的选择上,与现代地图中根据区域位置和轮廓选择投影基本吻合,地图符号的设计与现代地图也有类似之处,不同的国家采用不同的比例尺,堪称中国制图学史上一部关于世界地图集的开创性著作。这些都可激发学生的学习兴趣,同时让学生感受到民族传统文化的巨大成就。

三、推进民族精神传承

现阶段,国际社会处于相互交流的现代化时代,任何一个国家都不可能脱离国际社会而处于封闭之中。自改革开放以来,中国不断以崭新的面貌与国际社会接轨。在这种相互交流的过程中,文化的差异自然不可避免,文化的撞击与交融使西方文化伴随着政治、经济涌入中国。时下流行过西方的节日,如情人节、愚人节、母亲节、父亲节、万圣节、感恩节、圣诞节,每到这些日子,都会看到好多中国人像西方人一样乐滋滋地享受着一个原本不该属于自己的节日。但中国古老的重阳节、端午节、中秋节、七夕节等越来越乏人问津,甚至连中华民族最古老的春节热闹度也呈下跌趋势。在学习各国文化时,就可以在自然地导入西方文化积极思想的同时渗透民族传统文化的教育,让学生不要忘记弘扬中华民族悠久的、优秀的节日文化传统,不要在盲目崇拜中迷失自我。对待西方文化,应该取其精华、弃其糟粕。学生如果长期处于中华民族优秀传统文化的熏陶中,不仅个性可以得到充分发展,还可能成为中华民族优秀的传统文化传承者和创新者。

四、形成民族特色教育

"变脸"是川剧表演的特技之一，用于揭示剧中人物的内心及思想感情的变化，即把不可见、不可感的抽象的情绪和心理状态变成可见、可感的具体形象——脸谱。相传"变脸"是古代人类在面对凶猛野兽的时候，为了生存把自己脸部用不同的方式勾画出不同形态，以吓跑入侵的野兽。川剧把"变脸"搬上舞台，用绝妙的技巧使它成为一门独特的艺术。在学习初一地理下册"四川省"时，可让学生学习制作脸谱，参与探究，提高学生人文素养，培养学生探索精神。中国优秀传统文化教育内容丰富，具有广阔的外延，充分挖掘、吸取和利用中国传统文化和学术思想中有地理学价值的精华，在现有的学校教育中开辟中国优秀传统教育的通道，在不影响现有课程和不加重学生负担的前提下，将中国传统文化融入地理教学中，将传统教育与现代教育接轨，把地理学与中国优秀传统文化教育统一起来，以实现现代民族特色教育的目标。

中华民族是一个历史悠久的民族，中国人民是文明、智慧的人民，中华文化是博大精深的文化。优秀传统文化对青少年的生存态度和人生观教育有着独特的、不可替代的作用，尤其是在培育学生热爱自然、热爱生活、善待生命等方面具有潜移默化的作用。深入分析课程标准，活用教材，在地理教学过程中渗透中华优秀传统文化，既符合地理课程理念，也顺应课程改革的要求。结合课程标准深入分析教材，找准传统文化与地理教材的契合点，恰当地融入传统文化；采用多种教学方法，创设活动，引导学生自主学习、积极探索，在探索过程中获得规律，体验学习的乐趣；构建开放的课堂，师生间平等交流，促使学生学会与他人相处。中华优秀传统文化是中华民族在长期发展过程中形成的具有重要价值和历史作用的物质文化、思想文化和精神文化。传统文化博大精深，教师须不断学习地理专业知识技能和传统文化知识，提升自身的专业水平和文化素养，把传统文化精髓渗透到中学地理教学中，促进学生的全面发展，实现地理学科的育人价值。

第五节　让生态理念走进地理课堂

新课程改革涉及的方面很多，如课程的设置、课程的门类及与之相配套的教材，但所有的这一切，归根结底要靠教师去理解、实验、开发和创造。教师的主战场在课堂，课堂教学的成功与否将直接决定课程改革的成败，而课堂的改革有赖于对旧有课堂的扬弃和新的具有生命力的课堂的建立。地理课堂是一个生态系统，课堂活动中的每一个个体和群体都在其中获取其期望的价值实现，课堂上有竞争更有协同和依存，有整体性也有多样性和开放性。本书以新课程改革作为平台，将得到的启示运用于地理学科教学中，让地理学科教学更具有生态理念。提出主题—案例感知—知识总结—适时运用—构建模式—展示成果—教师点评—实战演练这一过程环环相扣，充分将学生、教师、环境的力量交汇于一体，在一定程度上体现了生态课堂的理念：以促进学生生命发展为本的课堂追求的是生命实体在课堂中自然、和谐、自主地发展，使每个学生的潜能都得到有效开发，每个学生都获得充分的发展，实现教学与发展的统一。这种理念主要通过优化的课堂教学设计和有效的课堂教学活动体现出来。归纳起来，在以下三个方面体现得较为突出。

一、构建自由对话的平台和感受成长的场域

(一)建立平等和信任的师生关系

改变传统课堂教学中教师和学生之间"征服和被征服""霸权和顺从"的关系,建立平等和信任的师生关系,让课堂生态系统中的主体因素——教师和学生处于自由开放的心态和绿色的课堂环境,以自己全身心的投入为基本特征,以各自生命价值的付出为代价,在现实的努力与追求中构建一种和谐、自然的对话氛围。

(二)构建感受成长的场域

生态中的感悟是一种高度个性化的心智活动,是学生主体对外部知识和信息的深层内化,是学生对事物的重新选择组合和构建。构建感受成长的场域是指教师为学生营造合理的情境、开放的氛围、自主操作对话沟通的场域,通过学生自主构建所学知识的一般模式,实现知识的理解以及方法的内化。

二、构建和运行新课堂形态

(一)建立多维互动的教学机制

为了改变传统教师一讲到底和形式上活跃的情况,在学生没有接触之前,首先让学生根据教师给予的主题,通过提出主题—案例感知—知识总结—适时运用—构建模式—展示成果—教师点评—实战演练这一流程来互相合作、自主探索、不断尝试。然后学生就会自觉主动地提出问题、分析问题、解决问题,并自觉地总结和掌握解决问题过程中所用到的思想和方法,自觉地认识此过程中产生的错误和不足,从而建立以自主学习、合作学习、探究学习、体验学习为一体的与新课程相应的教学体系。完成模式构建之后,教师应针对学生模式中存在的缺陷,完整地介绍构建的基本思路和基本方法,让学生认识到行为和思想的不足,然后根据主题让学生现场运用学到的基本知识和方法,锻炼学生的能力,形成"以学生为核心、以能力为目标、以活动为中心"的新课堂。

(二)运用形式灵活多变的课堂教学方法

课堂教学中既可以有传统的讲述,又可以有合作探究、学生成果展示、学生现场演练等,还可以运用归纳和演绎的方法。这些手段的运用并不是流于花哨的形式,而是根据学生认知规律和信息,结合教学内容,因材施教,提高课堂教学的理性和实践能力。

三、教师角色的转换

在进行教学设计时,教师的角色是始终需要考虑的方面。例如,在课堂中如何转变教师传统的控制和霸权的角色;如何体现新型的主导角色,让学生的主体地位凸显出来;如何借鉴"实话实说""艺术人生"等电视节目中主持人的风格。这些问题是不容忽视的。教师在自己的角色定位中,要始终把握转变原则,并以导的角色出现。

(一)师生关系中的角色转变

由"课堂主宰者"转向"平等中的首席",由"知识灌输者"转向"人格培育者",由"单向传递者"转向"对话交往者"。

(二)课程运作中教师角色转变

由"执行者"变为"决策者""建构者",由"实施者"变为"开发者"。重视教学方式的对话,重视学生积极性、主动性的激发,重视学生问题意识和思维品质的培养。努力扮演好三种角色:引导者的角色、组织者的角色、合作者的角色。将设计的问题放手,让学生通过独立思考以及师生的交流来解决,在一次次的思维碰撞中不断培养学生解决问题的能力。将生态理念融于课堂教学中,使课堂成为一种崇尚自主、互为互动、整体和谐、持续发展的课堂,使课堂符合新课程改革的要求。

四、地理课堂教学存在的共性

第一,教师对课堂的理解存在着偏差,认为只要在课堂上能够控制纪律,将教学内容讲解完,完成规定的教学目标就算完成了任务。

第二,地理课堂教师的专断现象。课堂既缺乏平等的对话,又没有经验共享,学生更不能发现自我。在这种状态下,学生主要进行的是一种静听式的学习。虽然教师有时也提供一些问题给学生回答,但只要学生表达的观点和思想不符合他的"标准答案",就难以得到肯定。而且有些教师给学生提供的问题本身就是问题,它们只是一些"假问题",如教师在已给出答案的情况下,只要学生接受他的暗示,就可以简单回答"是"或者"不是"。

第三,地理课堂中学生的从众和退缩。在课堂教学生态中,学生个体是最基本的、最活跃的"细胞"。但在非生态的课堂中,学生的行为常常表现为一味从众和退缩,有些学生通常喜欢人云亦云、盲目附和。

第四,地理课堂的假繁荣现象。一些地理教师在做着有关改革课堂的思考,也似乎注重师生的双边交流。但令人担忧的是,有些教师搜集了许多地理素材,运用多媒体,采用多种教学方法,做了许多探究活动,表面很热闹,却完全为活动而活动,为提问而提问,为形式而热闹,热热闹闹的背后是对教学主体的漠视与应付。

第五,地理课堂的单调现象。这表现为地理教师形象的单调、课堂活动的单调、教师语言的单调、地理学习方式的单调、教学内容的单调。

五、地理教师的共同思考

新课程改革明确要求教学要体现知识与技能、过程和方法、情感态度和价值观的三维目标,体现学生的主体地位。这要求教师反思:"今天,该怎么上课?"是"坚守应试教育的堡垒,继续推行以知识传授为核心的传统课堂教学态势",还是"以学生的发展为本,革故鼎新,推进课堂教学改革"?很明显,后者更符合时代发展的要求。因此,地理教师应转变观念,改变传统课堂,引进"生态理念",形成"地理生态课堂"。笔者认为,在构建地理生态课堂的过程中,需要地理教师共同商榷以下四个问题。

第一,关注课堂教学语言。要想得心应手地运用美的教学语言,教学语言就应该具备准确性、生动趣味性、精要性、多变性、通俗性。

第二,关注优化的课堂教学行为。教学方式:从灌输到寻求学生主体对知识的建构;师生关系:从控制到对话;教学过程:回归学生的生活世界。

第三,关注优化的课堂教学设计。重视调动和维持师生参与教学活动的积极性和主动性,研究教学环境(包括物质环境与心理环境)的创设,围绕设立的目标组织教学内容;课堂教学中体现不同教学方式、多种交流方式的有效统一;建立开放的、和谐的、民主的课堂氛围。

第四,关注教师的主导角色和学生的主体角色。

第六节 地理课堂的有效教学行为

一、什么是地理课堂教学行为

地理课堂教学行为,往往是指教师在具体的地理课堂教学情境中,基于自己先进的地理教育理念、独特的教学个性、丰富的专业知识与技能、过硬的教学实践本领与地理课堂实践智慧表现出来的教学行为操作方式。实施新课程以来,课堂的教学必须立足于学生的全面发展和终身发展。正如有学者言,"衡量一次变革的成败,最根本的是要看课堂中、教室里发生的变化,教师的教学观念、教学方法、学生的学习活动所发生的变化。"

二、中学地理教学中的主要行为

第一,能够说清教师言语行为的具体要求。

第二,基本学会呈示行为应用的要领。

第三,能够掌握指导行为的应用范畴及基本要求。

第四,能够在课堂教学中凸显规范行为的作用。

第五,了解互动行为的内涵,掌握引发学生提问的技能。

三、地理教师课堂教学行为存在的问题

(一)课堂教学行为形式化

第一,部分教师片面地追求课堂气氛的热烈,教师在课堂中提出的问题过于简单,缺乏对学生思维能力的训练。

第二,在请学生回答问题时,关注的学生群体有一定的局限性。

(二)课堂教学组织随意化

有的教师在安排讨论式学习时没有进行精心的组织,使课堂教学存在有形无神、主体游离等问题,课堂教学效果并不好。

(三)课堂教学评价单一化

地理教学的学习过程和学习结果离不开教师的课堂评价。在实践中,对学生发言的反馈与评价方式,基本上只有教师对学生的评价,没有遵循多元化评价的原则。在评价标准方面,大多数教师简单地以答案的标准性为依据。另外,缺乏对于课堂教学过程中学生学习表现的评价。

(四)课堂教学手段片面化

在新课程背景下,地理课堂教学强调了现代教育技术手段应用的重要性,夸大了现代教育技术手段的作用。

四、影响地理教师课堂教学行为的因素

一是教师观念制约教师课堂教学行为;二是评价制度左右教师课堂教学行为;三是学生基础个体差异牵制教师课堂教学行为;四是教学时间控制教师课堂教学行为。

在新地理课程价值观的指导下,地理新课程改革对传统的地理教师教学行为提出了新的、更高的要求。要求地理教师以人为本,突出培养学生的创新精神、实践能力、收集处理信息的能力、获取新知识的能力、解决问题的能力及交流协作的能力,发展学生对自然和社会的责任感。另外,必须让每个学生拥有健康的心态、优良的道德品质和人文素养,养成健康的审美情趣、终身学习的习惯和能力,从而实现学生的全面和谐发展。随着地理新课程的实施和推广,这种新的地理教学观念逐渐被广大地理教师们接受,但实现地理教学新观念向行为的有效转化,在教学实践中体现出地理教学新观念的价值,对于一线地理教师们来说是一次全新的挑战。

五、地理课堂教学行为的发展与转变

地理新课程改革在全国的开展,不但引起了地理教育观念的变革,而且使传统的地理教师教学行为面临全新的挑战。地理教学行为是指地理教师"教"的行为,即地理教师为了完成教学任务和教学目标而采取的可观察的外显的教学活动方式。它大体包括两个方面的内容:一是直接指向地理教学内容的各种行为,二是为了使上述行为得以顺利实施而对自己和他人行为进行组织管理的行为。具体地说,根据地理教师在地理课堂情境中所采取的行为方式和发挥的功能可以将地理课堂教学行为分为主体性地理教学行为(主教行为)、辅助性地理教学行为(辅教行为)和课堂管理行为。

地理新课程理念以个体化、综合化、多元化为价值取向,强调以学习者(学生)为中心取向,其地理课程设置兼顾社会需要、学科体系和学生自我发展,突出人的发展价值,一方面考虑了人的需要,另一方面注重发挥人的主体性。新课程理念强调不再以单纯地提高学生的地理知识水平为目的,而是以发展学生的整体素质为主旨,主张地理知识、地理能力、学生品德多方面发展,特别重视创新精神和实践能力的培养。多元化取向则强调注重地区和学校差异,注重学生差异,突出学生个性。

六、地理课堂教学行为的有效实施

地理教学是一门艺术,分析和研究地理教师在地理教学过程中的行为表现和特征,探索这些地理行为的发生、发展规律,可以更好地提高地理教学的教学效果,提高学生的学习效能和素质发展的质量。地理教师在进行地理教学时不单是完成地理知识的讲授,而是在完成地理教学的过程中培养学生学习地理的兴趣,培养学生运用地理信息的技能,并逐渐地培养学生热爱地理、热爱科学、热爱祖国的情感。地理教师课堂教学行为的转变是地理新课程实施的关键性因素。在新课程的背景下,如何转变地理教师的课堂教学行为已经成为地理新课程改革的迫切要求。如何转变地理教师的课堂教学行为,需要做好以下几方面的工作。

(一)设计明确、有效的教学目标,构建合理的教学流程

新课程改革对学校、教师和学生都提出了新的、更高的要求,学校与教师必须坚持新课程改革的理念,丰富自己的教学实践,具备坚实的理论基础。教师要以一种教育生态学的视角,寻求课程之间的内在整合与相互作用。地理课程必须主动地面向社会、面向自然,寻求最佳的生态平衡,以实现学生的可持续发展,给课程本身以更深、更广的内涵。

地理教学行为的设计必须以地理教学目标为依据,有效的地理教学行为是具有任务取向和明确目标导向的行为。学生的地理活动是否有效,主要取决于地理教学目标的实现情况。地理课堂教学行为的有效性,一方面是指把地理教学行为各环节和步骤设计得科学规范,另一方面是指在相同的条件下,地理课堂教学行为的整体功能水平得到提高,从而创造出极大的教学效益。前者是基础,后者是地理课堂教学行为产生的结果;二者互为作用,协调一致。

地理教师应该就教学流程及时和学生交流探讨,让学生充分了解教师安排过程的先后顺序,使学生对地理学习有充分的信心。地理教师应注重建立合理的科学的地理教学流程,使地理教学和练习等能循序渐进。地理教学时间善用与否也是很重要的,地理教师如果授课时间太短,写字时间太长(板书太多),而活动又太少时,最易造成学生注意力的分散,地理教

师可应用有条理的地理活动及提示来维持学生地理学习的步调与成果。

(二)联系生活,让学生学有所用

地理课程标准要求地理教师不仅是课程资源的被动使用者,还应是课程资源的主动开发者。课程资源的开发和利用,不仅指教师开发地本教材、校本教材,还指配合课堂教学主阵地的开发和利用。例如,关于地球运动的教学是高中地理的重点与难点,非常需要突出重点、突破难点的课程资源的配合。为了使这类课程资源能够供教师和学生在课堂教学中使用,应开发校本化、生活化的课程资源,可以设计当地正午太阳高度角变化的测定、当地太阳能热水器仰角的调整、当地为充分采光计算楼间距离等探究性活动,在教师的指导下通过学生的研究性学习活动收集资料、处理资料,形成可供课堂教学使用的课程资源。这种课程资源的开发和利用能够变枯燥为兴趣,变抽象为具体,体现了新课程标准贴近学生生活、理论联系实际和地理学习过程化的新理念。教学重点、难点的解决,教学过程的展现,是有效教学的重要体现。

在实践中如何进行操作,许多教师对此还很模糊,还存在着"摸着石头过河"的情况。很多教师在被问到新课程理念实施方向和操作过程时,表示方向虽有,但前景模糊,社会与学校配合到什么程度比较模糊。基于此,各教育机构是否能给教师以实际有效的教学参考和辅助就显得尤为重要。同时,教师需要充分重视地理教师自身作为课程资源这一重要因素。例如,教师带着对学科、事业、祖国、人类、自然的热爱,神采奕奕且充满激情地进行教学,不仅能及时调动学生的学习积极性,而且对于学生个性的形成具有潜移默化的教育作用。教师对地理课程与教学的理解影响着教师的课堂教学行为。新课程标准需要教师改变传统的教育理念,转变教学思路,充分重视学生思维能力的培养。

(三)以地理学习小组分组的方式提高地理教学效果

地理活动是地理教学的学科特色,有效教学的地理教师会向学生说明地理活动的意义并加强与小组间的互动,同时强调活动的价值,以此来增加小组的学习动机,加强学生自我管理。有效的地理活动也离不开教师的有效指导。教师除了要在活动前精心准备好活动的情境与材料外,最主要的还是在活动过程中要密切关注学生的活动行为与思维反应,富于智慧地掌控活动进程。当然,教师的有效指导还包括为学生地理活动的开展创造良好而积极的课堂生态环境。和谐、平等、尊重、信任、宽容的课堂氛围可以使学生和教师之间产生一种积极的相互依赖,可以给学生以心理上的自由和安全感,使学生的思维更加活跃,探索热情更加高涨,如此一来,活动也就更有成效。

(四)抓住"情感点",实现教学目标最优化

关注学生学习兴趣的培养。许多教师均赞同学生地理学习兴趣是地理教学是否成功的可靠标志之一。宏观广大而复杂的地理环境使学生难以成功地感知、理解和记忆,从而使地理成为一门难教难学的课程。必须让学生明白人生活在地理环境之中,与地理环境有着千丝万缕的联系。所以,全面了解自己赖以生存的环境是每个学生的需要。如果要求学生在思考失败的情况下去死记硬背结论,势必抑制兴趣的形成。

运用情感功能来优化教学是当前课堂教学改革的一大主题。地理教学同样要努力追求一种感情的抑扬顿挫,追求或奔腾似江水,或舒缓如小溪的课堂教学环境。要使课堂教学富有人情味,充满活力,师生之间建立纯洁的情感关系至关重要,学生只有"亲其师",才能"信其道"。这就要求

教师去亲近学生、了解学生,做学生的知心朋友,以获得学生的信任,从而达到良好的教学效果。

(五)形成制度化的课堂管理行为

教师教学行为的改变受到现行的教育评价制度的制约。学生的考试成绩仍是地理教师教学考虑的主要因素。教师教学评价的指标仍然离不开学生的分数。在这样的评价机制下,让教师真正去适应新课程改革所提倡的探究性学习的确是很有难度的。在实际的教学中,很难让教师投入时间和精力,专注于教学过程改革。讲授法仍然是使学生最快接受新知识、掌握新技能的最佳方法。在有限的时间和现有条件下,特别是在农村中学设施落后的情况下,现行的教育评价机制的改革任重而道远。所以,建立真正关注学生发展的评价体系是教育改革的重点所在。

能够实现有效教学的地理教师愿意花时间去树立与解释常规,能够明确告知学生正确行为准则以及会受处罚的行为及其缘由。好的地理教师会以积极主动的态度预防学生上课不专心的情况。但施压或长篇大论的训诫会浪费地理课的时间。有效教学的地理教师会经常在地理课堂上使用语言或非语言的行为来防止不当的行为,对于正确的行为应当给予鼓励,以达到正面的强化。

总之,有效的课堂教学对教师的教学行为提出了更高的期望与要求,要求教师能认真研究和分析自己的教学行为,提高自己的沟通能力和管理能力,成为反思型的教育实践者。

第七节　地理教学存在的问题及对策

地理素质是优秀人才必须具备的素质之一。地理知识素质、地理能力素质和地理品德素质以及全球意识、环境意识与发展观念对于将来学生能否成为全面发展的社会主义新型人才有着很大作用。要增强学生的地理素质，就要摆脱应试教育的干扰，逐渐改变以往地理教学中以灌输、强迫记忆为主的教学模式和方法，以开发创造力作为教学革新的一项重要任务，摸索出一套能够锻炼学生创造性思维能力的新型教学方法。

《义务教育地理课程标准》指出："义务教育地理课程是一门兼有自然学科和社会学科性质的基础课程，具有区域性、综合性、思想性、生活性、实践性。"该标准还指出："地理课程的实施，关键在于教师的教学。在地理教学中，教师需要领悟本标准的课程基本理念，了解课程设计思路，按照课程目标和课程内容标准设计具体的教学目标。教学时尤其要注意突出地理学科特点，灵活运用多种教学方式方法，充分重视地理信息资源和信息技术的利用，关注培养学生的学习兴趣、学习能力、创新意识和实践能力。"当今社会的竞争是科技的竞争，是人才的竞争，但归根结底是教育的竞争。提高我国科学事业发展的速度和质量，出好人才、快出人才，对我国的经济发展，对国家的富强壮大起着至关重要的作用。

一、地理教学存在的问题

(一)学科地位不突出

受传统的应试教育的影响，绝大多数学校仍然坚持"分数就是生命，分数就是质量"的口号，将"当年考了多少个重点学校"作为宣传重点，争夺优秀生源。在目标管理上，依旧把学生的考分、班级的名次作为衡量教学质量的唯一标准，对学生及学校的学业总分、平均分、优秀率等内容分别进行排名，尤其是把升学成绩作为学校生存的生命线，升学率高意味着教师水平高，学校教学质量高。在中考这根指挥棒下，初中地理学科逐渐被边缘化并受到冷落。不少学生为了能在其他主科上取得好成绩，放弃了对地理学科的专注学习。在这种情况下，地理教师的教学积极性受到了极大打击，钻研教法成了空话，对课堂教学敷衍了事。这样教出来的学生无疑是知识狭窄的，与现代社会所需要的开发型、创新型人才严重相悖。

(二)师资力量薄弱

在各地农村中学中，地理学科已成为事实上的副科，专业地理教师严重缺乏，地理学科的教学工作多由其他学科教师兼任。事实上，农村地理教育工作者大部分非地理专业出身，缺少系统的地理学科专业知识，只能边教边学，没有知识的系统性及连贯性，往往忙于学习专业知识而忽视了钻研教学方法。教学设备的简陋也使地理教学变得枯燥、乏味。这不仅难以激发学生学习的兴趣以及参与课堂的活力，更难以培养学生的地理素养，导致课堂教学效率低下。还有一个不可忽视的导致农村地理学科师资力量薄弱的重要原因——聘请不到优秀的地理教师。各地教育系统即使有招聘地理教师的计划，但因农村教学条件差、教学环境差、工资待遇低，吸引不了有实力的师范类地理专业毕业生。而地理本身就是各地师资紧缺的学科，因此，这类毕业生大部分优先选择城区学校，实际报考农村学校的人数过少。

(三)教师缺乏课程资源意识

农村教师培训和学习的机会相对较少，不能及时地了解和获取新信息、新教学理念。因此，知识结构更新的脚步较慢，这直接导致农村地理教师课程意识的淡化，很多教师认为教材就是唯一的教学资源，只要把书上的内容教完就可以了，没有对其他课程资源进行开发和利用，致使许多可以作为课程资源的自然环境和人文景观在教学过程中被忽视和埋没。很多农村学校配置了多媒体教室，但平时可能空无一人，只有在进行教研活动时才偶尔使用，多媒体成了一种摆设，造成了资源的严重浪费。

(四)教学设施不齐全，课程资源难以开发

农村中学还存在着教育基础设施不齐全、教育办公经费紧张的问题，如缺乏远程教育网络、多媒体教室、电脑等电教设备，缺乏用于培养技能的幻灯、录像、教学软件、实物标本、教学图片、教学模具等直观的教学用具。笔者所在的学校是一所寄宿制中学，是全县规模较大的初级中学，但硬件设施的建设仍跟不上课程改革的要求，用于教学的直观教具和实验仪器陈旧，目前学校仅有 4 台办公电脑，教室虽有班班通，但仅有少数青年教师坚持使用，而且设备经常出问题，信息技术教学无从谈起。这样的情况无疑会为教师在开发和建设课程资源上带来诸多困难，致使课程资源单调，绝大部分教师选择教学资源和设计教学方案都是按照课本上的活动、图片、教材的顺序来进行的。这样的教学也仅是照本宣科，拓宽不了教育视野、扩展不了教学内容、丰富不了课堂教学，不利于学生全方面能力和素养的提高。

(五)学生地理学习兴趣不浓，教师地理教学模式单调

中学生的好奇心和求知欲是创造性思维发展的内部动因。受好奇心和求知欲驱使的行为就是探索，探索具有一定的创造性。中学生好奇心强、求知欲望高。中学地理教材包括自然地理，又涉及人文地理，内容丰富

多彩,为激发学生好奇心和求知欲提供了很好的素材。

作为中学地理教师,不仅要注意保护学生的这种好奇心,还要创造一些条件,逐步把这种好奇心引到求知欲上来。例如,讲东北三省时加入对原始森林和东北风情的描述,学生被白山黑水的秀丽景色和神秘感所吸引,对富饶的东北产生了兴趣,课后兴趣不减的学生纷纷向教师提出问题,教师不失时机地积极启发学生去探索,把问题交给学生去思考、查阅有关资料,从而巩固所学知识。

由于地理学科地位不高,部分地理教师教学刻板、单调,教学采用的还是传统的灌输式或填鸭式的教法,没有体现出教师的主导作用和学生的主体地位,不能充分体现地理这门学科的特色。有的地理教师上课只是把课本内容复述一遍或照抄一遍。教师照本宣科,使得学生学习兴趣不浓,课堂气氛不活跃,不符合中学生学习的要求,大大抑制了学生学习地理的积极性。

二、采取对策

如何改变中学地理教学现状,使地理教学变被动为主动,变"副"为"主"呢? 笔者认为可从以下八个方面入手。

(一)转变教学理念,积极探索和推进新课程改革

"学习对生活有用的地理"是这次课程改革的基本理念之一。它表明义务教育阶段的地理课程将从纯粹的科学世界重新回到学生的生活世界。地理教师要积极推进新课程改革,切实转变教学理念。一是教师要用正确的思想和观点教学。教是手段,学是宗旨,既要教知识,又要教学法,还要想方设法地将教学与训练结合起来,学生通过学习知识、分析问题、强化思维训练,日积月累,才能较快地解决自学中的问题。二是设计课堂

疑问,培养新思维。在教学中应尽量向学生提供丰富的感性材料,如图片、数据、生动的地理事例,指导学生在现实生活中去亲身体验。这往往会激发出他们的新思维,大大促进他们积极理解和思考。在教学中要切实保护学生的好奇心,鼓励学生质疑问题,鼓励学生逾越常规想象。三是让学生动手,经历探究过程。"重结果、轻过程"是传统狭义学习中的弊端。地理教学要重在"做",要培养和锻炼学生的自主、合作和探究能力,学生亲自做或亲身经历,才会有利于综合分析和理解能力的培养。

(二)树立良师形象,不断注入情感教育

在中学地理课堂教学中,地理教师往往过多注重知识目标而忽视情感和态度目标。非地理专业的科任教师由于专业知识的限制,不敢引用课本之外的内容,往往过多地拘泥于课本,强调地理事实和记忆,缺乏地理情趣。而地理专业教师在进行课堂教学时,又往往过于严谨和强调地理思维,课堂缺乏生动活泼的氛围。对于义务教育阶段的学生而言,学习动机、学习目的性还不强烈,愉快、兴趣是学生学习的驱动力之一,甚至对教师的好感度也会成为学习的驱动力。如果学生不喜欢地理课、不喜欢地理教师,那么怎么能学好地理呢? 所以在义务教育阶段的地理教学活动中,教师要做到"晓之以理,动之以情,导之以行,持之以恒"和"以趣激疑,以趣引思,以趣导知,知趣相融",努力创造一种轻松、和谐和舒畅的师生关系。在整个教学活动中,教师精湛的语言、机敏的教学智慧和可亲可敬的教态会使学生对地理学习产生浓厚的兴趣。因此,地理课堂教学中应该有欢声笑语,更需要地理教师不断增强自身的组织能力与亲和力。

(三)做好情境的创设,激发学生的求知欲

长期以来,不少地理课由其他学科教师教授,在教学中往往沿用了其他学科的教学方法。普遍存在的两种引入新课方法,一种是"讲"法,即"同学们,今天我们讲……",这样就把师生互动的地理教学活动引向"教师讲,学生听"的单向教学活动;另一种是"翻书"法,即"同学们请把书翻到……",将以地图教学为主的地理课变成了看书画线的枯燥的文字教学课。笔者认为要提高学生的注意力和兴趣,可以在导入部分做好情境的创设,地理教师应该努力用"学习"或"讨论"来代替"讲",用翻"图"来代替翻"书"。虽然一字之差,但这意味着地理课堂教学方式得到根本转变。在实际地理课堂教学中,行之有效的导入新课的方法多种多样。例如,在学习"世界人种"时,可以引入这一故事趣闻:毛泽东主席在世时,有一天,他在书房会见美国友人戴勒,戴勒看着主席,一句话都不说,毛主席见后就问:"你为什么老看我。"这时戴勒说:"您拥有一副东方人的脸。"毛主席听后直言:"我是代表中国人的脸,我们可以演各国的戏,包括你们美国人的戏,你们鼻子长,我们可以加鼻子,可你们演不了中国人的戏,不能把鼻子割掉。"这故事使学生联想到世界人种特征。

(四)在地理教学过程中要地图化

"没有地图就没有地理学。"在地理课堂教学中,地图是地理信息的重要载体,是其他任何教学工具无法取代的。地图教学是培养学生创新意识和实践能力的主要途径。对学生而言,地图是帮助其树立空间地域概念的基础,也是培养其地理思维的主要手段,所以地图在一定意义上既是教具又是学具。学好地图并用好地图,对学生来说是至关重要的。地理教学中涉及各种各样的示意图、景观图、统计图,教师在指导学生的过程中,应加强对这些图像的了解,掌握其判读方法。地图教学能力也是衡量地理教师教学能力强弱的主要标志。一些地理教师不愿用、不会用地图进行教学是教学能力低弱的表现。地理教师除运用传统地图组织教学外,还应主动适应地理教学的新常态,充分运用新形势下的电子地图、电子课本等教学工具组织教学。

(五)扎实增强地理专业素质,提升课堂教学能力

教师是教学的实施者,只有优秀的教师才能培养出优秀的学生。走上地理教师的岗位,就要对地理教学有责任感,要充分利用课余时间多学专业知识和教育理论,以增强自身的教育研究能力;要学习和接受新的教学方式,引起学生对地理课的兴趣,激发学生的求知欲望;要发挥学生学习的主动性和创造性,提高课堂效率。农村义务教育阶段的地理教师在专业素质上还有待增强,更不用说那些"兼职"的地理教师。笔者曾经听过从教地理近十年的资深地理教师的随堂课,其课堂语言组织能力、节奏的把握等基本技能堪称优秀,但专业知识和地理思维让人担忧,课堂上的地理专业术语以及地理基本常识出现了错误,这是作为地理教师不可原谅的。

(六)积极开发和利用地理课程资源

由于经济条件的限制,农村中学的常规地理教学资源匮乏,尤其是信息技术方面较城市中学还存在着较大差距。虽然很多农村中学都已经配置了多媒体教室,但没有很好地利用起来。学校应加强对教师课件制作和多媒体运用方面的培训,充分利用好这一资源。除此以外,农村中学的教师还要充分发挥自己吃苦耐劳、动手能力强的优势,手绘板图、板画,甚至自做教具、模型,使地理事物形象化、具体化;还要因地制宜地开发校外课程资源,校外课程资源具有种类多、贴近生活实际等特点。地理教学的内容源于生活,地理教学不应该脱离生活。将地理生活与日常生活紧密地联系起来,把生活资源转化为课程资源,可以拓展学生的视野,满足学生学

习的实际需求,有利于学生充分认识地理知识的意义与价值,增强学生学习的主动性和创造性。

(七)建立空间概念,发展地理思维

地理知识往往离不开地理区域,在教学中必须引导学生建立空间概念。一方面,学生可以通过识别经纬地图和地球仪,找出主要经纬线所在区域,在头脑中对主要地理事物建立初步空间位置,主要经纬线包括回归线、赤道、极圈和零度经线等。另一方面,学生通过各类地理填充图可以建立空间概念。地理教师应多用各种板图进行教学,引导学生在识别区域图的基础上能自绘区域空白图,再将主要地理事物落实到图中。这样不仅培养了学生的区域意识,而且使学生学会了用图说话、用图思考,建立了稳固的空间概念。

(八)加大对农村教育的投入,不断提高教师待遇

农村中学教育基础设施落后,办公经费紧张,已不适应现代化教育教学的新要求,成为全面推进课程改革的一大屏障。农村教师的工资和福利待遇与其他行业相比差距很大,尊师重教得不到真正的落实,很多农村教师在社会活动中存在自卑心理。因此,各级政府、教育部门要转变观念,加大农村教育的投入,加大地理教师的培养力度,不断改善办学条件,不断提高教师的工资和福利待遇,切实做到尊师重教,关心和稳定农村教师队伍的健康发展,为促进课程改革的顺利进行以及落实科教兴国战略奠定坚实的物质基础。

总之,在新课程标准的指导下,地理教学要毫不动摇地坚持"以学生发展为本""学习对生活有用的地理""学习对终身有用的地理"的基本理念,按照"以学生活动为主,教师讲述为辅,学生活动在前,教师点拨评价

在后"的原则,与时俱进,适应网络环境下和计算机辅助下的地理课堂教学模式,更加高质、高效地完成地理学科的教学目标,最终使学生从认识地理、学会地理走向会学地理的广阔道路。

第八节 地理课堂教学与生活实践分析

地理课程标准的基本理念之一是学习对生活有用的地理,地理课程要给学生提供与其生活和周围世界密切相关的地理知识;学习对终身发展有用的地理也是地理课程标准的基本理念,地理教学要反映全球变化形势,突出人口、资源、环境的区域差异以及可持续发展等内容,使地理知识不仅对学生现在的生活和学习有用,而且对他们的终身学习和发展有用。针对地理新课程标准的理念,地理课堂教学要从不同的方面渗透地理知识与实际生活的联系,体现地理知识对社会生活的重要作用。

一、亲力亲为,提高学生观察和动手能力

教师在上课前可以预先要求学生自己去准备一些相关资料,提高学生观察和动手能力。例如,教师在讲地方时区和区时的内容前,可以让学生自己去看北京、东京、纽约、伦敦等不同城市在钟表上的时间,并做相应记载,然后在课堂上进行时间的换算;也可以通过将电视、广播等新闻媒体所报道的一些全球性活动的时间与当地时间进行比较。这些活动有世界杯足球赛、NBA篮球赛、大型娱乐活动等。这样一来,学生既掌握了知识,又提高了观察能力和动手能力。

又如,在学习关于地球表面水平运动的物体产生偏向的内容前,让学生去河边观察水的流向以及河两岸的河床陡缓状况。这样学生可以很明

显地发现河的右岸陡峭,左岸平缓且泥沙沉积,而城市就坐落在泥沙的沉积岸。从而让学生理解北半球的河流在地转偏向力的作用下向右偏转,因而右岸侵蚀严重,左岸泥沙沉积。

再如,在讲太阳高度角时,让学生去看看楼顶上太阳能热水器的安装情况,思考为什么可以通过调节支架来获得最大的太阳辐射能;在楼间距的问题上,让学生分组去测量不同住宅小区的楼间距,了解楼层高度,询问小区中住户的房间采光情况,然后进行统计并分析采光与楼间距的合理搭配。让学生亲自从生活实践中寻找书中知识的再现,既培养了学生善于观察的习惯,又提高了学生动手动脑的能力,也激发了学生学习地理的兴趣。

二、自主探究,提高学生知识的迁移能力

热力环流是大气运动中最简单的一种形式。地面冷热不均导致水平方向上空气的上升或下降运动,从而使得水平面上的气压产生高低差异,促使气流从高压流向低压形成风。在生活中,人们都有这样的感受:闷热的夏季午后,感到胸闷气短,这是高气温产生的低气压而造成的;夏季的白天,站在海边,会感觉凉风习习,因为风是从海洋吹向陆地的。在垂直方向上,海拔越高,气压越低,青藏高原的平均海拔在 4 000 米以上,所以空气稀薄,气压很低,高原反应严重。季风环流的成因主要是海陆热力性质差异,在平时的生活中都有这样的感受:夏季地面温度高,而水里凉快;冬季水温要高,地面气温低。由此可见,冬夏季节陆地与海洋的气温高低不同,导致气压高低的不同,从而形成了不同的风向,这就是季风形成的主要原因。

生活中很多的大气现象都可以通过课堂中的理论学习来进行分析。

例如,晴朗的天空为什么一般都是蔚蓝色的;在阴天,日出日落前后的天空为什么还是明亮的;交通信号灯的警示色为什么一般都是红色的;为什么在深秋的晴朗夜晚容易打霜,气温比阴天更低;"十雾九晴"的现象如何解释。这样的生活现象数不胜数,学习了课堂知识就能轻松地解释这些生活现象了,这才是真正、有效的教学。

三、正确引导,使学生形成科学的价值观

学生是一个个鲜活的生命,是一个个实在的主体,他们的思想深受周围环境的影响。例如,在"人口和人口问题"中,针对我国的人口现状(人口基数大,净增人口多,男女性别比例失调,农村人口增长较快,老龄化不断加剧等),让学生在周围的生活环境中了解、调查,教师正确引导,让学生形成正确的人口观。在城市化问题上,让学生思考:城市比农村好在哪里;农村大量劳动力外出对农村生活有哪些影响;大量人口涌入城市有哪些利弊。学生可结合自己已了解到的,各抒己见。教师进行点拨,完成知识的构建,得出合理的答案,让学生用辩证的思维来分析问题,在探讨中激发学生为家乡的美好明天奋斗的责任感和使命感。电视里报道的钓鱼岛新闻,身边各种形式的爱国呼声和爱国举动,可以与地理教材里的"海洋资源保护和开发"内容相结合,从而让学生很好地接受国情教育,培养学生的爱国热情,同时在教师的引导下让学生懂得如何做到理性爱国。

面对时代的发展,与世界接轨是中国面临的挑战之一。无论是在资源、经济还是环境的开发、利用、保护方面,我国与发达国家之间还有很大的差距。通过一些热门话题,如国际上关注的热点、焦点问题,让学生发表自己的意见、看法,有时也免不了会出现荣辱是非混淆、认知产生错误的情况,教师若不加以纠正和引导,学生正确的价值观、人生观就无从形成,

走向社会、走进生活时也就难保不出问题。新课程倡导的学生学习的背景是生活化的,学生最终要走向社会、走进生活。课程唯有反映社会与生活的需要,帮助学生了解社会生活,才能真正体现自身的本质功能。教师要善于从学生的生活细节中捕捉可以利用的教育资源,利用这些鲜活的人物和事例,让学生走进真实的生活,无论是光明的一面还是阴暗的一面;让学生在教师的正确引导下用心去触摸、去感悟生活,形成辨别是非善恶的能力,形成积极的人生态度和科学的价值观。

四、关注社会热点,提高学生环保与发展意识

由于地理学科发展的继承性和一贯性,地理教学内容和教材体系多年变化不大,但社会的不断发展要求地理课堂与时俱进。在平时的教学中,要关注与地理学科相关的社会热点,从中找出相关的地理素材,用学科知识去分析、阐释和评价人类面临的诸多问题,真正做到学以致用。例如,最近的热点词PM2.5,可告诉学生什么PM2.5,其产生的主要来源及应对措施等。又如,"地球熄灯一小时"可激发大家保护地球的责任感,引发人们对气候变化等环境问题的思考,表明人们对共同抵御全球气候变暖行动的支持,同时教师可引导学生思考"为什么选在三月的最后一个星期六"。这样不仅有助于学生从地理学科的角度分析问题,还能让学生意识到地理学科的重要性。因此,在平时的教学中,地理教师应做有心人,适时引导学生将地理知识与热点问题联系起来,从地理角度去发现、解释、解决这些问题。这样不但能调动学生的地理学习兴趣,提高学生的学习能力,还能加强学生的环保与发展意识。

教学实践证明:在地理课堂中实行生活化教学模式能创设和谐的教学氛围,让学生在和谐的氛围中进行学习有利于学生素质的全面发展,有

利于实现新课程的教学目标。总之,地理教师在课堂教学之外,一定要引导学生在平常的生活实践中养成细心观察、积极思考的习惯,让学生真正做到学以致用。

第九节　地理教育的可持续发展

一、可持续发展教育与地理教育的关系

(一)可持续发展教育是地理教育的主旋律

可持续发展是既满足当代人的需要又不危害后代人满足其自身需求的发展。它需要良好的生态环境作为基础,借助经济的发展和科技的进步来推动整个社会的发展;它希望社会既要发展又不破坏自然,是人们对"人与自然关系"这个问题的一种全新的认识。可持续发展教育通过对自然的认识以及人类发展观的进步,促使人与人之间、人与自然之间关系的协调发展,从而改变人类自身的道德观、价值观的取向和行为方式。可持续发展教育要求人们珍惜资源、爱护环境、改变传统的生产和消费观念,在满足基本生活所需的同时,使发展保持正常水平,实现社会的公平和文化的多样性。由于不同国家的国情存在着差异,可持续发展教育的侧重点也就不同。但由于未来的世界、未来的社会是趋于全球一体化的,各个不同地区之间的联系和命运的相关性会大大加强,所以可持续发展教育即使是在不同的国家、不同的地区、不同的学校,也拥有许多共同的主题,如生物多样性与珍稀动物保护、城市垃圾的处理、交通发展与大气污染,其目的是为当代和后代建立一个可持续发展的自然物质基础和经济文化环境。

地理教育的内容不仅涉及自然科学领域，还涉及人文科学领域，全面反映了世界的环境、经济和文化。1992年国际地理联合会地理教育委员会制定公布的《地理教育国际宪章》指出：人口的增长与迁移、粮食和饥荒、城市化、社会经济差异、动植物的灭绝、森林砍伐、土壤侵蚀、自然灾害、有毒废弃物、空气污染、气候变化、种族冲突、战争、地方主义等问题都是地理课堂上应该让学生们了解的内容，并进一步指出地理既是促进个人教育的重要媒介，又可以对国际教育、环境教育和发展教育做出重大的贡献。由此看来，可持续发展教育和地理教育的内容及其思想体系在很多方面是吻合的，这使得地理教育成为中学开展可持续发展教育的重要依托，而且地理教育的这一重要功能是其他学科所无法替代的。所以把可持续发展教育的思想融入地理教育之中，或者是以可持续发展为中学地理教育的主线，既是我国中学地理教育在21世纪的出路，又是对中学地理教育的巨大挑战。再说当今世界，经济和人才存在于相互促进的循环状态中，经济的昌盛为培育人才提供了良好的土壤，人才的辈出又推动经济的持续繁荣，在一定条件下，人才优势可以转化为经济优势。从事地理教育的人员一定要把握好这一机遇，在地理教育中要深入有序地进行可持续发展教育，把地理教育中的可持续发展教育落到实处。

(二)将可持续发展观念渗透于中学地理教材中的方方面面

中学的地理教材涉及宇宙、大气、海洋、陆地四大环境的基础知识，涉及人类的生产活动、地域间相互联系的知识，也涉及人类与环境的相互作用以及由此产生的重大问题。地理教学要对正确的人地观念从不同的层次、不同的角度进行鲜明的阐述，将可持续发展观念渗透于全书。改革开放以来，我国经济持续稳定增长，人民生活水平有了很大提高，百年来追求国家富强、人民安居乐业的心愿得到了初步实现,但是立足中国、环顾世界,不难发现人口的剧增、资源的短缺、住房的紧张、土地的退化、温室效应的加剧、臭氧层的破坏、城市规模的扩大等不容忽视的环境问题依然存在。虽然随着科技的进步和社会生产力的极大提高,人类创造了前所未有的财富,加速了文明发展的进程,但与此同时造成的环境问题已成为全球性的大问题,严重阻碍着经济的发展。也就是说,人类所创造的技术圈和所继承的生物圈已失去了平衡,已处在潜在的矛盾中。人口众多、人均资源贫乏、经济和科技相对不发达的国情,决定了我国必须走可持续发展的道路。将可持续发展观念融入中学地理教育迫在眉睫。除课本内容以外,适当增加可持续发展的相关知识,对于学生认识可持续发展的重要性具有独特的作用。

二、地理教育中的可持续发展教育

(一)人口问题

　　人是生产者,也是消费者,可持续发展要求人口的发展要同经济的发展相适应,同资源的利用、环境的保护相适应。科技的进步和经济的发展必然导致人口的增长,人口的过度增长会使有限的生态资源无法满足人们的需求,如粮食、能源、淡水的相对短缺,矿产资源的逐渐匮乏,土地对人口的承载能力继续下降。地球难以负担如此多的人口生存,可持续发展要求有一个稳定的人口数量。在教学过程中要结合实际,让学生了解世界和我国的人口状况,分析人口增长的原因、分布特点,让学生认识到人口的过度增长会对资源、环境、社会经济的持续发展带来的极大压力,使学生树立正确的人口观。人口素质是可持续发展人口观的重要组成部分,只有人口素质的持续提高,才能充分发挥人的积极性和创造性,这样不仅能合理地利用自然资源,而且能减少人口对资源、环境的压力,为可持续发展创造一种宽松的环境。控制人口的增长、提高人口的素质是实现可持续发展的重要手段和目标,也是实现人类与地球协调发展的关键。

(二)资源的可持续利用

自然资源是人类赖以生存和发展的物质基础,是人类生活和生产资料的最基本的来源。经济建设离不开自然资源,人类社会的可持续发展与自然资源的供给状况、开发利用、保护程度是密切相关的,但人口的增加、经济和社会的发展使人类对资源的需求和消费量日益加大,导致某些资源的短缺和环境恶化。可持续发展强调的是以保护环境为基础,对资源进行合理开发和利用,若忽视对资源环境的保护,经济的发展便会受到限制。同样,没有经济的发展和人民生活质量的改善,特别是最基本的生活需要的满足,就无从谈及资源的保护。为了使资源既能不断地满足当代人们生存与发展的需要,又不对后代人赖以生存的物质基础造成破坏,必须加强中学生的资源教育,使学生掌握资源保护的有关政策和法令,让学生懂得珍惜和保护有限资源的道理。例如,在讲水资源时,从水资源的概念、分布及利用状况出发,告诉学生目前水资源正在遭受严重的破坏和浪费,水资源问题不容忽视,利用课堂的实践渠道使地理知识逐渐转化为学生的一种资源意识,即"从自身做起,珍惜和保护每一滴水,使水资源得以不断循环、更新,达到永续利用的目的"。

(三)生态环境

良好的生态环境是人类可持续发展的基础,它与人类社会的生存具有相互依赖性,如果没有生态环境作为基础,人类社会就建立不起来,人类就不能生存下去,更无法发展,人类的生存依赖于整个生态体系的平衡和健全。在地理教学的过程中,应让学生清楚地懂得生态系统中的一切都是相连通的,任何局部环境的破坏都有可能引发全局性的灾难,甚至危及整个国家和民族的生存条件。例如,美索不达米亚平原上的古巴比伦文明的消亡;我国唐代经济繁荣的丝绸之路,今已变成了不毛之地;先秦时期植被茂密的黄土高原,竟到了"居无尺缘,人无烟灶"的地步。这些都是生态环境破坏导致的可悲后果,而且许多环境问题也都是从小范围、小局部逐渐蔓延扩大成大范围、大区域性问题的。在全球经济一体化的今天,国与国之间的经济是密切相关的,生态安全也是跨越国界的,一国的生态灾难有可能危及邻国的生态安全,如国际性河流、气候的变化、臭氧层破坏、海水污染。另外,对环境的破坏力超出了生态环境的支撑能力,往往造成不可逆转的后果。这种后果一旦形成,若想解决,就要在时间上、经济上付出很大的代价。即便如此,也很难恢复到原貌。例如,日本的霞浦湖与我国的滇池面积相仿,日本治理该湖的污染历时 27 年,投入相当于 1 300 亿人民币,水体才恢复到相当于中国的四类水体。学生知道这一点,能使他们更深刻地认识到人类社会在自然界中的地位及共同生活的必要性,并认识到环境保护是我国的一项基本国策,从而增强学生的环保意识。

(四)社会发展

可持续发展是一个全球性的大问题,具有综合性、长期性和协调性的特点,其目的是为了整个社会的发展,而社会包括一些自然要素和人文要素,如人口、自然、环境、经济,各个要素之间是相互联系、相互影响的。如果因一个要素的发展而影响其他要素的发展,就不能认为是社会的可持续发展,如工业的发展影响了环境质量或重工业影响了轻工业,都不能认为是可持续发展。只有各个要素相互协调、共同发展,才能称之为社会的可持续发展。

可持续发展观念的形成必须通过教育抓起。只有这样，人类才能不断地改善自己生活条件和生活水准，同时维系和保护子孙后代的利益，最终推动整个社会的可持续发展。在地理教学中，应充分挖掘和利用教材中可持续发展的思想，借助地理学科的特点和优势，对学生进行这方面的教育。例如，讲地球上的大气时不但要讲清楚气候发生、发展、变化的规律，而且要强调气候是一种取之不尽、用之不竭的自然资源，但是若不尊重客观规律，对气候资源不合理利用，就会导致气候的变化，影响气候向着有利于人类生产生活的方向发展，进而影响其他行业的发展，阻碍整个社会的进步。

综上所述，可持续发展教育与地理教育的关系十分密切，二者之间有着积极的互动性。这就要求教师在地理教学的过程中把素质教育、可持续发展教育融为一体，使学生认识到可持续发展是着眼于未来的发展，是满足人与人、人与生物种群之间协调性的发展，是要求控制人口规模，使人类经济活力和社会发展保持在资源和环境承载能力之间的发展，是要求全球决策和行动整体协调、共同合作的发展。教师要善于挖掘教材，调动一切积极因素，结合实际，让学生充分了解国情、理解人类发展与环境的关系。教师应从多方面培养学生良好的文化素质和环境意识，帮助学生树立正确的人口观、环境观、发展观，让学生在未来的各项工作和活动中，能够既考虑局部利益，又具备全球意识，自觉地保护人类赖以生存的环境，不再以牺牲环境为代价来取得经济效益，不再走"先污染、后治理"的老路，而要"但存方寸土，留与子孙耕"。

第三章　中学地理发展方向与发展趋势

第一节　地理教育发展方向分析

随着我国社会经济和科学技术的发展,地理科学的发展,信息技术在中学地理教育中的广泛应用以及中学地理教育理念的革新,我国中学地理教育发生了深刻变化,中学地理教育发展出现了新的趋势,即实用化、实践化、智慧化、创新化。这些趋势是对传统地理教育的批判与继承,是一个逐渐发展完善的过程。

我国新时期所面临的发展问题,如资源开发、城市建设、土地利用、环境保护、国土整治和人地关系都离不开对地理知识的正确应用;面临的全球性问题,如环境污染、战争冲突、全球变暖、人口问题、资源问题及发展问题更是与地理科学密切相关。由此可见,地理科学对我国经济和社会发展具有巨大的推动作用,中学地理教育的实用价值日渐突出,实用化趋势日益明显。

一、地理教育的实用化趋势

地理学的理论大多是从其他学科引进的,真正建立在地理学科理论之上的具有地理特色的理论为数很少,导致地理学理论滞后于社会发展的需要,影响了中学地理教育的实用性。特别是传统的地理教育主要定性地描述和讲解理论知识,构建理论体系,而忽视其实用性。地理教学中存在过多的地理专业术语和地理原理分析，理论与实际应用严重脱节。地理科学的发展，数学概念、统计方法、系统论、信息论、控制论等概念和方法的应用以及电子技术、同位素技术、遥感遥测技术等新技术的出现，使得地理信息的获取和处理朝着系统、准确、客观的方向发展，极大地提高了系统分析能力，大大增强了地理科学的应用能力。地理科学对社会生产的促进作用日益增强，中学地理教育与社会生产呈现出相结合的趋势。地理教育与现代生产所需的科学技术原理联系在一起，促进了地理教育的实用化趋势。中学地理教育的实用化趋势主要表现为以下两个方面。

第一，中学地理教育追求的第一目标是教会学生利用地理圈层生存。地理圈层包括大气圈、水圈、生物圈、岩石圈等，是人类赖以生存的空间，学生要学会处理地理圈层之间、地理圈层与人之间、人与社会之间、人与人之间的关系，并使之协调发展。中学地理教育要注重培养学生分析问题、解决问题的能力。针对现实生活中的地理问题，学生通过分析和归纳能够提出解决方案，从而有效地解决实际问题；学生能够运用地理概念和地理原理对这些问题加以解释，体会地理学与现实生活的密切联系和地理学的应用价值。

第二，中学地理教育要紧密联系实际，紧密联系本地区人类活动和地理环境现状、资源现存状况，用可持续发展的观点将地理知识与社会经济发展联系起来，帮助学生树立正确的人口观、资源观、环境观和人地协调发展观；要引导学生深入理解可持续发展观，增强学生关心和爱护环境的社会责任感，使学生具有理性的地理行为，形成关爱人类和地球环境的行为准则。

二、地理教育的实践化趋势

我国中学地理教育出现实用化趋势的同时,出现了实践化趋势。中学生已经不愿意被动地接受知识,而开始要求主动参与教学活动,参与社会实践。因此,地理教育教学方式应以学生为主体,提高中学地理教育的开放程度,构建实践化的地理教学模式,根据国家社会经济发展的需要和中学地理素质教育的要求,实现地理教育功能的转变——面向社会建设、面向环境教育、面向全球意识。我国传统的中学地理教学以课堂教学为主,室外教学和实践活动较少。这不仅降低了学生学习地理的兴趣,而且影响了学生动手能力和基本技能的提高,同时限制了学生探索自然和接触社会的积极性。现在的中学生是未来的主人和建设者,应该让他们真正投身到自然界和社会实践的各项活动中去,在自身的感受和经历中树立正确的人地观。中学地理教育的实践化是地理教育发展的必然趋势。中学地理教育的实践化趋势主要表现为以下四个方面。

第一,中学地理教育要求学生在实践中学习,在真实的生活实践中或实际操作中展开活动,培养学生未来发展所需要的地理生存能力、地理实践能力、地理创造能力;要求学生通过多种多样的地理实践学习方式和社会地理教育资源,加强与社会各界的沟通与联系,实现课本与现实的结合。学生学习地理的地点无所不在,学习地理的内容包罗万象。

第二,中学地理教育要求积极开展地理实践活动,特别是野外考察,使学生亲身体验地理知识产生的过程,增强学生的地理实践能力,在实践中启迪学生的智慧,增长其才干,逐步提高自身的野外活动组织能力和解决实际问题的能力,从而适应社会发展、科技进步和地理教育自身发展的需要。

第三，教师要指导学生关注生活、生产中的实际问题和社会热点问题，有意识地用地理视角去观察和发现现实社会生活中的各种有关地理的问题，然后运用所学的地理概念和地理原理进行系统分析与描述或进行实地考察。只有与生活密切联系，才有无穷的地理资源可供挖掘，学生学习地理才有兴趣，才能使学生了解地理知识的功能与价值，形成主动学习的态度。

第四，中学地理教育要求注重学生能力的培养，推进素质教育。在信息技术日新月异的今天，知识非常重要，但方法和能力、态度和观念同样很重要。在中学地理教育中，教师要培养学生的地理基本技能，训练学生的地理学习方法，培养学生独立获取、应用地理知识的能力；加强学生的基础性学力，提高学生的发展性和创造性学力；在课程内容选择、教学方式方法运用中，充分考虑现代信息技术的影响，为发展学生自主学习的意识和能力创造适宜的环境。

三、地理教育的智慧化趋势

信息技术的发展和新课程改革使中学地理教育出现智慧化的趋势。传统的中学地理教育注重地理知识的传授，忽视学生能力的培养。而新课程改革注重对学生实践能力的培养，致力于培养21世纪的高素质应用型人才。中学地理教育智慧化趋势主要表现为以下三个方面。

第一，中学地理教育要培养学生的信息能力。网络是信息的总汇，有用的地理信息和无用的地理信息在网络中并存，如果不具备相应的审视能力和判断能力，学生的思维会被垃圾信息阻碍。更重要的是，要将地理信息转化为真正的地理知识，必须通过学生能动的学习活动。地理教育的重要功能是使每个学生都成为地理信息的主人，都能收集、选择、整理、管理和使用地理信息。在今天的信息社会,学生可通过各种媒体获取丰富的课外知识,教师授课可以围绕一个主题,突破书本知识的局限,组织来自现实生活的大量素材,增加活跃学生思维的教学因素。通过教师的引导,调动学生学习的积极性,将课堂变为信息交流的场所,扩大课堂教学的信息量,不断提高课堂教学的效率和质量。

第二,中学地理教育要培养学生的网络学习能力。随着现代信息技术的发展,网络学习能力将成为学生在未来社会终身学习的能力。在网络中学习的学生把教师看作学习过程的参与者,充分发挥自身的主观能动性,与同学进行学习交流,同时与教师探讨问题,形成了多方交流的交互式学习氛围。学生可以利用网络收集、处理各种地理信息,关注地理时事,模拟宏观或微观的地理现象。网络技术可以打破时空界限,把生活和生产中的地理现象进行实验模拟,使抽象的问题具体化,静止的问题动态化,复杂的问题简单化,体现多媒体技术的优越性。网络教学的内容、方式、教材等都可以因人而异、因时而异,充分体现个性化的地理学习,促进地理教育的发展。

第三,信息技术的迅猛发展。以 GIS 为中心的"3S"(GIS、RS、GPS)技术的广泛应用,为地理课程注入了活力,革新了中学地理教育的手段。在中学地理教育中增加"3S"技术的应用和实践,可以提高学生学习地理的兴趣,提高地理学科在基础教育中的地位,加速中学地理教育的实用化。

四、地理教育的创新化趋势

随着知识经济的到来,中学地理教育创新化成为地理教育发展的必然趋势。在中学地理教育中进行创新化教育主要表现在以下两个方面。

第一,必须理清新的地理知识内涵。新的地理知识内涵:①地理事实的知识;②地理原理和地理规律的科学理论;③地理技巧与地理能力,深埋于社会和人头脑中的地理知识;④地理知识的创新以及地理知识产权。这里所说的创新是地理知识在运用层面上的重组,是地理方法在解决问题过程中的创意,是思维活动在地理价值判断中的升华。由此可见,新的地理知识观是地理知识、地理能力、地理素质的内在统一,包括创新的地理知识和地理知识的创新。从这个意义上说,地理知识的地位发生了根本性的变化,它与科学技术一样都是生产力。地理知识的创新化是中学地理教育的新特点。

第二,必须改变传统的教学方式。传统的地理教学是指教师讲、学生听,不利于学生思维的发展。必须改变传统的教学方式,使学生在合作与探索中主动获取知识,促进学生的自我反省和自我完善,培养学生的合作意识和集体观念。要鼓励学生针对不同的地理问题进行交流,提出自己对问题的看法,进行交流性学习。在师生互为主人的学习环境中,师生是平等的、民主的,教师扮演的是教育过程的指导者、组织者、参与者,地理教师应成为学生的指导员和合作者。地理教师应在传授知识的同时帮助学生形成正确的地理学习态度和方法,提高学生对于地理知识的灵活迁移能力,以使学生能够从事那些有效果的和创造性的地理活动。

第二节　教材发展新趋势

近二十年来,随着世界经济、贸易、交通、通信等的快速发展,人们的活动空间迅速扩大,世界仿佛在不断"缩小"。同时,人口问题、资源问题、环境问题、发展问题等已构成影响全人类生存与发展的重大问题,并引起全世界的高度关注。这一切使人们意识到"地球村"已成为人类共同面临的现实。与此同时，地理科学工作者在进行理论研究和宏观分析的基础上，加强了对于区域生产实际的具体问题研究，并借助遥感技术和地理信息系统等现代科学技术，由定性描述转向定量分析。

为适应时代和地理学发展的要求，许多国家（或地区），尤其是一些发达国家，对中学地理教材进行了大胆的改革。翻开一些国家（或地区）最近出版的中学地理教材，不难发现，无论是教学目标、结构体系、主要内容，还是编写手法、教学要求、版式设计，都焕然一新了。各国中学地理教材的改革尽管存在着很大的差别，但是综合起来看，在许多方面努力的方向是相同的。本书仅分析几种主要的发展趋势。

一、重新构建知识结构体系

长期以来，中学地理教材按照地理科学体系安排教学内容。由于地理科学体系庞大、内容广泛，尽管中学地理教材只选取其中一些最基本的内容，仍显出许多固有的不足，如内容多、难点多、重点不突出、主题不明显、实用性差，这给教学带来了一定的困难。因此，许多国家新出版的中学地理教材都努力摆脱地理科学系统的束缚，逐渐根据中学地理教育的特点探索建立新的知识结构体系。

以世界地理为例，传统教材按照世界总论、分洲、划区、列国的方式编排。对于每个地区（洲或国家）的讲述很详细，有关位置、范围、地形、气候、河流、湖泊、资源、农业、工业、交通、人口、城市等内容面面俱到，被戏称为地理"八股"。新的教材体系主要有继承型、变革型、创新型三种类型。

（一）继承型

继承型的教材体系继承了传统的知识结构体系，并进行了必要的改革。例如,我国义务教育初中世界地理(人教版),对传统世界地理模式进行了两个方面的重要改革。其一,简化知识层次,即将分洲、划区综合考虑,并按照自然地理和人文地理两方面的特点,直接进行世界分区。其二,突出重点,即把握区域的主要地理特征,摆脱地理"八股",不再"面面俱到"。

(二)变革型

变革型虽然遵循传统的思路,但是也在寻找新的途径建立知识结构体系。例如,我国香港的《新地理》(文达出版有限公司),对世界地理的讲述不再采用传统的地理分区,而是选取典型的自然区域(如温带草原区、热带雨林区、热带草原区),结合区域内人们的生产实际,以典型案例分析说明世界上不同地区的地理环境以及在这种地理环境中人类的活动。

(三)创新型

创新型完全摆脱传统的模式,以全新的思路和方法建立一种崭新的知识结构体系。例如,日本高中的《世界地理》(帝国书院株式会社),以全球为视点,以世界的地域联系和地域研究、不同自然环境下人们的文化生活及其交流、全球性问题及其解决途径为基础构建知识框架。

以上这些类型的发展表明,教材编写者们都在努力打破传统中学地理知识结构体系,并努力从不同途径建立新的体系。很显然,新体系的建立仍处在探索阶段,但尚未形成一种公认的比较完善的体系。

二、突出阐明人地关系

人地关系是现代地理学研究的核心内容之一。中学地理教材的编写将阐明人地关系放在核心位置起始于20世纪80年代。20世纪80年代初期,我国现行的高中地理教材,虽然只是在阐述系统地理的基础上注意反映人地关系,如在"地球上的大气"这一章的最后加入了"人类活动与气候"的内容,但在当时仍为中学地理教材注入了新的活力。后来,一些国家和地区的中学地理教材逐步发展到突出阐明人地关系。甚至有的教材直接取名为《人地关系》(如英国牛津大学出版社出版的中学会考地理)、《人与环境》(如香港龄记出版有限公司出版的中学地理),等等。上述知识结构体系的发展变化,正是中学地理教材以突出阐明人地关系为指导思想的必然结果。

(一)以人地关系为主线组织教材

在突出阐明人地关系的思想指导下,中学地理教材的编写不再强调地理知识的系统性,而是从人地关系的角度来选取教学内容。因此,自然地理、人文地理、区域地理知识不再作为系统的知识整体出现于教材中,而是作为人地关系的基础知识或典型区域分析,分散出现于有关知识中,并且其广度和深度也视所讲述内容的需要而定。

(二)充实灾害地理的内容

作为地理环境对人类活动作用的一个重要方面,灾害地理的内容在传统中学地理教材中并没有得到足够的重视。随着人类社会、经济的发展,自然灾害的影响面不断扩大,所造成的损失不断增加。如今防灾、减灾问题已引起国际社会的普遍关注,灾害地理也成为地理学研究的一个重要内容。中学地理教材一般都及时把握住了这个发展方向,充实了灾害地理的内容。教材不但讲述了人们熟知的地震、火山、泥石流等地质灾害以及洪涝、干旱、台风、寒潮等气象灾害,而且编入了诸如厄尔尼诺现象及其所引起的世界气候异常等处于世界科学研究前沿的内容;不但说明灾害的现象和分布,而且分析灾害的成因、危害、防治措施等。

(三)以可持续发展为目标讲述人类面临的全球性问题

自从 20 世纪 80 年代后期提出可持续发展的概念以后，可持续发展很快成为人类的共识，并被认为是处理人地关系的最高目标。中学地理教材一般结合人类面临的全球性问题，如人口问题、资源问题、粮食问题、环境问题、城市化问题、发展问题，阐述可持续发展。仅以环境问题为例，教材不仅讲述环境污染、生态破坏等问题，还讲述臭氧层破坏、大气的温室效应等问题，甚至将太空垃圾、彗木相撞等问题也写入教材，以使学生关注人类的居所——地球，以及人类发展的未来。在阐明问题的基础上，教材一般都介绍了解决问题的目标和措施，从而使学生了解人类在对待这些问题上的态度和努力。

三、重视对人文地理的阐述

地理学是一门综合性的学科，其内容涉及的知识面很广。当代社会人类活动的范围不断扩大，对自然的利用和改造程度也在不断加深，加之世界各地区间人们的经济、文化等方面的交流越来越广泛，所以中学地理教材更重视对人文地理的阐述。

(一)加大人文地理知识的比重，充实人文地理内容

在中学地理教学有限的容量内，教材从人类活动的自然环境基础来讲述有关的自然地理知识，从而大大减少了系统自然地理的知识量并降低了教材难度。同时，教材将人文地理内容放在重要位置，加大人文地理知识的比重，以阐明人文环境的形成以及人类各种活动与地理环境的关系。由于可供讲述人文地理的教材容量扩大，人文地理内容得到充实。除传统的农业、工业、交通、贸易等经济地理内容外，人口地理、城市地理、文化地理、政治地理、休闲地理等内容也出现于中学地理教材之中。

（二）在区域分析中，重视对人文地理的阐述

教材无论是相对系统地讲述区域地理，还是只分析一些典型区域，都从重视对自然、经济内容的阐述转向重视对人文地理的阐述，以说明一个区域的人们如何利用当地的地理条件进行各项活动。这不仅反映生产的特点，还反映生活与文化的特点。

（三）在讲述有关自然地理内容时，注意与人文地理的结合

研究"地"主要是为了"人"的需要。但是，传统教材在讲述自然地理时忽略了其与人类活动的关系。现在，教材比较重视自然地理和人文地理的结合，以体现讲述自然地理的目的。例如，在讲述海陆位置时联系其对农业、工业、人口、城市等的分布的影响。更进一步，教材还说明自然条件与人类活动相互影响、相互作用的结果及其评价。例如，坡地限制了种植业的发展，为改造坡度因素，人们建造了梯田，但是只有缓坡才适宜建造梯田。

四、联系实际，反映社会发展的需要

现代中学地理教材比较重视对于实际问题的思考。地理学是一门应用性很强的学科，尤其注意对于过程的剖析，注重社会发展的需要以及合格人才的培养。中学地理教材不再局限于阐述对所面临的问题是如何处理的，而是密切联系实际，反映社会发展的需要。学生掌握社会生产中的一些基本技能是非常重要的。

（一）采取案例分析

关注案例分析是现代中学地理教材的普遍特点。案例分析法将地理学研究的综合分析法和具体问题具体分析法有机结合起来，不仅能充分阐明地理的基本概念和基本原理，还能帮助学生理解所学知识，培养学生

分析实际问题的能力,教会学生进行实际工作的思路、方法及基本技能。

案例的选择一般要符合两个基本特点:一是典型性,即所选案例在同类地理事物中必须具有代表性;二是真实性,即所选案例(包括涉及的资料)必须是实际存在的,不能是虚构的。由此可见,案例分析法会加大教材编写的难度,使教材变厚。因为每个案例都必须给出详细的资料,并针对这些资料进行分析,分析结果又必须能验证要阐明的基本原理。

(二)课文避免长篇大论

传统中学地理教材注意对地理现象的描述和地理原理的阐述,课文虽然严谨且逻辑性强,但犹如缺少跌宕起伏、无悬念的故事一样,显得比较枯燥乏味。这样的课文适用于满堂灌式的教学,而这种教学方法已被证明是不利于学生发展的。所以现代中学地理教材无不避免长篇大论,其课文从追求严谨和逻辑性转向追求生动活泼。采取的具体措施除了增强课文的可读性以外,一般还将教学内容分解成多个微单元,并通过设问、读图等多种方式使各个微单元紧密联系又层层递进。这样做的目的是连环设计悬念,不断刺激学生索取新知识和解决新问题的欲望,使学生在整个教学过程中保持学习的积极性和注意力。

(三)根据现代社会实际选择区域

由于不按照传统的地理分区组织教材,各国(各地区)的中学地理教材选择重点讲述的区域(或典型案例)各不相同。但是有两点是共同的:一是根据现代世界的实际情况来选择所要讲述的区域,即所选区域在国际社会、经济中占有重要位置。二是重视对该国(或地区)所在区域以及相邻区域的讲述。

(四)反映社会经济的新发展

东亚地区经济的迅速发展、东欧剧变等使得世界政治经济格局趋向于多极化。同时,经济、贸易、交通、信息等向全球化方向发展。中学地理教材一般都及时反映这些新发展,不仅讲述全球性的问题,而且在阐述一些基本原理的同时,体现新的发展趋势,使教材紧扣时代发展的脉搏。例如,讲述工业区位选择时,面向世界分析原料供应和销售市场,并且分析跨国公司在全球范围内选择厂址的原因。

另外,一个国家(或地区)在不同的历史阶段,社会经济发展的重点不同,人们关注的主要问题也不同。所以中学地理教材在反映世界经济新发展的同时,还应反映该国(或地区)社会经济的新发展。例如,自20世纪80年代以来,日本将许多制造企业转移到其他国家(或地区),使日本国内出现了制造业的"真空",国内则大力发展第三产业。为反映这种变化并顺应国民就业和生活的需要,日本的中学地理教材对传统的制造业内容进行了删减,充实了第三产业的内容和休闲活动的内容。

五、加强图像系统的功能

(一)充分发挥图像系统的作用

有些地理知识,如地理事物(或现象)的空间分布、空间结构、空间关系,必须借助于图像来表示;有些地理知识,如各地理要素之间的相互影响、相互作用以及地理过程,如果能设计出合理的示意图,则一目了然,比起用大量的文字叙述来说,可能事半功倍。所以,教材编写者都追求图文结合乃至以图代文,使图像成为课文的有机组成部分。更进一步,地理上的许多概念、原理、规律、联系等也都尽量用图来展示。无图不成文,地理教材有多用图、少用文字表示,能用图、不用文字表示的趋势。对于教材编写者来说，图像的设计、安排比文字的组织更为重要，也更为困难。因为当教学内容确定后，首先需要合理设计、安排图像系统，然后再围绕图像组织文字，这与传统教材文配图的编写程序完全相反。

(二)增大图幅量，减少图载信息

翻开一本现代中学地理教材，获得的第一印象一般是大量且占着显著位置的图像。几乎每一页都有图，有的甚至整页都是图。在教材的总体版面中，图像所占的比例一般达 1/2~2/3。最值得注意的是地图由专业地图向教学地图转变。首先，每幅地图的图载信息量大大减少，传统上用一幅图表示的内容，现在可能用一系列图表示，使每幅图反映的问题简明、直观，以充分体现其应有的教学效果。然后，为突出所要表现的内容，对主题内容大胆采用了示意甚至夸张的编绘手法，而对其他内容尽可能省略。

六、培养学生的能力

(一)给学生主体作用的发挥准备广阔的空间

教材编写者改变了一个基本的但又是至关重要的观念，即课文编写者不应该承担故事讲述者的角色，而应该承担故事设计者的角色。于是，过去被认为必需的地理现象的描述和地理原理的阐述，在一些新教材中见不到了。取而代之的是充实的实际资料以及必要的引导和分析，将故事讲述者的角色让于学生，即地理现象的描述和地理原理的阐述让学生来完成。因此，更多的教材倾向于不直接给出结论性的内容，而是通过学生活动展开教学，并由学生独立思考、讨论得出结论。有的教材为方便教师掌握，一般也给出结论，但分析过程仍是在学生参与下完成的。很显然，在这样的教学过程中，学生的主体作用和教师的主导作用均得到充分体现。此外，教材在课文的基础上还应联系实际，提供一些趣味性强、能帮助学生理解课文的阅读材料。

(二)巧妙设计练习题

在新的中学地理教材中,已经很少能见到像传统教材那样侧重于复习巩固所学知识的练习题了,取而代之的是诸如问题、活动之类的练习题。并且,练习题的安排一般也不局限于章节之后,而是穿插于课文教学和读图活动之中。综合来看,给出的练习题追求设计巧妙、立意新颖、增强趣味、联系实际的特点,以吸引学生主动且乐意去做。练习题的特点一般有以下三种。

第一,活学活用所学知识。这类练习题一般给出具体的实际资料,让学生利用所学知识进行分析,既加深学生对所学知识的理解,做到举一反三,又使学生能灵活应用所学知识解决实际问题。

第二,培养基本技能。这类练习题一般结合具体内容统一安排,以循序渐进地培养学生各项基本技能。以有关图像的基本技能为例,教材结合各部分所涉及的图像(教材对这些图像的安排是有先后顺序考虑的)设计相应的练习题,使学生逐步掌握读图、绘图、用图的基本技能。

第三,参与社会问题讨论。这类练习题一般是开放型的,没有标准答案,常选择当代社会面临的重大问题或热点问题供学生思考、讨论,以培养学生综合分析问题的能力和社会责任感。例如,就环境污染、土地利用、城市交通问题、失业问题,让学生扮演最高决策者的角色,考虑解决问题的可行性措施。

综上所述,在地理教育的发展创新中对教材的创新是必不可少的,教材在教学中处于重要的地位,只有与时俱进地发展,才能将地理教育的发展创造推向一个新的高度。

第三节　地理分层次教学的初步实践

在当今义务教育的普及时期，教育机会人人均等，但学生的具体情况各不相同。如果仍然按照传统的教学模式、统一的标准进行教学，既不符合学生的现实情况，又难以达到教育的目的。针对这种情况，笔者对地理教学中的分层次教学进行了一系列的探究。分层次教学法是指在班级团体教学中，教师依照教学大纲的要求，从各类学生的实际出发，确定学生不同层次的需求，从而进行不同层次的教学，使学生在学习时"人人有兴趣，个个有所得，人人都发展，全面都进步"，在各自的最近发展区得到最充分的发展，较好地完成学习任务，全面提高个人素质。

分层次教学法以多元智力理论为基础，尊重学生的个性差异，重视学生的个性发展，遵循因材施教的原则，以学生的发展作为教学的出发点和归宿，能真正体现"以学生发展为中心，以社会需要为方向，以学科知识为基础"的教育改革要求，也能真正体现素质教育的精神内涵。同时，分层次教学有利于每个学生自主性、探索性和创造性潜能的发挥，真正为每位学生的发展奠定人格成长与学力发展的基础。

一、分层次教学符合教育学的一些基础理论

（一）分层次教学能顺应学生身心发展的客观规律

在人的发展过程中，由于受到遗传、家庭、环境等因素的制约，每个人的发展存在着差异，心理学称之为"个别差异"。又由于每个学生的生理条件、受教育的具体情况不同，同一年龄段的学生在心理发展速度和面貌上又具有显著的不同，于是就形成了学生的个性特点。针对这些差异，教育

者对学生进行分层次教学,区别对待,既能使大多数学生达到培养目标,又有利于造就一批优秀的学生。

(二)分层次教学的精髓是因材施教思想

因材施教是公认的优秀传统教学原则之一,贯穿于我国古代教育史的始终。孔子认为,教育学生要"视其所以,观其所由,察其所安",即教育学生要看他的所作所为,了解他的经历,观察他的兴趣和爱好。孔子之后的孟子、朱嘉等继承并发展了这种思想。可见,以学生发展存在的差异为前提来进行教育教学的思想是我国古代教育家所一贯崇尚的,也是今天教育教学所必须遵循的一条重要原则,而分层次教学的实质正是因材施教思想。

(三)分层次教学符合教学过程最优化原理和教学的可接受原则

教学过程最优化理论是指在教学中根据具体培养目标和教学任务,考虑学生、教师和教学条件,按教学规律及原则要求制订和选择一个最好的教学方案,然后灵活机动地执行这个方案,用不超过规定限度的时间和精力,取得对该条件来说最大可能的结果,反映在全班学生身上,即每个人都能获得在这个时期内最合理的教养、教育和发展的效果。可接受原则要求教学的安排要符合学生实际学习的可能性,使学生在智力、体力、精神上都不感到负担过重。捷克教育家夸美纽斯更明确指出:"教给学生的知识必须是青年人的年龄和心理力量所许可的,一切事情的安排都要适合学生的能力。"分层次教学符合教学过程最优化原理和可接受原则。

(四)分层次教学是掌握学习策略的具体运用

美国教育家、心理学家布卢姆认为,许多学生之所以没有取得好的学业成绩,其原因不在于智力方面,而在于未能得到适合他们不同特点所需要的教学帮助和学习时间。如果把要求学生达到的学习水平预先固定在某一掌握水平上，使学生得到的学习时间及教学帮助与个别需要相适应，那么教师就能保证每个学生都能达到这一掌握水平。世界上任何一个人能够学会的东西，几乎所有的人都能学会，只要向他们提供适当的学习条件。分层次教学同样把学生是否接受理想教育作为取得理想教学效果的必备条件，主张照顾学生的个别特点并给予其额外帮助，使每个学生都达到掌握的程度。

(五)分层次教学体现了素质教育思想

素质教育是面向全体学生的教育，是国民教育、普及教育、发展性教育，而不是英才教育、选拔教育、淘汰教育。素质教育并不反对英才选拔，但反对使所有教育一统为英才教育的模式。在素质教育中，教师是伯乐，要发现优秀的苗子，也是园丁，要呵护每一株幼苗。素质教育是使每个人都得到发展的教育，每个人都在自己原来的基础上有所发展，都在各自天赋允许的范围内充分发展，所以素质教育也是差异性教育。素质教育面向每一个学生，面向每一个有差异的学生，而分层次教学恰好能适应这一点。

二、分层次教学的具体做法与操作程序

(一)学生分层次

根据一个班学生的学习基础，将全班学生划为 A、B、C 三个层次：A 为优秀生，B 为中等生，C 为学习有困难的学生。学生可以根据自己的能力确定自己的层次，并按相应的规则要求自己。要向学生说明这种划分是呈动态变化的，能上则上，该降就降，教师要不断激励和帮助学生，使其向更高的层次迈进。

(二)教学分层次

针对一个班优、中、差三个层次学生的实际情况,结合目标教学理论,拟定中学地理分层次教学的基本模式:分层次目标—分层次探究—分层次内化—分层次作业—分层次考试。当然,教学模式只是教学理论的具体化,是教学的概括,以上教学模式也只表明各环节之间的联系,并不表示其先后必然顺序,更不是固定的程式。实际上,模式不等于公式,模式也不是方法、计划,模式是动态的,其要素可以省简、添补、换位,模式只有更好没有最好。这几个环节也可因课型而异,因内容而异,各有侧重,灵活运用。

1.分层次目标

依据教学大纲要求、教材内容及班中三个层次学生的可能水平,制订与各层次学生最近发展区相吻合的分层次教学目标。例如,初中地理"中国主要铁路干线"的教学目标可分为 A、B、C 三个层次。C 级:掌握主要铁路干线(五纵三横)的起止点和重要铁路枢纽的分布;B 级:在 C 级目标的基础上,能草绘主要铁路干线示意图;A 级:在 B、C 级目标的基础上,能熟练运用铁路干线示意图回答相关问题(如旅游、运输路线的选择)。各层次目标虽然有差异,但也只是反映同一教材内容在深度和广度上的差异,各层次目标之间应有着密切的联系,形成阶梯,使处于低层目标的学生也可向高层迈进。

2.分层次探究

(1)设疑激趣

学起于思,思源于疑。教师可以用故事、新闻热点等巧妙设疑,造成悬念,以激发学生的求知欲。例如,在讲日界线时,可用"在跨过日界线时生下的一对双胞胎,先生下来的反而要叫后生下来的为姐姐"的例子来激发学生的兴趣。

（2）依纲探究

根据大纲要求,针对三个层次教学目标、学生基础及自学能力,在提问的角度上应有所区别。例如,在学习中国的降水情况时,可以让学生分三个层次探究质疑。C层:我国降水的总趋势是什么？B层:我国降水总趋势的形成原因是什么？A层:夏季风的进退规律与雨带的推移有什么样的关系？

3.分层次内化

内化学说的基本观点就是把外部的东西转化为内部的东西，把客体的东西转化为主体的东西,外因是变化的条件,内因是变化的根据,外因通过内因而起作用。可见,内化的好坏与教育效果呈正相关。分层次内化的教学组织形式是在课堂上或全班教学,或小组教学,或个别指导,既有尝试练习,又有小组讨论。对于三个层次来说,其中一层可能在尝试练习或默读教材(静态);另一层(或两层)可能在分组讨论或在教师的引导下归纳小结(动态),教师有序地点拨、引导和调控。在同一节课中,同一层一般有 2~3 个动静转换。

4.分层次作业

（1）书面作业

每次课后作业分三类题目,第一类是必做题,题目深浅适中,难易适度,C组学生经过努力也可独立完成;第二类是自选题,有一定的深度和难度,C、B组学生可选做一些题目,A层学生则全做;第三类是思考题,有一定难度,A层学生经过反复思考才能做出来,目的在于培养优等生综合运用知识的能力。这样既可面向全体学生,又可照顾少数优等生。

（2）实践活动题

根据课堂所学知识,结合乡土地理内容,为学生提供实践活动题,如家乡河流污染情况调查及对策、地理小制作、地理小实验、撰写地理小论文。实施这一环节时应注意,对于课后实践活动题的完成情况要进行检查评比,在充分肯定每一个学生设计方案的基础上引导学生比较各种方法的优点和缺点,特别突出者要予以通报表扬或公开发表。

5.分层次考试

每个单元学习结束后,即进行单元测试,试卷中对 A、B、C 三层学生的题目明确分类。A 层同学在完成规定题目之后,另外做一些难度较大的题目,并计入总分;B 层同学只做规定的题目;C 层同学只做基础题。实行"有选择、无淘汰"的分层次考试模式,"有选择"是指学生可以根据自己的认知水平,自主选择不同层次的练习内容,考试时可选择不同难度的试卷;"无淘汰"是指不让任何一个学生掉队,使全体学生都得到发展。

三、分层次教学法在地理课堂教学中的实践

为了使学生能够克服自身缺点,发挥自身特长,应加快课堂教学改革,探究优化的教学模式,提高课堂教学效益,促进学生智力、能力的发展,使基础相对薄弱的学生在学习过程中尽快缩小与优秀学生的差距。笔者尝试着将分层次教学法运用到地理课堂教学中。

（一）了解差异,学生分层次

在教学中,根据学生的智能、体能、心理、实际知识水平、学习能力及地理成绩等资料进行综合分析、分类建档。在此基础上,将全班学生分成优等生、中等生、后进生三个等级,并成立若干"帮困"小组,要求每位优等生帮助 2~3 名中等生、后进生。通过这种形式，可以激发学生学习的兴趣，创设学习氛围，培养学生团结奋斗的竞争意识和创新意识。与此同时，师生共同建立起对教学的乐观主义态度和真诚的教学信心，使学生正确对待这种分层次方式，避免"优等生骄傲自满、中等生得过且过、后进生心灰意冷"等不良情绪的发生。

(二)针对差异，目标分层次。

在分等定级之后，依据大纲的要求，根据教材的知识结构和学生的认识能力、智力结构特点，合理地确定各层次学生的教学目标。例如，高中地理"海水运动"的分层次目标如下：对后进生，让其掌握海水运动的三种主要形式，即洋流的成因类型、分布规律及其对地理环境的影响；对中等生，在后进生目标的基础上，使教材中的静态知识变为动态知识，能绘制洋流运动模式图，能理解寒暖流名称、分布及其对地理环境的影响；对优等生，在前两级的目标基础上，能熟练运用本节知识来分析解决地理问题(如最佳航线的选择，航海时间的选定)。

实施这一环节时应注意目标的制订一定要体现层次性。不同层次的学生可根据自己的需要和基础选择目标，这样既可增加学生学习的兴趣和教学内容的易接受性，又能激发每个学生主动参与教学的兴趣，增强每位学生获得成功的信心，使他们变被动式接受为主动式探求，使教学效果及学生参与程度达到最佳。

(三)面向全体，施教分层次

不同层次的学生智力有差异，学生接受知识的能力也有大小强弱之别，教学过程中如果对每个学生都执行同一标准，极可能导致"强者兴趣过剩，弱者畏难扫兴"。施教分层次是根据班级的具体学情，以班级学生能接受的程度为基础,确定一节课知识的教学起点、教学量、教学进度,精心设计教学方案,因人施教。它改变了应试教育那种"少数尖子撑场面,多数学生做陪客"的被动局面,做到"区别对待,分层次施教,全员参与,共同进步"。这样既能保证每个学生都能达到基本要求,又能因人而异地使每个学生的个性得到发展,使不同层次的学生都参与到教学过程中来,实现学生学习的个体化,使学生真正成为学习的主人。

在施教分层次中,教师一定要注意一些环节应遵循的原则:①备课要做到既面向全体,又兼顾"提优""补困"。②在课堂教学中,教师一方面要强化目标意识,课前揭示各层次的学习目标,课终检查是否达到目标;另一方面要把握课堂提问策略,让各类学生有输出信息的均等机会。例如,在讲授洋流分布规律时,提问中等生"洋流分布规律是什么?它是怎样影响地理环境的?并画出某一海域的洋流模式图"。这样做的目的是利用他们认识上的不足,把问题展开,进行知识的研究。在突破重点、难点或概括总结知识时发挥优等生的优势,启发全体学生深刻理解,如讲完中低纬度的洋流分布规律时,优等生总结概括为"南北半球,各有环流,北顺南逆,东寒西暖"。还有的优等生把中低纬度的洋流分布规律形象地概括为数字"8",即北半球为顺时针、南半球为逆时针。在巩固练习时检查后进生的理解程度,及时查漏补缺,帮助全体学生进一步理解知识,使他们相互促进、共同发展。③作业设计分层次。一是发展深化题,即根据优等生学习水平和教材内容设计一些思考性和创造性较强的题目,以利于优等生对知识的强化,并适当加码,扩大深度;二是练习巩固题,即根据中等生的水平设计一些综合性和灵活性较强的题目,以利于对知识的同化;三是放缓坡度题,即根据后进生的学习水平和教材内容,设计一些基本的、简单的、易于模仿的题目,以促进知识的内化和熟化。④考试分层次。每个单元学习结束后,立即进行单元测试,每份试题都包括基础题、提高题和深化题三大类。基础题是面向全体学生设计的;提高题供后进生选做,中等生、优等生必做;深化题供中等生选做,优等生必做。⑤辅导分层次。一方面侧重于完成学习任务,培养学生自学能力;另一方面侧重于发展学生的个性,激发学生学习兴趣和爱好,培养学生的优良品德和创造才能。对未达标的后进生采取个别辅导方法,遵循"三超"原则,即旧知识超前铺垫、新知识超前预授、差错超前抑制,使后进生学会思考,完成学习任务,掌握学习方法,形成自学能力;对中等生采取分组讨论、教师提示的方法,促使中等生相互取长补短,完成学习任务,提高各种能力;对优等生除给予较多的独立思考和个别点拨外,还要通过成立地理兴趣小组、组织参加各种竞赛、参与后进生辅导等方法,发挥优等生的潜能,提高其综合能力。

(四)阶段调整,评价分层次

教师对学生的评价具有导向、激励的功能。在教学过程中以不同起点为标准对不同层次的学生给予相应评价,能使学生获得成功的喜悦,有利于激发学生学习的积极性,从而使学生保持良好的心态和学习自信心。评价应成为学生不断进取的动力和催化剂。对后进生采取表扬评价,寻找其闪光点,肯定他们的进步,使他们看到希望,消除他们的自卑心理,帮助他们树立自信心,也让他们能够体会成功的喜悦;对中等生,针对成绩采取激励评价,既揭示不足,又指明努力方向,使他们不甘落后,积极向上;对优等生采取竞争评价,坚持高标准、严要求,促使他们更加严谨、谦虚地学习,更加努力拼搏。在阶段考查、评价的基础上,对学生的等级进行必要的组别调整,建立动态的分等定级机制,如对于退步的学生,可提醒、鼓励一次,下次仍退步的则降低一个层次。这样不但可帮助学生及时调整适应自身发展的教学起点,而且有利于学生看到自身的进步与不足,从而保持积极进取的学习热情。

总而言之,在地理教学中运用分层次教学法,既尊重个性、体现差异,又激发活力、促进发展;既帮助学生克服学习上的某些心理障碍,避免学习时出现"优等生主动,中等生被动,后进生不动"的局面,又激发了不同层次学生的学习欲望,使"要我学"的学习观念转变为"我要学",提高学生学习的有效程度,从而真正实现地理教学面向全体学生的素质教育,达到全面提高地理教学成绩的目的。

第四节　如何提高教学有效性

地理的教学活动主要以课堂教学的形式进行,课堂是学生学习地理知识、培养地理能力、形成正确情感态度价值观的主阵地。因此,正确把握新课程理念,提高地理课堂教学的有效性,最大程度地挖掘学生的潜能,促进学生的发展,是广大地理教师共同追求的目标。笔者结合教学实践,初步探索提高地理课堂教学有效性的策略。

一、着眼于诱导,抓"兴趣点"

孔子曾说:"知之者不如好知者,好知者不如乐知者。"可见兴趣是学生学习最好的教师。教师应充分利用课堂艺术,在常规教学中潜移默化地感染学生,想方设法地让学生爱上地理课。一个班级一旦形成了浓厚的地理学习兴趣,地理教学就会呈现出良好的发展态势。

(一)创设情境,引发兴趣

情境是由人的主观因素(认知、情感等)和客观因素(时间、空间、设备等)所构成的情和境的总和。课堂就是在一定情境中发生和发展的教与学的双边活动。由于中学生对事物的认识还处于感性思维向理性思维的过渡阶段,若在课堂教学中能精心创设地理学习的良好情境,让学生借助一定的情境来进行地理知识的学习,那么不仅可以激发学生的学习积极性和兴趣,还可以丰富学生的感性认识,有效地加深学生对知识的理解,不失为是提高地理课堂教学有效性的一种策略。

例如,在讲"经纬网"时,教师可利用多媒体创设情境:"在茫茫的大海中,有艘海轮遇到风暴失去控制,船长立即发出呼救信号,报告出事的详细地点,邻近的船只和救援人员迅速准确地赶来救护。请大家想一想,怎样才能报出准确的位置呢?"这一情境的创设,引发了学生强烈的求知欲和兴趣,教师可抓住时机进行知识的传授。

(二)设问启迪,增进兴趣

中学生具有好奇心强的特点。因此,在中学地理课堂教学中,教师应充分利用这一特点,精心设计课堂问题,通过有效设问增进学生的学习兴趣。

例如,在讲"经纬线方向"时,设问:"一个人沿某纬线一直向东走能否回到原地? 若沿经线一直向北走能否回到原地? 为什么?"在讲"地球的运动"时,设问:"假如地球不自转,会不会有昼夜交替现象?""假使地轴与公转轨道面垂直,会不会有四季更替现象?"在讲到"中国地形"时,当学生通过读图分析得出我国西高东低的地势特点后,可设问:"假如我国地势不是西高东低,而是东高西低,对我国的气候、河流又将会有什么影响?"这些问题学生都很感兴趣。学生对学习内容最有兴趣的时候就是学习的最佳时候。通过教师的设问启迪,学生能积极进行思维,点燃质疑问难、主动探索的精神之火,激发强烈的求知欲望,起到事半功倍的作用。

(三)动手参与,发展兴趣

思维是动作的内化,动作是思维的外显。如果教学只凭教师的语言符号或教材的文字符号从一个抽象到另一个抽象,就难以激起学生对知识内容的深层兴趣。针对这一问题,教师在课堂教学中要有的放矢地指导学生动手参与,使学生感官与感知并用、劳心与劳力结合。例如,教师可结合书中活动题,让学生动手收集资料来制作 PPT、手抄报或写小论文;用小乒乓球制作小地球仪;用橡皮泥制作山地模型;课堂教学中的描图、填图。学生们在动手实践中发展了对地理的学习兴趣。

(四)适当补充,延伸兴趣

在学生生活的周围有很多很好的地理素材,如社会新闻热点、乡土案例、学生生活实践的体验,结合教学内容将它们充实到教材中去,一方面会使教学内容更具有新意,使学生能够用地理思维来感触时代的脉搏,另一方面也会使学生感觉到地理就在生活中。

例如,利用北京奥运会火炬传递路线来复习我国省级行政区划的空间分布;利用我国人民币中的部分民族图案让学生根据服饰猜测民族;在学习"中国的季风气候"时,联系学生的生活体验,让学生根据生活经验回答广西冬、夏两季各吹什么方向的风,从而引出季风气候的概念,然后再根据亲身体验说出季风气候的特征。教师通过联系生活实践和相关新闻对教材进行适当补充,既可以加强书本知识同现实生活与实践经验的联系,赋予教材新的生命力,又可以使学生产生亲切感,激发学生思考、探究的欲望,从而点燃学生的学习热情,使学生情绪高涨地进入新知识的学习中。

二、着眼于疏导,抓"知识点"

(一)抓住主干知识,构建知识体系

知识体系就像一棵大树,有主干,有细枝,还有末叶。但在学习过程中,一定要抓住主干知识,没有主干,枝叶就没有了依托。构建知识体系时凸显主干知识,能够使知识脉络更加清晰,从而有利于学生理解掌握。

(二)抓住知识联系,说透因果关系

任何一个地理事物都是和周围其他事物联系的,一个地区的地理环境或地理特征正是在多种因素综合影响下形成的。因此,地理课堂教学不能只着眼于学生知识的积累,还应注重培养学生掌握知识内在联系的能力,这样才能使学生真正理解和掌握所学的知识。

在地理课堂教学中,尤其在讲述一个区域自然环境时,更要注意地理位置、地形、气候、植被、河湖等自然要素之间的相互关系和影响。例如,欧洲的气候深受大西洋的影响,与同纬度的亚洲和北美洲的气候相比,其主要特征是比较温和湿润。这是因为欧洲大部分地区处在盛行西风带;西濒辽阔的大西洋,海岸线漫长曲折,众多的内海和海湾深入内地;沿岸有世界最强大的暖流——北大西洋暖流经过,源源不断地给欧洲大陆输送热量,使西风更加温暖湿润;地形以平原为主,且东西连贯成片,主要山脉多呈东西走向,便于湿润的气流送进大陆内部。这些因素的综合作用形成了欧洲气候的突出特征。其中,温带大陆西岸的地理位置是形成气候的主要因素,而地形、海陆轮廓和洋流则起到促进和加深的作用。再往纵深联系,欧洲的地形和气候特点又决定了欧洲河网稠密、水流平稳的水文特征,从而为发达的内河航运提供了有利的条件。

布鲁纳指出："掌握事物的结构，就是允许许多别的东西与它有意义地联系起来，并以这种方式去理解它。"因此，教师在教学中抓住知识联系，有助于学生全面地分析和思考问题，有助于学生获得明确而全面的地理概念。

(三)抓住重点和难点，达成理解突破

在地理课堂教学中，重点知识是对学生学习和发展有用的关键知识，在课堂教学中要深入、突出重点知识，但并非机械地重复。例如，对于中国地形知识中"地势西高东低，呈阶梯状分布"的重点知识，教师可先从海拔高度与地形类型入手，加深三级阶梯概念并具体说明阶梯界线，然后深入分析其对气候、河流、交通、水能等方面的影响，最后从平面图到剖面图印证概念，建立空间立体的概念。

难点知识一般是学生难以感知和体验的知识。在地理学习中，很多知识往往既是重点又是难点，所以理解这些知识是学生能否掌握和运用新知识的关键。教师要借助多种教学手段予以点化，使之清晰。例如，在学习"西北地区"时，为了让生活在南方的学生能形象地感悟到西北地区的干旱以及干旱对人们生活的影响，可在教学中插入电影《美丽的大脚》中的一段情节，即年轻的城市女教师第一次来到西北农村，洗漱完毕后正想把水倒掉，乡村女教师赶紧阻止，并把用过的水端到孩子们面前，让好长时间不舍得用水洗脸的孩子沾点水洗洗，然后再把剩下的水让驴饱喝一顿。这一情节无疑会对学生产生强烈的震撼，对于西北地区干旱这一知识点，学生掌握得会更加牢靠。教师可以事先为学生提供一个学习提纲，引导学生根据教材并结合提纲对学习内容进行分析、归纳，在难点和关键点上教师再给予学生适当的点拨。

(四)强调读思结合

教师要鼓励学生自读时开动脑筋、认真思考、积极探究，读出问题，读出自己的见解。例如，有学生在自读"俄罗斯农业"中，了解到俄罗斯每年都要进口一些粮食产品，便提出这样一个问题："世界上国土面积最大的俄罗斯，人口并不太多，为什么粮食不能实现自给呢？"教师要对学生的大胆质疑给予鼓励并引导学生思考。学生们根据以往的经验认为这可能与地形和气候的因素有关，随后查阅了地图册中"俄罗斯的地形分布图"，发现俄罗斯的东欧平原和西西伯利亚平原面积广大，显然地形不是影响俄罗斯农业的主要原因。学生又查阅了"俄罗斯气候图"，发现俄罗斯大部分地区地处北纬 60°以北，气候比较寒冷，学生们认定俄罗斯冬季漫长、夏季短促、光热资源不足的气候特点是导致俄罗斯农业水平低的主要原因。由此可见，在地理课堂上培养学生的读书、读图能力，能够提高学生的学习能动性，锻炼学生的批判性思维能力和综合分析能力。

三、着眼于指导，抓"能力点"

能力培养与知识传授紧密结合是伴随着一系列的思维活动进行的。思维是知识向能力转化的桥梁，思维能力是智力发展的核心。由于地理学科中的感性知识和理性知识都很丰富，所以抽象思维和形象思维在地理教学过程中都具有十分重要的意义。根据地理学科具有鲜明的区域性和综合性的特征，在培养学生的地理思维能力时要充分利用地图，加强区域对比分析，讲清地理要素之间的相互联系。

(一)充分利用地图可活跃学生的地理空间思维能力

地理学不但研究地理事物的空间分布和空间结构，而且阐明地理事物的空间差异和空间联系,并致力于揭示地理事物的空间运动、空间演变规律。因此,地图作为地理事物空间分布的信息载体,是地理教学中不可或缺的直观教具。空间概念的建立必须凭借地图来呈现,这是地理学习的重要特征。教师在地理课堂教学中可构建以地图教学为中心的课堂教学模式,每一个环节都应注意充分运用地图,引导学生读图、识图、析图、填图、绘图。学生只有掌握地图技能,熟悉地理的图像语言,牢记地理事物的空间位置,才能灵活地进行空间想象,开展空间思维活动。

(二)加强区域对比分析能发展学生的综合分析思维能力

区域性是地理学研究的核心,初中地理内容也以区域地理知识为主。各种地理要素在地域组合上的不同,导致了各地区之间的差异。因此,地理课堂教学可通过指导学生进行区域对比分析,如从地理位置、地形、气候、矿产、植被方面对北方地区、南方地区、西北地区、青藏地区进行对比分析,使学生更容易地掌握各地区的综合特征及其形成原因,并由此培养学生的综合分析能力。

(三)讲清地理要素之间的相互联系是促进地理思维发展的关键

由于地理事物是普遍联系的,所以地理学科具有综合性的特点。教师要讲清地理要素之间的相互联系,引导学生在不同的地理事物之间建立联系,这是促进地理思维发展的关键。要善于把不同的地理事物联系起来,首先要善问"为什么",养成由果推因的良好的地理思维习惯。例如,学生在学习中了解到"世界雨极"位于印度的乞拉朋齐,那么为什么乞拉朋齐会成为世界的雨极呢?结合地图,根据乞拉朋齐所处的地理位置和南亚季风气候的特点便可分析出,乞拉朋齐位于喜马拉雅的迎风坡,会形成大量的地形雨。在这一过程中,气候便与地形、位置等地理要素相互联系起来了。这种联系有利于促进学生地理思维的发展，也有利于加强学生对于知识的理解。

第五节　对于课堂教学现象的关注与思考

实践证明，在地理课堂教学中，着眼于诱导，抓兴趣点，能使学生爱学，这是提高课堂教学有效性的前提；着眼于疏导，抓知识点，能使学生学会，这是提高课堂教学有效性的根本；着眼于指导，抓能力点，能使学生会学，这是提高课堂教学有效性的关键。教师要通过精心导入、优化教材、讲究教法来营造良好的教学氛围，落实"三抓"，提高课堂教学的有效性，使地理课堂的 45 分钟充满生命力。这有利于学生地理知识的学习，有利于促进学生认知技能、过程与方法、情感态度和价值观的全面发展。新的地理课程标准颁布后，许多教师把新课程标准中倡导的新理念、新精神融入教学之中，使课堂教学呈现出勃勃生机，让人感到一种全新的气息。然而，笔者通过听课发现，由于教师对新课程标准理解和领悟的层面不同，也有一些课堂教学现象需要教师加以关注与思考。

一、教学过程预设化、固定化，缺乏动态的生成教学

在课堂教学中经常可以发现，有些学生提的问题或回答的问题因为离题太远或节外生枝，不在教师的预设计划之列，教师要么熟视无睹，有意回避，匆匆或强行将课堂的走向拉回主题，要么束手无策。例如，在学习"垂直地域分异"时，教师让学生阅读"珠穆朗玛峰地区的垂直自然带图"，然后提出问题。学生提的问题有"为什么南坡自然带比北坡多？""为什么南坡有森林带，北坡没有森林带？""为什么常绿阔叶林带、针阔叶混交林

带、针叶林带的分布高度南高北低?""南坡迎风坡风向是什么?""为什么积雪冰川带的下限南低北高?""山地南北两坡的自然带类型和分布有差异,那么南北走向的山地东西两坡的自然带类型和分布有差异吗?"对于前几个问题教师处理得很好,但最后一个问题显然不在教师预先备课的内容之中,于是教师认为回答这个问题与本课无关。

长期以来,地理教师习惯于上课前就预先设计好一个周密而详尽的方案,为学生预先拟定好一条知识演进路线,规定好学生调用什么先前经验、选择什么思维路径。随后,教师在课堂上千方百计地引导学生遵循这一路线,去顺利完成认知结构变化的历程,水到渠成地达成教学目标。其实在新课程的学习中,某个预设性结论的获得不再是唯一的目标,学习者自己的探索、思考与体验过程越来越成为学习的关注点。教学过程应由教师精心设计并严格控制教案的演绎过程转变为学生与教师共同直面问题、共同探索和发现、实现意义建构的过程。

二、合作学习的作用不能有效发挥

在教学中,教师大都采用分组的形式让学生讨论、合作,且无论什么样内容的课都采用这一形式。分组讨论时,学生各说各的,不善于独立思考、互相配合,也不善于尊重别人意见或做出必要的妥协。有的小组形不成小组意见,只好以组长意见为准。学生讨论后,教师依次听取汇报,汇报完毕,活动便宣告结束。

合作学习由以下要素构成:积极地相互支持、相互配合;在完成共同任务中积极承担个人的责任;所有学生能进行沟通,小组成员之间相互信任;对于个人完成的任务进行小组加工以及对活动成效进行评估。

合作学习不是课堂教学的点缀,而是一种具有实际意义的学习方式。

要让学生学会倾听，不随便打断别人的发言，努力掌握别人发言的要点，对别人的发言做出评价；要让学生学会质疑，听不懂时请求对方做进一步解释；要让学生学会组织、主持小组学习，能根据他人的观点做总结性发言；要让学生在交流中不断完善自己的认识，产生新的想法，同时在交流和碰撞中，一次又一次地学会理解他人、尊重他人，共享他人的思维方法和思维成果。

合作学习强调学生是学习的主体，强调学生自主探究，但并不是不要教师指导，也不是说教师可以撒手不管，更不能认为教师可以推卸教育学生的责任。在学生讨论时，教师应该以听、看为主，把注意力集中在了解上，在此基础之上迅速地思考下一步的教学应该做哪些调整、哪些问题值得全班讨论、哪些问题需要教师讲解，教师要做出最恰当的选择。

三、教师评价的不恰当

新课程标准强调对学生的评价应该尊重学生、激励学生、保护学生，于是课堂上教师对学生的评价，出现了"好"声一片的现象，如某教师在上"锋面系统、气旋与反气旋"一课时，只要学生回答问题，教师一概以"好""很好""掌声鼓励"等用语进行笼统的评价，这不利于学生的积极性。对于学生而言，过多的夸奖并不会起到鼓励的作用，尤其是教师不假思索、脱口而出的随意性夸奖，不仅不能对学生产生积极的引导作用，反而会使学生形成浅尝辄止和随意应付的学习态度。教师的评价应言之有物，行而有效，尽可能地由"评价无痕"做到"教育无痕"。

第六节　教学方法的特点和结构

教学方法是在教学过程中,教师和学生为实现教学目的、完成教学任务而采取的教与学相互作用的活动方式的总称。据此,笔者可以把地理教学方法定义为,教学过程中地理教师和学生为实现地理教学目的及完成地理教学任务所采用的教和学的方式或手段的总称。这一定义下的地理教学方法,既包括地理教师的教法,也包括学生在教师指导下的学法,是教授方法与学习方法的有效组合。同时表明,地理教学方法是联结地理学科教与学的主要形式,是反映地理学科教与学关系最为明显的因素。

一、地理教学方法的特点

(一)合目的性与适用性

地理教学以拥有相当智能条件的人作为活动主体,以间接经验为活动对象,以学习与探究相结合为特征,以接受知识与生产知识为目的。地理教学方法是获得教学效益、实现教学目的的必要条件,其质量取决于它的合目的性与适用性相统一的程度。

地理教学方法的合目的性表现在其对于实现地理教学目的的适合与有效程度。只有具备学习与探究双重特征的地理教学方法,才能够将地理教学内容转化为智能结构,从而获得应用能力的根基,即实现地理教学的双重目的。合目的的程度取决于以上特征的显著程度。确切地说,合目的的地理教学方法就是把学习与探究、接受和发现联系起来,使之合二为一的方法。地理教学方法的适用性表现在以下三个方面。

第一，地理教学方法要适用于地理教学内容。地理教学内容具有系统性、理论性和综合性。系统性说明教与学的具有规范性和科学性的基础知识是全面、完整、自成体系的，而不是零散、互不关联的，它能够使学生建立起完整、均衡的知识结构，为学生的能力发展提供必要的条件。地理教学内容的理论性，指知识的概括与抽象特征及其理性思辨形态和内容上的深刻、独特属性，它来源于对经验知识和描述性知识的抽象与演绎。地理教学内容的综合性，指各种地理知识的融合与多种学科知识的交叉而形成的有机整体性与一体化倾向。地理教学方法要适应和契合地理教学内容，必须做到：高度理性化，并以形象、直观的方式作为辅助手段；多样化，兼容特殊方法与具体手段于统一的个别形式中；自成体系。

第二，地理教学方法要适用于教学活动主体。以教学活动主体——教师和学生作为依据，教学活动可以划分为教师的传授、生产知识以及学生的接受、发现知识两个认识层面。地理教师在传授地理知识时，其自身的职业修养及其发展前景影响并制约着教学方法的掌握与使用。只有地理教师的能力条件能够满足地理教学方法的客观要求，选用、建立的地理教学方法适合地理教师智能状况时，地理教学方法才会真正地被地理教师所掌握和熟练运用。这时，处于地理教师制约条件下的地理教学方法就具有适用性。而学生接受、发现地理知识的学习活动，是其原有的知识、技能与能力结构同化与变异的过程。学习—模仿—创新是这一学习过程的基本规律。因此，强调熟巧训练特征的地理教学方法具有普遍适用性。

第三，地理教学方法要适用于地理教学过程及其规律。地理教学活动是教师教和学生学的双向互动过程，是一种特殊的认识活动，是教师与学生及其心理规律、认识活动特点的动态综合行为。地理教学方法要满足地理教学活动的客观要求,必须把传导知识的方法与接受知识的方法兼容互补、合二为一,具备认识与表达的双重性以及发现与创造的统一性;必须突出教学双方以相互作用、相互依赖为前提的个人独立性。

(二)生成的多边性与多样性

多边性是指现代地理教学方法不再囿于以往地理教学方法的单向活动和双向活动,而重视开发师生之间、生生之间的多边关系,生成多边互动型教学方法。相对于以往的地理教学方法,现代地理教学方法是教师与学生的双向交流模式。这种模式是地理教学方法发展上的一大进步。但是在当代倡导主体性教学的背景下,地理教学方法仍然停留在教师活动与学生活动相互联系的认识层面上,略显不够全面和科学。地理教学关注的目光应从教师与学生的联系移向师师之间和生生之间的联系,地理教学方法更应聚焦于师生以外的互动上,由双向交流变成多向交流,由双边互动变成多边互动,这是地理教学方法改革的一个新趋势。

多样性是指地理教学方法的种类多。地理教学方法受地理教学原则的制约,服务于地理教学目的、教学内容和教学对象。诸多因素的有机结合,构成不同功能、不同层面、适合各种场合的多种多样的教学方法。苏联教育家巴班斯基曾说:"大家知道,教学方法是师生为达到教育和培养人的目的而进行的相互联系的活动方式。由于活动的方式和性质是多方面的,所以教学方法也是多种多样的。因而,企图制订经常使用、数目有限的几种教学方法是错误的。"种类繁多的地理教学方法形成了全方位、多功能的方法体系。

(三)运行的继承性与发展性

地理教学方法的继承性和发展性是一个事物的两个方面。继承性是指地理教学方法内涵的发展,是在原有教学方法的基础上的充实与更新;发展性是指地理教学方法外延的发展,生产力和科学技术的发展创造出新的地理教学方法。对以往的地理教学方法既不能全盘肯定也不能全盘否定,正确的态度是批判地继承、合理地利用、科学地加以发展。因为地理教学方法受制于社会的物质生产条件以及相应的科学技术发展水平,是动态的、发展的,它随着教学任务、内容、时代要求和生产力的发展变化而变化着——新方法的产生和旧方法的完善。

(四)操作的双部性与综合性

所谓双部性,是指地理教师控制学生活动时既要注意学生的外部活动,又要注意学生的内部活动。以往的地理教学方法只注意学生的外部活动,注意学生听讲是否集中精力、观察是否仔细等,对学生的内部活动很少问津。在教学活动中,外部表现相同的学生,其内部活动可能完全不同,有的是机械记忆,有的可能在进行一种探索性活动。现代地理教学方法更加关注后一种内部活动,因为通过探索过程获得的知识比较透彻、牢固,并容易应用于实践,更能激发学生的创造性活动。

综合性是指运用现代地理教学方法更注重多种结合、配合使用,提高教学效果。没有一种教学方法是万能的,每种教学方法都有自己的使用对象和场合,都有长处和短处。一种方法的优点可能是另一种方法的不足,只有多种方法互补、互配,才能发挥更大优势,取得最佳教学效果。加强对地理各种教学方法的互补性和相关性的研究,是优化组合多种方法不可缺少的重要环节。

(五)内涵的个体性与全面性

个体性主要是指地理教学方法更加关注个别学生的适应情况,加大个体学习的参与度,注意发展学生的潜能。班级授课制极强的集中性使得以往的地理教学方法强调整齐划一,很少关照学生之间的个性差异学生的个体适应性发展目标形同虚设。现代地理教学方法正在积极探索用个体性或个别化的教学方法替代或部分替代班级授课,特别是现代教学技术手段的发展为地理教学方法的发展提供了广阔的空间,师生互动的条件呈现多元化,计算机辅助教学和语言作业室等的参与,改变了师生相互作用的旧有空间,让学生可以根据自己的能力水平自定进度,超越时空的限制,实现教学的个体化,使学生在知识、能力、兴趣、特长和个性品格等方面的发展成为可能。

全面性是指现代地理教学方法越来越重视认知、情感、技能等各种目标的协同达成。素质教育的实施,打破了以往地理教学方法只关心系统知识的掌握,而很少涉及能力发展和个性品格形成的格局,推动了地理教学方法向知、情、意、行的有机统一发展。特别是在地理教学中培养学生的社会技能得到关注,作为一种技能目标,它包括与他人有效地交往、处理人事关系、咨询、管理、讨论及合作等方面内容,要求地理教学方法成为达成目标的工具或手段。可以说,地理教学方法在保证和侧重个性的同时,完成了各种不同的教学目标,实现了地理教学目标的科学化和均衡化,体现了现代地理教学方法与多维目标相对应的新特点,强化了学生的综合素质的生成。

二、地理教学方法的结构

在地理教学方法中,各种教学方法相互联系、相互影响、彼此依存,且交融渗透在一起。在教学实践中，任何一种地理教学方法都不是孤立存在、孤立使用的，一种方法的变化必然引起其他方法的变化。各种地理教学方法依靠它们之间稳定的联系形式而保持上述关系。这种稳定形式就是它们之间的结构。地理教学方法中的稳定联系是由构成地理教学方法的基本成分决定的。教师、教材和学生三个主要教学要素之间存在调控、使用和学习的关系，为协调这种关系，需要有与之相对应的不同的活动方法，即组织教学的方法、使用地理教材的方法和学生学习地理教材的方法。这三种方法就是组成地理教学方法的基本成分，简称为组织方法、教学手段、认识方法。

地理教学方法有横向和纵向两个维度的联系。横向联系是指各种教学方法要素之间的联系，即认识方法、组织方法和教学手段的联系。在组成地理教学方法时，各种教学方法要素总是以一定形式联系在一起。例如，在进行"褶皱与断层"的教学时，一般采用"指导学生观察褶皱与断层模型"的教学方法。这种教学方法正是指导自学法（组织方法）、观察法（认识方法）、模型的使用（教学手段）三种要素的组合与联系。这种联系决定着要素之间的关系及各要素在教学方法中的地位与作用。

第一，认识方法是形成横向联系的内核。地理教学过程的实质是受教育者的适应与发展过程，所以地理教学过程的一切活动都是为学生的学习与发展服务的。地理教学方法必须服务于学生的学习活动。这种服务具体体现在组织方法和教学手段要服务于认识方法的关系中，因而也就决定了认识方法在教学中的核心地位。例如，在学习"中国干湿地区"时，为了使学生掌握我国干湿地区的分布特点，就要在观察、分析我国年降水量分布图的基础上，对秦岭—淮河线以南、以北的降水量进行比较，将它们综合成为我国干湿地区的分布特点,这就是认识方法。为使学生能够按照这一认识方法进行学习,必须采用适宜的组织方法,使用恰当的教学手段。

第二,教学手段是确定认识方法核心地位的物质基础。在地理教学过程中,学生学习活动的目的是通过掌握知识形成技能和个性品格。地理知识是通过一定的手段传递给学生的,没有地理教学手段,学生就无法进行地理认识活动。因此,地理教学手段是学生认识活动的物质基础。在地理教学方法中,教学手段则成为认识方法的必备的物质条件。

第三,组织方法是确立认识方法核心地位的保证。在地理教学过程中,教师的指导作用就是组织学生的学习活动,教师要对学生的认识活动进行调控,体现在地理教学方法上就是组织方法保证认识方法的应有地位和作用。

综上所述,认识方法制约教学手段,二者又共同制约着组织方法。这一依存关系形成了地理教学方法的内部程序,即认识方法—教学手段—组织方法。

在地理教学过程中,学生的认识活动是由动机、领会、理解、记忆和应用等阶段组成的,不同阶段要求相应的认识方法,即使是同一阶段的认识活动,也需要多种认识方法的组合才能奏效。不论是适应不同阶段认识活动而组合在一起的若干方法,还是在同一阶段认识活动中应用的若干方法,都必须按照一定顺序把内部结构要素联系在一起。这种有顺序的联系,就是地理教学方法的纵向结构,具体如下所示。

认识方法的纵向结构:认识方法 1→认识方法 2→认识方法 3→……→认识方法 n。

教学手段的纵向结构：教学手段 1→教学手段 2→教学手段 3→……→教学手段 n。

组织方法的纵向结构：组织方法 1→组织方法 2→组织方法 3→……→组织方法 n。

以上纵向结构表明：第一，组成纵向结构的各具体方法之间的关系，与组成横向结构的各地理教学方法要素之间的关系是不同的，它们是彼此相互独立存在的。例如，认识方法 1 到认识方法 n，它们都是不依赖其他具体方法而独立存在的，它们有自己特有的方式方法，不受其他方法的影响；再如，教学手段 1 到教学手段 n，组织方法 1 到组织方法 n，它们之间也保持着自己本身的特点，内容和程序不受其他具体方法的制约和限制。第二，纵向结构中的具体方法之间也有着内在的关系。这种内在关系表现在它们的先后顺序上。前面方法应该是后面方法的基础，后面方法是前面方法的发展。概括地说，这种顺序联系实质上是学生认识过程的动态发展的联系，反映的是基础、条件与变化、发展之间的联系。第三，横向结构与纵向结构之间互相影响和制约，关系十分密切。在地理教学方法的设计中，纵向结构始终受到横向结构的制约。但是，横向结构的作用也将始终在纵向结构中得以体现。确定各要素纵向结构的顺序和依存关系时，必须按照横向结构的顺序进行，即先确定认识方法的横向结构，并以这种横向结构为根据，再依次确定教学手段与组织方法的纵向结构。同时，协调各要素的纵向结构之间的关系可以使横向结构更加合理。

第七节　演示法在地理教学中的合理继承与创新

联合国教科文组织总干事马约尔曾说："我们留下一个什么样的世界给子孙后代,在很大程度上取决于我们给世界留下什么样的子孙后代。"这是自 20 世纪 80 年代以来,面对科技革命和知识经济的挑战,世界各国普遍思考的一个问题。为此,在世纪之交引发了一场规模最大、持续时间最长的全球性的教育改革。其中,教学方法改革是教育改革的重点。

一、演示法研究的背景及意义

教育学家可以把现行的教学方法大体分为传统教法和现代教法。对于传统方法曾一度存在着这样的偏见:传统教法是保守、落后的方法,应同诛共讨,与其分道扬镳,而代之以新方法。这种认识实际上是不公正的。站在形势发展需要的角度看,传统教法有其弊端:它一般以滔滔不绝地讲解和传授知识为主,教师将其主要精力放在讲授教材上,学生的学习是被动的、消极的。这是它不足的一面,可是它毕竟是在人类社会发展的历史中流传下来的,经过实践的筛选淘汰,长时间被人们认识了的东西,到如今仍有它合理性、继承性的一面。而新的方法的出现和发展,也不可能是从零开始的,它和传统的旧方法仍有互相渗透、互相融合的一面,新教学法不可盲目地肯定与推广。所以,教学方法改革并不是否定以前的教学方法,而是在传统教学基础上的合理继承与创新。因此,教师在教学中应根据实际教学,开创适合本学科的教学方法。本章节针对传统教学方法中演示法的合理继承与创新的研究进行阶段性的总结报告。

演示法是教师向学生展示各种直观教具、实物,或让学生观察教师的示范实验,或让学生观看幻灯、电影、录像等,从而使学生获得关于事物现象的感性认识的方法。在中学地理教学中,理解性难点主要是地理概念、地理现象成因和地理原理等内容。这些知识的高度抽象性,或对学生空间想象能力和空间联系能力的高度要求,以及说明事实材料的过于概略是导致学生理解困难的关键。为了帮助学生理解难点,使感性知识理性化,实现知识的长久记忆和灵活运用,教师在突破理解性难点时要讲究教法的直观、形象和具体。演示法可化无形为有形、化平面为立体、化静止为活动、变抽象为具体,可调动学生手、眼、耳、脑等多种感官协同活动,使教学难点可感易解。

二、演示法在地理教学中的应用

(一)模型演示法

以高中地理第一章第四节中的"公转的地理意义"为例,本课时主要讲地球公转的地理意义,包括正午太阳高度的变化、昼夜长短变化、四季更替。其中,正午太阳高度的变化和昼夜长短变化是难点,学生很难把握,教师靠语言的方法很难讲清,可自制教具进行演示,具体过程如下。

实验准备:钢丝椭圆轨道、自制一只地球仪(赤道留缝,地轴用钢管做成)、红色灯泡一只、木板一块(木板刻有浅槽,略比椭圆轨道大,使地轴稳定在槽中移动)。灯泡放在椭圆轨道偏右焦点,地球仪通过地轴(钢管中点留有小孔)穿在钢丝轨道上。

演示过程:灯泡通电,然后教师缓缓沿着钢丝平稳地移动地球仪(地轴方向保持与公转轨道面66°34′夹角不变),移动时请学生注意地球仪受光面,红色面是受光面,相当于白昼,另一面即背光面代表黑夜,同时请同学注意晨昏线、各纬度的正午太阳高度变化及昼夜长短的变化,根据学生实际可配合地图,可以利用投影仪展示四节气的日照图。

关于高中地理第二章第二节中太阳高度角与受热面大小的关系,很难讲清太阳高度角大,受热面小,太阳辐射强度大;太阳高度角小,受热面大,太阳辐射强度小。如果在讲这部分内容时,借助两只手电筒进行演示实验,一只直照黑板,另一只斜照黑板,学生就会发现直照黑板,黑板受照面小,亮度大;斜照黑板,黑板受照面大,亮度小。通过实验演示,太阳高度角与受热面大小及太阳辐射强度的关系便可迎刃而解。

教师可自制教具演示热力环流,在一个长、宽、高分别是 2 米、1 米、1 米,且六面都封闭的透明玻璃柜内,底面两侧分别放置一个电炉(有导线连到柜外)和一大盆冰块。在玻璃柜顶面中部的内面壁贴一张下垂的纸片,在玻璃柜底面中部的内壁贴一张竖直的纸片。通电一段时间后可根据纸片的偏动情况来演示及验证热力环流。

关于褶皱的形成可用书本来做岩层,将几本书叠加在一起,然后施加水平压力,即可呈现出背斜与向斜两种基本形态。这种演示方法既简单又直观。对于背斜顶部受张力容易被侵蚀,向斜槽部受挤压不容易被侵蚀这一问题,可用一竹坯子进行上下弯曲进行演示。

断层的形成原因有两种:一种是岩层受挤压而断裂错开;一种是岩层受张力而裂开,并可能会发生上下错动。通常学生能够考虑到的是第二种,而第一种很容易被忽视。如果用演示法效果会更好,当然也需要自制教具。

(二)多媒体课件演示

有些知识点用多媒体课件来演示效果更佳,如太阳直射点的回归运动(手动)、昼夜长短的纬度差异(突出晨昏线与经线、纬线的关系)、昼夜长短的季节变化(突出昼弧与夜弧的关系)、正午太阳高度的纬度差异(6月22日、12月22日、3月21日或9月23日)、正午太阳高度的季节变化(南北回归线之间、北回归线以北、南回归线以南三个地点)。

在讲述"锋面系统"时,教师可引导学生观察动画演示,明确冷、暖气团哪一个主动移动;冷锋和暖锋过境后,其冷、暖气团所处的位置有何差别;冷、暖锋移动速度是否有差异;移动速度不同带来的天气状况有何不同。在讲解"三圈环流"时,教师可边讲解边在黑板上绘制教材中的图,同时用计算机动画来演示这个形成过程。

板块运动及形成的地貌可用 Flash 课件演示,如大陆板块和大陆板块相碰撞形成褶皱山脉,大陆板块和大洋板块相碰撞形成岛弧和海沟,板块相分离形成裂谷、海洋和海岭。这些用 Flash 动画演示出来,不仅形象生动,而且学生会记忆深刻。地震发生及防御是学生特别感兴趣的,而地震来临之前有什么预兆以及地震来临时怎样保护自己,这些都可用Flash动画来演示,使学生印象更加深刻。

(三)肢体演示法

以地球自转周期(恒星日和太阳日的差别)为例,教师和学生可以共同来演示:假设教师为地球,某一学生为恒星,学生不动,教师面向学生原地转 360°表示恒星日;假设教师为地球,学生为太阳,学生不动,教师面向学生,边自己转边绕学生转,直到第二次面对学生,这表示太阳日。

气候是地理新课程教学的难点,对于各种气温和降水的变化特点,许多学生经常张冠李戴。教师可布置形体演示作业,让学生们读课本上的降水柱状图和气温分布图,然后请 12 个学生上讲台做一道大型的形体作业,让他们各自用身体的高低变化来"扮演"12个月的降水量。

（四）实物演示法

在"陆地环境"这一单元中,对于矿物、矿石、岩石的区别与联系这一问题,不仅要有传统意义上的讲解,还要有实物演示。这样才能提高学生学习的积极性,并让学生进一步认识到地理知识与生活的紧密结合,为指导学生以后的社会实践发挥重要作用。但要注意,在进行标本演示时,由于标本数量有限且较小,距离远的学生可能看不清楚,所以最好借助实物投影仪来演示效果会更佳。

（五）板图演示法

学生很容易混淆外力作用与地貌这部分知识,为了让学生更好地区别与记忆风力作用和流水作用形成的侵蚀与沉积地貌,可以将板图或板画演示与语言描述相结合来讲解在不同条件下的地貌。"三圈环流"部分也不能缺少板画演示。

尽管演示法有一定的局限性,并不是每一堂课都适合使用演示法,而且其中有很多模拟实验,但是它的优势却是其他方法不可替代的。它彻底改变了传统的教学模式,从学生基础知识的传授转移到运用已有基本知识参与实验演示来获得新知识,培养了学生的思维能力,有的演示法还可以增强学生理解和记忆的效果。笔者相信,随着演示法的研究与实践,地理教学的地位和价值也会大大提高。

第八节　发挥教师主导作用来优化课堂教学

无论是传统教学还是现代教学，都离不开教师的作用。因此，充分发挥教师主导作用，优化课堂教学，是全面提高教学质量的重要保证。

一、认真钻研教材，分清重点、次重点和非重点知识

认真钻研教材，分清重点、次重点和非重点知识是优化地理课堂教学的根本。重点知识（地理基本规律、基本原理、基本特征等）是学生必须牢固掌握的内容，也是必考的知识。在地理课堂教学中，教师必须能准确地划分清楚教材的重点、次重点和非重点知识，掌握教学节奏，突出重点，明确次重点，淡化非重点。这样不但有利于学生集中精力掌握重点知识，而且有利于减轻学生的学习负担，不至于使学生认为什么都重要，产生面面俱到的现象，从而影响教学效果。因此，教师必须认真学习教学大纲，刻苦钻研教材，吃透教材内容，抓住教材实质，认真备好每一节课。

例如，在进行高中地理下册第十章第四节"我国城市的发展"一节的教学时，就要突出我国百万人口以上的特大城市和我国城市发展的基本方针这两个重点。通过引导学生读我国百万人口以上的城市分布图，找出没有百万人口以上城市的省（区）有哪些；有两个百万人口以上特大城市的省（区）有哪些，并说出城市名称；各省（区）人民政府驻地与该省（区）（内蒙古除外）百万人口以上城市有什么关系；等等。利用这些问题向学生传授知识，从而理解掌握百万人口以上城市的分布特点。当然，有些内容还有重中之重的重点，那就必须更加突出其重要性，如中华人民共和国成立以来我国城市发展的特点，可作为重中之重进行教学。其余部分，如我

国城市发展简史,则可作为非重点一带而过。

二、明确目的要求,分清识记、理解和应用三个层次的内容

明确目的要求,分清识记、理解和应用三个层次的内容是优化地理课堂教学的前提。识记是指识别或记住常用的地理概念、地名、地理术语、必要数据、地理现象分布,并能正确地读图、填图、绘图,往往要求以记住为原则,是感性认识。理解是指能简述或说明地理基本概念、基本原理和基本规律,掌握地理事物的特征、分布规律、变化、成因以及地理要素之间的相互关系,并初步学会运用地理图表来解释、解决一些地理问题,常常要求能理解掌握,是理性认识。应用是指能够根据地理基本原理或规律分析地理事物和现象,解决实际问题,并能绘制简单的地理示意图和统计图表,是学生掌握知识的最终目的。学生学习知识、掌握知识是一个循序渐进的过程,是实现由感性认识到理性认识并转化为自己头脑智慧的过程。因此,要求教师通过备课、钻研教材,既能准确地划分清楚这三个层次,又能明确其三者的辩证关系,这样才能在课堂上得心应手,发挥教师的主导作用。

例如,在高中地理“地球公转”的教学中,教师可将“地球公转轨道和周期”划分为识记内容,将“黄道平面和赤道平面交角示意图”“简述黄赤交角及其影响”“简述地球公转的地理意义和天文四季的含义”划分为理解内容,将“绘出6月22日、12月22日太阳照射地球的示意图”“计算‘二分’‘二至’时全球主要纬线上正午太阳高度”划分为应用知识内容。教学时,教师要尽量采用各种不同的有效手段让学生牢固掌握识记内容,通晓理解部分,学会应用知识,实现三者的辩证统一,取得良好的教学效果。

三、正确处理教材,分清精讲、略讲、省讲(或选讲)部分

正确处理教材,分清精讲、略讲、省讲(或选讲)部分是优化地理课堂教学的有效途径。课堂教学反对注入式、填鸭式和满堂灌的教学方法,提倡并强调启发式甚至采用多媒体电化教学。往往教师讲得越多,学生听进去的越少,学生认为什么都重要,反而无从下手去学习,成为消极被动地接受知识的"容器",这不利于培养学生的思考力、自学能力和独创精神。教师讲累了,学生听倦了,效果却不好。因此,优化课堂教学要充分发挥教师的主导作用,教师要能清晰地分清教材的精讲、略讲、省讲(或选讲)内容,从而提高课堂教学质量。

例如,在讲授"自然带分布规律"时,用简洁生动、准确清晰的语言,结合图示,详细讲清楚纬度地带性和非地带性分布规律及其成因、特点,这是精讲部分。而经度地带性和垂直地带性分布规律、特点、基本成因与纬度地带性有相反或相似之意,则可采用略讲,只突出其与纬度地带性规律之间的联系与异同,应更多地指导学生在学习纬度地带性知识的基础上,通过自身努力或练习的形式去完成。分清教材精讲、略讲和省讲(或选讲)部分十分必要,这是提高课堂教学质量的重要手段。

第九节　关于地理教师教学行为转变的探讨

知识的获得是一个主动的过程,学习者不应该是信息的被动接受者,而应该是知识获取过程的参与者。新课程主张师生之间建立平等、和谐、融洽的师生关系,让学生在自主的亲身体验中获取知识,发展能力。因此,构建一种新的课堂教学模式,变传统教学的"要我学"为学生自主学习的"我要学",充分发挥学生在学习中的积极性、主动性和创造性是教师在教学实践中研究和探讨的一个重要课题。

一、立足课程标准,开放教学内容

新课程体系以课程标准为基础,倡导教材的多元化,使得教学内容极具开放性。这就要求教师在组织教学时合理利用教材,对教材内容做必要的增删,让课程结构更具有时代性和前瞻性。

教学活动中要力求把静态的内容变为可探究性的内容,对于那些有争议的问题,不必刻意追求标准答案,而是要鼓励学生从不同角度、不同侧面谈谈自己的见解,从而达到开发学生思维以及培养学生创新意识的目的。例如,在学习"地球"的有关知识时,教师先让学生回忆小学学过的寓言《南辕北辙》,然后提出:"这个车夫最终能不能到达楚国? 请说说你的理由。"同学们通过思考和讨论得出了两种截然不同的结论,教师再以这两种答案引导学生主动探究,进而认识地球的形状、地球上的方向、七大洲、四大洋。

在地理教学中,除了给学生多创设一些有争议的问题外,还要根据教学内容支持学生的个性发展,设法鼓励学生从思想上解放自己,鼓励学生在遇到问题时不要随波逐流,要敢于发表自己的见解,从而培养学生的探索精神和创新精神。例如,在学习"海陆的变迁"时,有位学生说:"若干年前有一条大鱼死后沉入海底,最后变成了化石,突然有一天,我们在非洲大陆沿海的地层中发现了化石的一半,而另一半在哪里呢? "于是学生有的说在南美洲,有的说在北美洲,有的说在非洲,还有的说可能已经不存在了。虽然同学们的问题和答案不是很成熟,但这毕竟是他们自己想出来的,是他们努力思考的结晶,教师不要轻易扑灭这刚刚燃起的火花。

二、转变观念，放手让学生"学"

在以往的教学过程中，教师过分强调自己在学习过程中的主导作用，一味地要求学生"必须学什么""应该怎样学"，结果使学校变成了培养"标准件"的工厂，忽视了学生的个体差异，扼杀了学生的个性发展。在新的教学过程中，教师宜从以下三个方面做大的转变。

(一)努力做好学生的益友

良师与益友常常并称，师生之间不管年龄差距有多大，只要用心，彼此是可以成为益友的。在一次民意调查中，笔者班上的许多学生写道："如果其他教师都像地理教师一样，与同学们打成一片该多好!"地理教师是怎样做的呢? 他不仅关心学生的学习，还常常主动走到学生中间同大家一起谈心、聊天，共同体味学生的生活，所以许多同学都愿意把一些心中的秘密与地理教师分享。在班上，地理教师甚至比班主任还有威望。按理说，通过每周两节课的时间，培养如此良好的师生关系是比较困难的，他能做到这些，靠的是平时点点滴滴的积累，一个简单的眼神，一句平等的问候或者肩膀上的轻轻一拍，都成为他与学生交流的"法宝"。也正因为是"朋友"，师生间没有了那种无形的压力，在他的课堂上学生总是学得很轻松、很自由，教学成绩也较理想。

(二)把课堂的主动权交给学生

谁是课堂的主宰? 是学生，不是教师。可教师以往恰恰忽视了这一点，只一味地灌输，让学生变成了被动接受知识的容器，学到的东西僵硬、呆板。"我们的学生喜欢唱歌却不喜欢音乐课，喜欢画画却不喜欢美术课，喜欢运动却不喜欢体育课"，造成这一现象的根源除了教材的缺陷，还在于课堂上教师的教学方法过分僵化。

新课程带来一种全新的教学模式——参与式学习，它将教师的教学目标变成学生的学习目标，让学生通过合作学习，在主动探究的过程中自主获得知识。它要求教师成为积极的引导者、组织者，要积极旁观，并通过设置一些情境给学生以心理上的支持。例如，在讲授"气候的影响因素"一课时，以前的做法是教师先讲清楚影响气候的因素有哪些，然后再逐一举例说明；而现在则要求学生通过比较两地气候的差异，自己说出影响气候的因素到底是什么。教学看起来变难了，可通过实践发现，即使是难了，对于学生来说也不再是一大障碍，他们的分析是那样合理、贴切。因此，教师在课堂上一定要控制住自己的嘴，不要做学生学习的预言家，要相信学生自己一定能得出正确的结论。

(三)精心设计提问,启发学生思维

学生毕竟受到多种限制，他们思维的对象、步骤方法往往不是很规范，有时甚至会从错误的方向得出错误的结论。因此，教师要针对学生的实际，课前精心地设计提问，引导学生向正确的方向靠拢。课堂上，教师一旦放开让学生讨论，学生便会逐渐偏离主题，演变成一种无谓的争论。对此，教师也要及时引导，要放得开、收得拢，否则可能会卷入"到底是鸡生蛋还是蛋生鸡"的漩涡之中。问题的设计要科学、准确，不能模棱两可，如"空气上升会怎样？""山的背面是什么？"。教师表述一定要清晰，最好事先写在题板或投影片上。要注意提问的方式，避免毫无意义的填空式的提问，还要留给学生足够的讨论、思考的时间。如果学生自己能得出正确的结论，就不要抠字眼、抠标准答案，尽量让他们用自己的语言表达。对于个别学生存在的问题，让学生通过讨论解决；对于普遍不能解决的问题，则要用启发式的方法进行解决。

三、积极评价学生的成功

不要将学生成人化，他们哪怕有一点点的成功，教师都要给予积极的鼓励，绝不能挫伤学生的自尊。例如，一位学生外语成绩不是很理想，但通过努力在一次考试中得了80分，另一位同学外语成绩一向很好，但这次考了83分，于是教师当着前一位同学的面对后一位同学说："连某某都考了80分，而你才考了83分。"从此，这位学生的成绩再也没有赶上来。可见，教师对学生的评价是多么重要，教师要用"你很好""你真棒"等正面的语言去表扬和鼓励学生，不要随便把两个学生放在一起比，更不要随意批评。

四、充分挖掘课程资源

充分开发、利用地理课程资源，对于丰富地理课程内容，开展形式多样而有效的地理教学，增添地理教学的活力，具有重要意义。学校地理课程资源包括除教材以外的教学所需的挂图、模型、标本、实验器材、图书资料、电教器材、教学实践场所等，教学设备和教学用图主要有地球仪、等高线地形模型、幻灯机、投影仪、主要岩石矿物标本、东西两半球图、世界政区图、世界地形图、中国政区与交通图、中国地形图、本省（自治区、直辖市）地图，本县（市）地图、世界地理景观图片、中国地理景观图片等。

教师要结合学校的实际和学生的需求，充分利用学校已有的地理课程资源以及师生可用于地理教学的经历和体验。教师应鼓励和指导学生组织兴趣小组，开展野外观察、社会调查等活动，指导学生编辑地理小报、墙报、板报，布置地理橱窗，引导学生利用广播或有线电视网、校园网展示自编的有关节目，提倡校际地理课程资源的共建和共享。

校外地理课程资源丰富多样，如青少年活动中心、地理教育基地、图书馆、科技馆、气象馆、天文馆、博物馆、陈列馆、展览馆、主题公园、科研单位、大专院校、政府部门、区域自然环境、人文景观、广播、电视、报刊、网络。因此,必须加强学生与社会各界的沟通与联系,寻求多种支持,合理开发利用校外地理课程资源,如组织学生走进大自然,参加社会实践,开展参观、调查、考察、旅行活动,邀请有关人员演讲、座谈,拓展学生的地理视野,激发学生探究地理问题的兴趣。

新课程带来了全新的教学理念,也给教师留下了更广阔的教学空间,让教师的教学行为面临着更大的挑战。希望笔者个人的一些粗浅认识,能引起同仁们对这一问题的关注,改变自己的教学行为,践行新课程理念,从而培养学生搜集和处理信息的能力、获取新知识的能力、分析和解决问题的能力以及交流与合作的能力。

第十节　新课改对教师自我更新与可持续发展的要求

一、浅谈新课改

(一)什么是新课改

新一轮基础教育课程改革是新课改的全称,中华人民共和国成立以来已有过好多次课改。20世纪末,中共中央、国务院提出要"深化教育改革,全面推进素质教育",新课改的目的就是要在21世纪构建起符合素质教育要求的基础教育课程体系。

(二)为什么要进行新课改

从根本上说,课程改革的动因是人们面临的社会环境已经变了。在知识经济时代、信息社会当中,知识以人们无法想象的速度在增加和更新,要想不被淘汰,就必须不断学习、终身学习。也就是说,具备学习的愿望、兴趣和方法,比记住一些知识更为重要。真正对学生负责的教育,应当是能够促进他们全面、自主、有个性地发展的教育。显然,全国"万校一书"的课程体系、"万人一面"的培养方式,肯定不能适应社会发展的需求。

另外,由于高中教育已经基本普及,高中教育的功能也发生了变化。高中教育从只面向少数人的精英主义教育转变为面向全体学生的大众教育,高中教育的目的和任务不再是只为大学输送合格新生。当高中毕业生可能继续升学,也可能直接走向社会时,高中教育就应当转变为培养学生人生规划能力、职业意识和创业精神的教育,这正是新课改所十分强调的。这次新课改借鉴了先进国家的课改经验,是对世界课程改革潮流的自觉顺应,这一点在高中课改中尤为明显。

(三)新课改要改什么

人们常常以为课程改革就是改换教材,这是不正确的。根据教育部《基础教育课程改革纲要(试行)》,新课改主要有六大"改变"。

1.课程目标方面

反对过于注重知识传授,强调知识与技能、过程与方法、情感态度与价值观"三维"目标的达成。例如,在化学教学中,过去只是明确地告诉学生什么加什么会产生怎样的反应,现在经常不告诉学生结果,而是让学生自己去做实验,在实验过程中学习、理解和记忆,体验过程,培养能力,形成正确的思维方式和价值观。

2.课程结构方面

强调不同功能和价值的课程要有一个比较均衡、合理的结构,符合未来社会对人才素质的要求和学生的身心发展规律,使技术、艺术、体育与健康、综合实践活动类的课程得到强化,强调课程的综合性和选择性。

3.课程内容方面

强调改变繁、难、偏、旧的教学内容,让学生更多地学习与生活、科技相联系的"活"的知识。

4.课程实施方面

强调变"要学生学"为"学生要学",激发学生的兴趣,让学生主动参与、乐于探究、勤于动手、学会合作。

5.课程评价方面

以前的评价过于强调甄别与选拔,现在强调评价是为了改进教学、促进发展。例如,有的学生基础较差但很用功,只考了 58 分,没及格,教师可以给他 60 分甚至 65 分,以促使他更有信心地学习。

6.课程管理方面

以前基本上是国家课程、教材一统天下,现在强调国家、地方、学校三级管理,既充分调动了地方和学校的积极性,也增强了教育的针对性。随着新课改的推进,人们已经感受到了一些变化:各地用的课本是不完全一样的;教师上课不是"紧扣教科书"了;学生的"问题"多起来了;"中考"改为"初中毕业生学业考试"了;高中录取不是只看分数了。

二、教师在新课改中的自我更新与可持续发展要求

(一)教师与教学

教学应该被视为一种专业,教师的工作具有专业性质。现代社会的发展对教师专业化程度的要求越来越高。研究型课程的开设,在给教师带来挑战的同时,为教师专业发展提供了广阔的舞台和良好的契机,课程的变革从某种意义上说,不仅是要变革教学内容和方法,还要变革人。

在传统的课程教学中, 中小学使用的是统一的教学内容、统一的考试、统一的教参、统一的标准,可以说它并不需要教师去开发课程,也就谈不上开发、整合、利用课程资源的问题了。因为教师需要实施的课程教学,其课程资源多是国家和地区规定好的,是现成的、固定的,所以教师缺少课程建设的空间,自然也就很难培养课程资源的开发意识。

"二期课改"的推进,特别是研究型课程的开设,要求教师必须能够根据自己教学的需要和学生发展的需要, 采用自己认为最为合适的教学形式与教学方法,决定课程资源的开发和利用。研究型课程的实施,可以突破以往单科课程的限制,提升现代教师的课程意识,拓宽他们对于课程的理解,提高课程的开发与实践能力。在研究型课程的实践过程中,教师不仅是课程实施的主体,也是课程开发的主体。研究型课程的开发推动着教学的进行,反过来,教学也会促进研究型课程的调整与改进。研究型课程的实施过程,其实也是课程与教学的交互推进过程,是教师发展、提升自己素质和能力的过程。但是长期以来, 我国教师多被排斥在课程开发之外,只是被动地执行指令性的国家课程计划安排的任务。我国传统师范教育学中课程理论教学的结构性缺失, 导致很多教师对于课程的理解具有一定的片面性和肤浅性。另外,传统学校教育体系的封闭性,也导致课程资源的拥有者缺乏为学校教育教学服务的意识。教师课程资源开发、利用的意识不强,不能发挥自己的主动性,不仅造成了教育资源的浪费,也阻碍了教师自身的发展。因此,对于大多数教师来说,当谈到课程资源的开发、整合与利用时,就好像是在谈论一个陌生领域的问题。因此,从适应教育教学改革和时代发展的需要以及促进教师的专业发展、提升教师自身素质的需要来说,都迫切要求强化教师的课程资源开发意识,提升现代教师的课程资源的开发、整合、利用能力。课程资源的合理开发和利用,对于学生和教师的发展都具有独特的价值和重要的意义。

为了实现"二期课改"的目标,必须改变过去(过分)注重教科书、机械训练的倾向,加强课程教学内容与现代社会、科技发展、学生生活的联系,倡导学生动手实践、主动参与、探究发展、交流合作;必须开发和利用校内外一切课程资源,为实施新课程提供环境支持,使各种课程资源和研究型课程的开发融为一体,推进研究型课程的深入、持续发展。

(二)基础教育课程改革对教师发展提出的新要求

现代社会,科学文化的高度发达要求教育更加专门化、系统化。各种形式的教育应运而生。如何把无限丰富的知识有效地传递给受教育者,如何促进学生的发展,如何进行创新精神和创造能力的培养,是当代教育的重大问题。我国基础教育课程改革对教师提出了新的、更高的要求。教师只会传授知识和技能是不够的,要不断提高实施素质教育的水平和能力。

1.更新教育观念

为了适应新一轮课程改革,教师必须更新教育观念,加强自身的职业道德修养。当前,一些教师的教育观念陈旧与职业道德水平不高的问题结合在一起,表现为缺乏专业精神。例如,对教育目标的片面理解所造成的不能正确对待学生的问题普遍存在,学生观念封闭落后;教育观念与教育行为相脱节;对正确的教育观念认识肤浅。

2.扩展知识

教师要饱有学识并内化为个人的文化素质。目前中小学教师对未来最主要的通用知识(如工具范畴、人格范畴、社会范畴和常识范畴的知识)了解不多,甚至知识的广度还不如学生。大多数教师只掌握了所教学科的内容性知识(事实、概念、原理等),不能很好地掌握学科的实质性知识(学科知识的内在联系、理论框架、概念体系)、章法性知识(学科研究方法和思维特点)、学科信念及学科发展等。

3.普及信息技术

在知识经济社会中,教育的使命之一就是使每个人都有应付信息潮和知识流的能力。教师必须站在时代的前列,教会人们把信息作为产生知识的原料,经过去粗取精、去伪存真的加工过程,升华为新思维、新知识。因此,教师首先要具备信息素养。中小学教师应具备以下几种能力:①高效获取信息的能力;②熟练、批判性地评价信息的能力;③有效地吸收、存储与快速提取信息的能力;④使用多媒体表达信息、进行交流的能力,创造性地使用信息的能力;⑤利用信息实现自我更新的能力;⑥具备信息时代公民应有的道德、情感、法律意识和社会责任感。

4.提高教育实践的能力,培养创新意识与科研能力

教师走向成熟的标志是不仅具有较强的教育实践能力,还具有创新意识和科研能力。教师要具备自己的教学特色与教学风格,必须不断地在教育科研中磨炼。因此,教师应该注重培养自己的教育实践能力、创新能力。这样才能够在今后的教学中通过教育的双向活动学到新的知识和技能,受到种种启迪,实现教研相长、创新发展。

第十一节　新课程下教师的教育理念

在社会变革的今天,教育正面临着经济全球化、知识社会化与信息网络化的影响。知识信息正在以前所未有的速度增长,社会对教育、对人才的培养提出了更高的要求。国际教育对 21 世纪基础教育发展形势达成共识——"学会生存""学会学习"。所以,学校必须通过多元的教育形态,为学生创设条件,为学生建立终身学习的基础。教育工作正面临一场涉及教育理念、教学方式和学习方式的深刻变革。综合实践课、校本课程、选修课等一连串的新内容、新名词如雨后春笋般出现。那么中学地理课堂教学应如何转变教学理念,尽快适应新课程改革,充分发挥学生的主体性,提高课堂教学的有效性,促进学生创新精神和实践能力的提高呢? 笔者现对这一问题提出了自己的看法。

一、树立正确的教育理念

有位哲人说过:"请关注你的理念,因为你的理念决定了你的语言;请关注你的语言,因为你的语言决定了你的行动;请关注你的行动,因为你的行动决定了你的习惯;请关注你的习惯, 因为你的习惯决定了你的性格;请关注你的性格,因为你的性格决定了你的命运。"我国教育先驱陶行知先生也说过:"教师教各种学科,其最终目的是不再需教,是学生能自己研究,自求解放。"可见理念是何等重要。作为教师,应该首先改变自己的观念,树立正确的教育观。因为教育观决定着教学方法和教育,而教学方法和教育又必然决定着教学和教育结果。

深入开展课堂教学改革是推进素质教育的关键一环,教师应做到:确立一个理念，即以学生发展为本；落实两个重点，即培养学生的创新精神和实践能力；实现三个转变，即角色的转变——由单纯的知识传授转变为教学活动的指导者和组织者，地位的转变——由学习的客体转变为学习的主人，教学方式的转变——由教师的主导变为学生的自主合作探究。

二、理论联系实际

掌握知识的最终目的是要到实践中去运用。如果只会机械地背诵概念，记住一些定义、原理和公式，一遇到实际问题就束手无策，那么所学的知识就是毫无意义的。学生获得的知识只有回到实践中去才有生命力，而且学生也对实际生活中的例子最感兴趣、最了解，让他们自己去发现和探究生活实例效果将是最好的。

（一）关于教师

新课程改革下的教师不再是传统的教书匠，而是教学者。教学者就是指教师不应该仅仅是知识的传播者，而要成为学习的带动者；教师应该是游泳池经营者，而学生是游泳者，游泳者可以自己决定游泳路线和方式，只要他遵守这个游泳池的正常规定就可以。那么如何让学生喜欢教师的课并愿意学习呢？

1.课前认真备课

无论时代怎么变，改革怎样进行，备课是必不可少的。要想备好一节课，教师首先应该熟悉教材内容，然后弄清考纲和教学目标，并在这些基础上去考虑如何才能更好地达到教学目的。教师要多关心学科动态、国家社会大事，掌握与学科相联系的知识内容，根据学生的年龄和心理特点把它们融入教学中。应把最易为广大教师接受的目标教学与学生自主学习能力和创新学习能力培养结合起来，将学生的能力培养植根于学科课堂教学之中。

2.课上充分发挥学生的积极性,让学生成为课堂的主体

如何才能让学生成为课堂的主体呢? 笔者认为,教师首先要与学生处于平等的地位,让学生觉得教师是他们的朋友,这样学生就会抛弃胆怯心理,能够自由表达自己的观点。这就需要教师在平时多和学生接触,了解他们,给予他们关心和关爱,帮助他们解决遇到的问题,让他们信任自己,"亲其师而信其道"。

3.设置一些学生熟悉和感兴趣的问题或事例

设置一些学生熟悉和感兴趣的问题或事例,才能使学生有话可说,进而引发思考,引起兴趣。例如,在讲述"太阳辐射与地球"时,可以让学生举出他们知道的太阳辐射对地球影响的实例, 这样能够充分发挥他们的积极性和主动性,使课堂气氛活跃起来,使学生学起来更加轻松愉快,还能够将课堂上学的内容与实际相联系,真正达到学为所用的效果。

4.多种教学方法相结合

课堂教学中基本原理、基本概念和地理规律等教学内容的认知过程应采用探究式教学。探究式教学是与接受式学习相对的,它是一种在好奇心驱使下,以问题为导向的,学生有高度智力投入且内容和形式都十分丰富的学习活动。探究式学习是一种精心设计的教学活动,教师在探究式学习中充当的作用应当是"向导"而不是"看守"。

5.注重自主学习、合作学习

在遵循学生认知规律的基础上,注重自主学习、合作学习。合作学习既是教师在课堂上的一种教学组织形式, 又是学生在集体学习中的一种

学习方法。在这一过程中，教师只能从台前走到幕后，从知识的施予者转变为活动的组织者、教学的导演者、学生行为的辅导者。

合作学习要求将学生视为教学活动的主体，活动的设计和指导思想要以学生发现和探究为核心。因为只有合作学习的内容具有探究性，学生才会有兴趣参与其中；只有让每一个学生都明确自己在合作学习中的任务、职责和重要性，即强化他们的主体意识，合作学习才能真正有效地开展。

在合作学习的过程中，学习的结果不再是教学追求的唯一目标，无论是小组讨论还是集体游戏或是其他形式，都追求使每一个学生参与到学习中来；追求使学习的过程更加生动活泼，更具吸引力；追求使学生的人格、个性和彼此的差异性有更充分的体现；追求使学生的综合能力得到锻炼和提高。这样，学生不仅可以向教材学习、向教师请教，还有更多的机会向同学学习、向社会学习，激发学生的创新意识。

6.运用地理案例教学，培养学生解决实际问题的能力

案例分析教学法是通过具体的地理教学情境的描述，引导学生对案例进行分析、讨论的一种教学方法。案例教学主要见于中学地理教材，是新一轮地理课程改革的深入。它彻底改变了传统的教学模式，将基础知识的传授转移到运用基础知识分析、解决实际问题上来。它打破了课堂教学的封闭性，使课堂教学更加社会化并呈现出开放性的特点。因此，教师应充分重视案例分析教学法。在教学实践中，分析案例的关键是师生互动，应将地理案例的内容与地理知识联系起来。教师的职责是启发、引导，促使学生综合分析、独立思考、创造性地评价案例，敢于发表自己的看法和意见，解决实际问题。通过学生的参与、分析而获取新知，理论与实践达到了完美的结合，在开放式的案例分析中培养和发展了学生的综合思维能

力和创造能力。

(二)关于学生

联合国教科文组织在《学会生存:教育世界的今天和明天》中强调:"我们应使学习者成为教育活动的中心,他们成熟程度的增长允许他们有越来越大的自由,由他们决定自己要学习什么,自己要如何学习以及在什么地方、采用什么方式去学习。"

1.应具备的学习动机

树立读书是为报效祖国的理想,领会学习是生存的需要的道理,体会学习是一种乐趣。教师在第一节课的时候就应该引导学生明确学习的目的,指导他们应该如何学习才能够实现自己的目的,纠正他们的错误观念。

2.应养成的方法习惯

让每个人根据自己的情况自觉主动地制订科学的学习计划,并能按计划实施。合理分配学习、休息、娱乐的时间,做到张弛有序、劳逸结合,最终提高学习效率。监督他们自觉按照计划做,并制定奖惩制度,教师可以根据学生的不同表现给予适当的奖惩。这样的奖惩监督要能够使学生真正地参与到学习中来,成为学习的主动者。

养成预习的习惯,善于发现、提出问题;上课专注、认真,自信地发表自己的见解,虚心接受正确意见,择善而从;养成浓厚的课外阅读兴趣,丰富自己的知识面,关注社会生活,善于整合所学的各科知识,注重课内向课外的拓展与延伸,具有解决实际问题的实践能力。

应具备基础知识和基本技能,各学科基础知识扎实、牢固,能全部达到新大纲规定的认知水平;有良好的学习习惯和科学灵活的学习方法,勇于质疑、善于质疑,能专注、持久地完成学习任务,勇于克服困难,自学能力强,有独立钻研和合作钻研的品质与能力;能自主选择课题,制订研究计划,运用调查、访问、讨论、查找资料、网上检索、请教教师和同学等方式进行研讨并展示和交流成果;思路广阔,思维有创新性和发散性,勤于动脑、善于实践,能用所学知识解决实际问题。

三、小结

课是给学生上的,教育服务思想的确立必然要求教学内容和形式应由有形向无形、由模式化向多样化方向发展。作为一名地理教师,应当站在时代的要求和角度重新审视中学地理教育的主要任务,更新观念,争做学习型教师。

第十二节　高效课堂对教师口语表达能力的要求

美国得克萨斯大学教育学院教授鲍里奇在《有效教学方法》一文中指出:"对于有效教学来说, 至关重要的五种行为是清晰授课、多样化的教学、任务导向、引导学生投入学习的过程、确保学生的成功率。"

近年来,课堂教学方式正在发生巨大的变革,但不管是小组合作教学还是全班教学,都离不开语言教学。教师的课堂口头表达能力是衡量清晰授课的重要指标, 或者说教师的课堂口头表达能力是影响有效教学的一个重要因素。那么高效的地理课堂对地理教师的课堂口头表达能力到底有哪些要求呢?

一、清晰——课堂口头表达的基本要求

(一)口齿清晰

口齿清晰是对教师最基本的要求。口齿清晰除了受先天条件的影响

外,最主要的是受环境的影响,尤其是农村中学地理教师受生活环境的影响,普遍存在的问题是普通话乡音重,使用方言较多,少数教师口头禅较多。有的教师抱怨习惯了,改不了了,但笔者认为这实际上是观念问题。几年前,笔者曾听一位地理系的学者说过,他年轻的时候生活在偏远的乡村,土语重,口头语多,为改变这一现象,他坚持每堂课给自己录音,课后回放,反复斟酌,不断纠错,终于练就一口标准的普通话。如果教师能转变观念,借鉴这位学者的宝贵经验,还有什么是改变不了的呢?

(二)清晰地解释概念

地理教学中有许多地理概念,很容易混淆。在地理教学中,教师既要考虑如何清晰地陈述概念,又要考虑到学生的理解能力、年龄特征,尽量使用生活化的语言,使概念通俗易懂。

例如,人教版七年级上册教材是这样描述天气与气候两个概念的:"天气是一个地方短时间里的大气状况,气候是一个地方多年的天气平均状况。"如果课堂上采用这样的口头表述,那么相对七年级学生的理解能力来看,明显达不到预期的教学目标。但换一种表达,效果就会好很多,如"今天天气晴朗,能不能说今天气候晴朗?""今天是晴天,明天就可能变成阴天了;那么南京某年夏季炎热多雨,会不会下年的夏季就变成寒冷干燥?"用生活中的现象和生活化的语言,引导学生思考,教师再加以解释、强调,学生能清晰地判断出两个概念的差别。

(三)清晰地发出指令

每堂地理课都有相应的教学目标和要求,清晰地发出指令包括告诉学生教学目标、教学重点和难点、学习方法、作业要求、读图要求、讨论要求、活动要求等。

（四）口头表达须注意逻辑性和学生的思维定式

语言组织的逻辑性也是口头表达是否清晰的一个衡量标志，颠三倒四地叙述会让学生一头雾水。口头表达还须注意学生的思维定式，帮助学生提高有效记忆。例如，将"比例尺越大，表示的范围越小（大与小的比较易形成思维的定式），内容越详细"的表述改为"比例尺越大，内容越详细，表示的范围越小"会增大学生的记忆难度，使错误率明显增高。

二、变化——课堂口头表达的基本技能

（一）语速的变化

笔者至今还记得小时候听过的《岳飞传》的精彩片段，刘兰芳那抑扬顿挫的语调，暗示了故事情节的曲折，是那样的扣人心弦、引人入胜。同样，有经验的地理教师会根据教学目标有规律地改变语音、语速来表示教学内容或活动发生了变化。一般来说，介绍新材料时不宜用太快的速度，重点内容语速放慢，语音增高，难点地方有所停顿。例如，我国地势（语音增高）西高东低（语速放慢），受此影响，我国大江大河多向东（语音增高）流。

（二）口头表达方式的变化

千篇一律的表达方式很难吸引学生的注意，一堂生动的地理课，它的每个环节都离不开形式多样的表达方式。常用的口头表达方式有叙述、描写、抒情、比较、举例子、打比喻、讲故事、引用经典、总结、概括等（这里引用的方式非严格意义上的表达方式，而是将表达方式与修辞方式融合在一起）。它们呈现于不同的课堂情境中，如行云流水，不露痕迹，让地理课堂就像一次次充满期待的旅行。

(三)口头提问方式的变化

口头提问的变化主要有变化提问的类型,如发散性的问题、聚合性的问题;还有变化呈现的方式,如课堂提问主要有针对个体的提问和针对全体的提问,对于不同的提问对象,问题的口头陈述、何时提问、何时停顿、何种节奏都应该有所变化,以引起学生的注意。听课情况反映了部分地理教师在这两方面的不足:一是问题所要达到的目标与问题表达的方式不协调,主要为表达方式单一;二是问题表达的技巧与学生的理解能力不协调,如对七年级学生使用复杂的、难度太大的、模棱两可的问题。应对的主要措施:①对于同一要点,尝试用不同的表述方式提问,达到不同层次的教学目标。例如,在讲北京时,有三种表述:表述一为"你知道北京有哪些世界文化遗产吗?"(识记目标)。表述二为"你能举出哪些例子说明北京是我国的文化中心?"(理解目标)。表述三为"假如你是奥运会志愿者,你怎样向外国友人介绍北京?"(应用目标)。②针对学生的心理特征,应研究提问的技巧,以变化问题表述的方式。鲍里奇指出:"提问的艺术将成为你最重要的技巧之一,你传达给学生时运用的技巧的多样性在很大程度上取决于你运用问题的灵活性。"提问常用的技巧有五种:一是刺激心理需求,引起好奇,如"你们知道西红柿为什么被称为'爱情苹果'吗?它原产地是哪个大洲?"二是使问题看起来不符合生活现实,如"圣诞节时,澳大利亚的圣诞老人为什么穿着短裤?"三是使问题看起来不符合逻辑,如"为什么太阳从东边升起,西边落下,而地球自转是自西向东?"四是制造明显的矛盾,如"南极地区出现极昼现象时太阳长时间不落,为什么南极的冰川没有全部融化?"五是促进逆向思维,如"地球自转的周期有多长?产生的地理现象有哪些?假如地球不自转会怎样?假如地球自转的周期是100年会怎样?"

三、情感——课堂口头表达的艺术体现

没有情感的课堂必定失去活力,虽然情感不能用数值来量化,不能用仪器来衡量,但学生能真真切切地感受到,并能引起学生的共鸣。

(一)热情与交流

爱默生曾说:"有史以来,没有任何一项伟大的事业不是因为热忱而成的。"如果一位地理教师对所教学科充满热情,他必定面部表情丰富、眼神生动、手势充满活力,必定会妙语如珠、语调抑扬顿挫。教师的热情是一种良好的信号,它易点燃学生思维的火花。学习上的成就感和自豪感是学生学习动力的助推器,课堂上恰当的口头评价不仅能使学生产生成就感,而且是师生情感交流的一种形式。课堂上应少用口头惩罚,多用激励性语言,针对不同年级的学生,建立口头表扬用语库,避免单调的表扬用语,如"不错""很好"。尽量采用平实的语言,肯定学生答题的精妙处和思维的闪光点,变浮夸为有效激励。这种充满情感的交流定能构筑一个和谐的地理课堂。

(二)个性与创造

研究表明,风趣幽默的教师最受学生欢迎,这些教师往往有自己的语言风格。因此,地理教师要养成积累教学素材的良好习惯,明白"不积跬步,无以至千里;不积小流,无以成江海"的道理,不断提高自己的文化素养,学习和掌握相应的表达技巧,灵活运用各种修辞方法及谚语典故,使语言幽默生动,逐步形成自己的语言风格。

也许教师并不是个风趣的人,但教师可以创造贴近学生生活的语言,从而有利于学生的有效记忆。例如,在讲"东南亚"一节时,学生最易混淆其景点与分布的国家,像缅甸仰光的大金塔学生就难以记住,笔者将流行

歌曲的歌词"你是光,你是电,你是唯一的神话"改为"你是光,光就是仰光;你是电,电就是缅甸,大金塔是唯一的神话"。学生在哈哈大笑中记住了这些知识点,也理解了教师的良苦用心。

　　课堂是教师表现和发展的舞台,高效的地理课堂对地理教师口头表达能力提出了更高的要求。如今,各种模式的地理课堂如雨后春笋般出现,在带来惊喜的同时带来反思。不得不承认,部分教师为追求形式上的热闹忽略了基本功的要求。清晰、变化、情感,这三个看似简单的要求,其实大有学问,它们需要教师有主动探索的精神以及自我超越的意念,在平凡中书写教育的精彩。

第十三节　用绘图法指导学生学习地理

　　认识地图、阅读地图、从地图上获得信息,到学会绘制地图、把地理信息反馈到地图,是循序渐进学习地理的过程和途径。要想完成学习地理任务,并达到快乐学习的境界,教师就要在学习地理的过程中培养学生学习地理的有效方法,其中用绘图法指导学生学习地理就是一种良好的学习方法。采用绘图法学习地理,能够使学生由动手到动脑,由被动学习到主动学习,由机械模仿到理解分析,符合中学生的生理及心理特征。在地理学习过程中,教师巧妙利用绘图法教学,可引导学生自主学习,使每个学生都参与到学习过程中。

　　在学生学习区域地理时,教师可能都会有意无意地训练学生学习绘制简单的地理略图,都会指导学生用简单的三角图形和梯形等代表大洲、大洋,绘制世界大洲、大洋的简略图。学生用此种方法学习和记忆大洲、大洋的图上位置效果会很好。

在国家地理的学习过程中,用绘图法学习显得更突出、更有效。学习国家地理的教学标准是使学生能够学会描述某一个国家的地理位置,理解其自然环境对人类活动的影响等。学习地理位置及其自然环境对人类活动的影响离不开读图、填图、绘图,如果教师利用绘图法指导学生学习,将会是完成课程标准要求的良好途径。

以日本为例,利用地图法指导学生学习。关于"日本"这一节,教材首先概括介绍了日本的位置、范围和领土组成,然后通过日本在世界中的位置图和日本的地形图,示意出日本的海陆位置、纬度位置和相对位置。一般学习日本地理的方法,就是让学生观察这两副地图,在教师提出的有关问题的引导下归纳出该国的地理位置和范围。这种属于常规的学习方式,过于死板和沉闷,不能引起全体学生的积极思考和共鸣,甚至会导致部分学生不会跟着教师的引导学习,而去想其他的事情。为了吸引学生的学习兴趣,让学生在主观上自主学习,在客观上完成学习任务,笔者在教学中针对课程标准的要求指导学生用绘图法学习日本地理,要求学生在笔记本上边绘制日本地图边学习地理知识。教学过程如下:

第一,利用经纬线控制地理区域的范围,指导学生绘图,使学生掌握区域地理位置。利用经纬线控制日本四大岛屿之间的位置,绘出经纬网图,即画北纬30°、北纬35°、北纬40°、北纬45°,它们之间都相隔5个纬度,所以距离相等;再画东经130°、东经135°、东经140°、东经145°,它们之间同样相隔5个经度,也可近似相等。在画的过程中,学生就能总结出日本的经纬度位置,即日本的四大岛屿基本上在北纬30°~45°,东经130°~145°。画完后,有的学生就能找到规律,他们会发现日本四大岛屿基本分布在东西相距 5 个经度、南北相隔 5 个纬度的对角相连的三个正方形的经纬网格图里,呈东北西南方向排列。

第二,利用地理区域的轮廓特征指导学生绘出略图,发现并解释地理问题。对于日本四大岛屿的形状,要启发学生的想象力,如北海道岛像个菱形弯把(也有的学生可能会说像菜刀),本州岛像双大袜子,四国岛和九州岛像土豆。教师不必在乎学生所说的像什么,而重在指导学生在绘图过程中自然地去发现日本海岸线曲折、多海湾等地理问题,及时指导学生从此自然环境特点分析、理解日本多优良港口、加工贸易经济发达等人类活动。

第三,利用填图练习,记忆地理名称及相对位置,理解自然环境对自然及其人类活动的影响。学生在自己绘制的日本地图上填注四大岛屿、太平洋、日本海的名称,以及中国首都、日本首都等重要城市的名称。填太平洋位置时,引导学生分析日本多火山地震的原因;填城市名称时,可进一步帮助学生理解日本工业的分布特点(多分布在太平洋沿岸);填中国首都、日本海时,学生自然会明白日本与中国文化兼容的特点。整个过程重在学生的自主创新,教师不要过于评价学生日本地图画得像不像,而要引领学生在绘图的时候积极思考日本的地理位置特征及其对自然环境和人类活动的影响。

学习其他国家的地理也可遵循以上地图法的三个过程,学习中国区域地理也同样可以参照以上三个过程。教师在指导学生学习的过程中,一定要不断地鼓励学生,不要让学生看到绘图过程复杂就放弃,这也是对学生学习毅力的培养。

利用绘图法学习地理,能够激发学生的学习兴趣。学生是喜欢动手的,他们能在课堂上动手绘图。绘图法比传统教学中那种被动地听和看更符合他们的学习心理,并且全体学生都能参与到学习过程当中。学生在绘图法学习中不但接受了绘图能力的训练,而且在获得地理概念的同时记忆了地理的空间分布及其特点。这能够充分调动学生学习的积极性,当学生看着自己亲手绘制的地图时会产生更多的成就感,进而树立学好地理的自信心。

绘图法学习地理,并不是要求学生在课堂上画出多么漂亮的地图,只要求学生能够画出简单的地理略图就可以了,并利用地理略图帮助学生记忆、理解和分析地理知识。教师在适当的时候稍加指导一些绘图方法即可,关键是引导学生逐步掌握一种学习地理的方法。多年的教学经验使笔者深深体会到,学习地理离不开地图。地图有规范性、清晰性等特点。这些特点对学生认识地图、阅读地图等方面的帮助很大,如果能够在观察地图的同时利用绘图法为提供学生自主学习的导向,将会取得事半功倍的效果。总之,绘图法是引导每个学生都参与到学习过程中的方法,也是快乐学习的有效方法。

第十四节　关于地理课堂教学中美育的渗透

苏霍姆林斯基说:“我一千次地确信,没有富有诗意、感情和审美的源泉,就不可能有学生的全面智力发展。”地理教学在美育功能方面具有得天独厚的优势,发挥地理学科的优势进行美育教育,对于培养学生感受美、评价美和创造美的能力,逐步形成科学的审美观、高尚的思想品德和情操,成为德智体美劳全面发展的人才,具有特殊的重要意义。

《国家中长期教育改革和发展规划纲要(2010—2020 年)》中明确提出:"坚持全面发展。全面加强和改进德育、智育、体育、美育。""加强美育,培养学生良好的审美情趣和人文素养。""促进德育、智育、体育、美育有机融合,提高学生综合素质,使学生成为德智体美全面发展的社会主义建设者和接班人。"由此可见,美育在教育体系中占有非常重要的地位。美育不但能陶冶情操、提高素养,而且有助于开发智力,对于促进学生全面发展具有不可替代的作用。新时代的教育需要融入较高的美育体验,新时代的少年儿童需要具备一定的鉴赏美和创造美的能力,这对于他们的终身发展有着非常积极的作用。

作为国家课程的地理学科,具有自然科学和社会科学的双重性特点,蕴藏着非常丰富的美育素材,同时地理教材是真、善、美的统一体。新课程改革的广泛开展以及课堂转型的深度实践要求课堂向学堂转变,要求关注学生的差异和多元发展,要求关注学生愉快的情感体验,要求关注学生各方面能力的提升。因此,教师要充分发掘地理教材的美育知识,运用艺术形式使之具有审美价值;要有意识地把美育教育渗透到地理教学中,让学生在学习知识和不断提高技能、能力的同时,思想品德也受到良好的熏陶,发挥美育潜移默化的作用,从而引导学生在学习中接触美、感受美,在实践中表现出智慧美、创造美和心灵美。这样就可以让学生在审美过程中形成一种愉悦的情绪,使地理教学成为一种生动有趣的活动,从而达到既定的教学效果,完成教学目标。

一、地理美育的作用

(一)课程目标的要求

《义务教育地理课程标准》在课程目标部分明确指出:"增强对地理事

物和现象的好奇心,提高学习地理的兴趣以及对地理环境的审美情趣。"因此,美育已经成为显性的学科教育目标,也是考量一堂好课的重要指标,要求教师必须达到。

(二)培养学生爱国、爱家乡的情怀

地理学科中涉及自然美、人文环境美的内容,非常丰富,是其他学科所不能比拟的。广阔壮美的神州大地历史悠久、千姿百态、各具特色、神奇无比。通过地理教学,能够激发学生爱自然、爱祖国的情感。尤其是在乡土教育中,既可以引导学生在生活中发现地理问题,理解其形成的地理背景,又可以提升学生的生活品位,还可以激发学生关心家乡发展变化的热情,培养爱家乡的情感。这种潜移默化的教学内容远胜于嘴上的说教,更容易让学生接受。

(三)激发学习兴趣

"上知天文,下知地理"成为一个人博学多才的代名词。大千世界,闻名中外的风景名胜和文物古迹,浩瀚神秘的宇宙星空,广袤无垠的海洋大漠,哪一个不令人们心驰神往。猎奇心理人皆有之,当学生产生了强烈的求知欲,教师适时指导,告诉学生地理知识可以很大程度地在最有限的时间和空间范围内为自己答疑解惑,从而激发学生的好奇心和学习热情,提高学生学习兴趣。

(四)培养鉴赏美、创造美、追求美的能力

地理之美充满着整个世界,如鬼斧神工的自然奇迹、博大精深的人类创举。地理课程为学生提供了一个欣赏大自然,创造人与自然和谐美的机会。人类的生产生活离不开环境,但是我们没有发现身边地理事物的美好,失去了爱美、审美的能力,这确实非常悲哀。如果条件允许的话,教师可以结合课本带领学生参观一些家乡的建筑、地形地貌、风景名胜和文物古迹,让学生亲自去感受平常中的美,学生能更直观地受到美的熏陶。同时在学习和体验的过程中,激发学生创造美、追求美的意识,提高学生创造美的能力。

(五)提高环境保护意识

地理课程有利于为国家乃至全球的环境保护和可持续发展培养活跃的、有责任感的公民,美育无疑是一个非常有效的途径,有利于促进目标的达成。人地关系中的和谐平衡就是一种美,随着人类的发展以及不合理的开发、改造,美已经被破坏得体无完肤了,如水土流失、土地荒漠化、环境污染。提高学生的环境保护意识是地理教学不可推卸的责任,教师应引导学生亲身感受环境之美,体会人地和谐之美的深远意义,进而使学生从审美高度来反思人们当今的环境决策和环境行为。这样有助于培养学生保护环境的意识,进而影响学生的终身发展,在其思想深处种下人地协调的种子。

二、地理美育的渗透

(一)挖掘美育素材

地理课程是一门兼有自然学科和社会学科性质的基础课程。因此,地理教学内容本身就涵盖了丰富的美育素材。

1.自然素材

自然地理教学广泛涉及各种自然景观,如宇宙、地球、海陆、山川、植被、生态,无所不及;发展变化,如人类历史的沧桑巨变、自然地理演变的节奏,为人们展现了一幅美丽的画卷。浩瀚无垠的星空给人以无限的遐想,生机勃勃的地球令人心动神摇,和谐统一的规律激人畅游探秘。

2.人文素材

作为拥有社会学科性质的基础课程，地理学科也广泛涉及各种人文现象和人文景观,包括人种、民族、城市、农业、工业、交通、贸易、文化、旅游、政治等,蕴含了大量丰富多彩的人类物质文明美和精神文明美的素材。

3.人地素材

随着社会的进步,社会审美观念也在更新,人地协调美已经成为全球追求的高层次美。与此同时,新课程标准适时提出了"现代社会要求公民能够科学、充分地认识人口、资源、环境和社会等相互协调发展的重要性,树立可持续发展观念, 不断探索和遵循科学、文明的生产方式和生活方式"的要求。随着地理新课程改革的发展,无论是区域地理还是基础知识的教学,都贯穿着以人地协调美为核心的美育主线。因此,以人地协调为核心的美育作为高层次的美育必须落实到地理课堂教学之中。

(二)创设美育情境

地理学习不应该与死板、枯燥、生硬、机械等词语搭上关系,地理课堂应该是鲜活的、生动的、有感染力的,地理学习本身就应该是一种美的享受。那么如何达到这个目的呢? "先入为主"和"耳濡目染"都是利用了外在环境对个人情绪和情感产生的影响。

1.创设友爱和谐的学习环境

雷夫教师说:"一间教室能给孩子们带来什么，取决于教室桌椅之外的空白处流动着什么。"一个友爱、和谐、向上的学习环境对于学生的学习来说至关重要。良好学习环境的营造依托于生生之间、师生之间的和谐相处。而教师作为领路人,是形成良好学习环境的关键。教师会教,学生才能学会;教师有情,学生才能动情;教师有法,学生才能会学;教师有爱;学生才能乐学。班级的布置、课堂的管理、师生相处之道、班级课堂文化建设都是需要教师深入研究的方面。

2.创设轻松有趣的课堂环境

地理学科的课程标准要求能力和方法重于知识点本身,地理课堂对于学生的影响更多的还是情感、态度和价值观的影响以及能力的提高和方法的传授。这就要求教师必须营造轻松有趣的课堂教学环境,让学生拥有积极的情感体验,促进教学目标的达成。

首先表现在教师的个人魅力方面。教师的基本功涉及多个方面,包括仪表仪态、语言语调、板书板画等,其中还有一个重要的因素就是教师的亲和力。教师需要调动个人多方面的有利条件去感染学生;宽严有度,善于鼓励,得体评价,时刻用欣赏的眼光和宽容的胸怀去对待学生。与此同时,教师本身在某种程度上就是一个特殊的"演员"。这个"演员"需要有"导演"的智慧,还需要有"演员"的素质,全身心地设计每一个"剧本",投入每一次"表演",用激情洋溢的状态、生动的语言和出色的表演,把学生的注意吸引过来,让学生不仅学到丰富的地理知识,还陶醉于艺术享受中,使学生不愿下课又盼着上课,这是教师的魅力所在。

其次表现在多种多样的教学方法方面。随着现代科技的发展变化,多媒体已经普及到城乡的每一所学校,全国为推行多媒体的使用提供了多个平台。多媒体与教学的深度融合可谓大势所趋。与此同时,作为新时代的教师,其专业技能必须要包括会使用多媒体和课件制作等。反观教学本身,多媒体的优势是非常明显的,尤其对于地理学科来说,抽象的地理现象、宏观的地理事物、遥远的异国他乡和漫长的规律变化等都可以通过小小的电脑和屏幕来让学生感知。多媒体让课堂更加丰富，让课堂更加有趣，也在最可能的范围内拉近了学生与知识之间的距离。多媒体增加了课堂的真实性、趣味性、新颖性，更能吸引学生的注意，使学生在感受美、鉴赏美的愉悦中形成地理科学概念。

3.创设体验探究的课外环境

学习并不仅仅是课堂中的事，课堂仅仅是一个开始，教师要把问题更多地留到课后，让学习无处不在。对于地理学科来说，更大的课堂是在课后，更有效的学习是在课外。教师应该引导学生关注生活中的地理事物和地理问题，通过开展对美的鉴赏和评价活动，如组织学生参观访问、社会调查、社会劳动、郊游，提高学生欣赏自然美、社会美和艺术美的能力，陶冶学生的情操。如果条件有限，可以通过校本课程的方式组织地理小组的同学开展活动，也可以通过全校地理专题小报评比的形式促进学生上网收集有关地理信息的资料，了解地理科学。这既能够培养学生的实践能力和创造能力，又能够使学生直接或间接地去领略自然美，从而激发学生热爱家乡、热爱祖国山河的美好情感。

总之，课堂转型引导各位教师更加关注的是学生非智力方面的提高和发展，教授学生终身受用的方法，培养学生有助于终身发展的能力，让学生掌握影响其终身发展的地理知识。教师在地理教学中创设美的意境，充分运用审美的因素去感染学生，必将激起学生的审美感受，提高学生的审美品位，极大地调动学生的学习积极性，从而达到乐学的目的，使学生成为美的享受者和创造者，全面提高学生的综合素质。

第十五节　地理教师应具备的基本素质

一、树立素质教育观念

教师应树立素质教育观念,促进学生全面主动、生动活泼地和谐发展。社会时代的发展迫切需要教师对传统的教育思想进行反思,树立现代地理教育思想。长期以来,以升学考试为目的的应试教育面向少数学生,违背了教育教学规律和青少年成长发育的规律;教育内容偏重智育,轻视了德、体、美、劳诸方面,忽视了实践和动手能力的培养,影响了青少年的健康成长。而素质教育从培养有理想、有道德、有文化、有纪律的社会主义公民出发,以全面培养受教育者高尚的思想道德情操、丰富的科学文化知识、良好的身体和心理素质、较强的实践和动手能力、健康的个性为宗旨,面向全体学生,为学生学会做人、学会求知、学会劳动、学会生活、学会健体、学会审美打下了扎实的基础,使学生在德智体等方面得到了全面协调的发展。因此,树立牢固的素质教育观念,是教师开展教育工作的出发点和立足点,是方向,亦是目的。

二、把握地理学科综合性的整体特征

要根据地理学科特点,把握地理学科综合性的整体特征。根据地理学科特点,在教学动态中去研究、寻求地理教育发展中的教育规律,重新认识地理学科的特点和价值。地理学是研究地理环境以及人类活动与地理环境相互关系的科学,具有地域性和综合性两个显著特点。

地理学科综合性的整体特征,即指地理学科基础性和工具性、科学性和人文性、知识性和技能性、广泛性和实践性等特征。这种整体特征不

仅是由地理学科教学目标的多元性、教学功能的多重性、教学内容的广泛性、教学原则的复杂性、教学程序的多层次性和教学方法的多样性等本身的特点所决定的，还是在素质教育要求下地理学科理应呈现的合理状态。素质教育要求学生全面发展以掌握各种能力。因此，地理学科不只是一种知识体系，还是一种能力构建。地理综合能力是指在地理学科知识和能力的基础上，运用多学科的知识分析和解决现实生活中实际问题的能力。它涉及的知识表现为多样性、复杂性和综合性，要求学生必须准确理解事物发展变化的过程，必须具备开拓和创新意识，必须领会各学科中蕴含的基本科学精神和人文思想，以系统全面、综合深入的观点和方法来认识和处理各种问题。它不但反映出当今世界知识和科学由高度分化到高度统一的新趋势，而且体现出未来社会对人才知识和能力结构的新要求。

正确认识地理学科的性质、特点，从学科教学实际出发，把学科能力与综合能力的培养有机结合起来，才能使地理教学中综合能力的培养做到有的放矢，富有实效。中学地理教学内容具有鲜明的广泛性和综合性特点。地理环境的物质组成与运动过程复杂多样，使地理教材包括的内容范围广、种类多，构成了地理教学内容的广泛性。地理环境的整体性使地理教学内容的各个组成部分之间保持紧密的联系，因而形成综合性的特点。教学内容的广泛性有利于拓宽学生视野，使学生深入了解和认识现实社会中的各种自然、人文现象，并能与其他众多学科建立广泛的联系，使学生对自然界、人类社会形成完整的认识。

教学内容的综合性，可以阐述地理环境的整体性特征和各要素间相互联系、相互影响的辩证统一关系，要求教师在认识地理事物及其发展变化规律的时候,必须以综合认识地理事物的整体特征为目的,使地理教学过程成为发展学生综合思维能力的过程。教学内容的综合性构成地理学科思维上的综合性特征。通过综合—分析—综合的认识过程来揭示地理事物的本质特征。这种独具特色的思维方式对全面发展和提高学生的思维能力,对培养学生从现实生活中的有关理论问题和实际问题出发强化对事物整体的结构、功能和作用的认识以及对事物变化发展过程的分析理解能力的培养大有好处。

三、树立大地理教育观

教师应树立大地理教育观,把学校地理教育系统与家庭、社会地理教育系统有机统一起来。大地理教育观认为,"以课堂教学为轴心,向学生生活的各个领域开拓发展,全方位地把学生的地理学习同他们的学校生活、家庭生活和社会生活有机结合起来,把教地理同教做人有机结合起来,把发展地理能力同发展智力素质、非智力素质有机结合起来,使学生接受全面的、整体的、能动的、网络式的和强有力的培养和训练。""以地理课堂教学为轴心"的地理教学作为大地理教学环境中的关键一环,把课堂作为主阵地,以地理课堂为轴心,辐射地理的全部活动领域,促成学校、家庭、社会三大块的语言环境有机统一起来。这不仅体现了地理教学的开放性和兼容性,还最大限度地发挥了学生的主体性和教师的主导作用,体现了素质教育"全方位"育人,培养"全人"的教育宗旨。可以说,大地理教育观体现了素质教育的精髓,是实施素质教育的一个尤为重要的途径。大地理教育观使地理素质教育寻找到了一个较好的突破口,是地理素质教育的外化和体现,是实施地理素质教育的一个较为具体化的渠道。为了搞好地理课堂教学,教师必须树立牢固的大地理教育观,增大教学容量和信息量,加强综合训练，使学生的德、智、体、美得到全面发展，知、情、意、行和谐统一。为了提高学生的地理素质，必须要求教师把地理课堂教学与普遍的广泛的无所不在的地理学习协调统一起来，做到课内与课外互动统一，真正做到学以致用。

四、实现科学与人文的融合

要明确地理学科必须走科学化和人文化相结合的道路；力求造就科学与人文双重品质兼具的现代人。在地理新课程改革教学中把科学与人文融合起来是可行的。

地理学科兼跨自然科学与人文科学两大领域，具有在学科内部实现科学与人文融合的基础和优势。对自然的人文关怀是地理学科最具人文精神的部分。地理学科具有人文精神的特性。其中，尊重自然、人要与自然和谐共处、人口道德、环境道德、资源道德、全球意识、尊重多元文化、地理美感等是地理学科人文精神教育的基本内容。学地理，不仅是地理知识和地理能力的学习，同时是修养、气质、胸怀和境界的学习。地理新课程就是带着文明的修养、高雅的气质、宽阔的胸怀和高尚的境界等色彩走到师生中来的。

地理教学要注重学生地理学科能力的培养教育，如空间定位能力、空间分布格局的觉察能力、地理特征的分析比较和概括能力、地理过程的预测和想象能力、地理因果关系的分析与推理能力；还要关注地理与衣食住行等日常生活的联系，阐述其地理背景；关注地理与生产的联系，阐述地理在生产上的应用；联系学生的生活经验，阐述地理概念、地理现象、地理特征等知识，使学生感到地理就在身边，并且是鲜活而有趣的；联系生活实际，设计地理探究活动；等等。此外，还应帮助学生树立科学意识，包括怀疑的意识、批判的理性、谦恭的心态等；帮助学生感受地理科学之美的熏陶，让学生在寻找地理规律时体验一种秩序和逻辑的美，以及在探索地理未知世界时体验那种愉悦的激动和欲望的激情；帮助学生培养地理美感意识，包括地理学习内容的逻辑美、地理教学过程的结构美、地理景观图像的艺术美和地理规律的科学美等。更要注重地理意识的形成，如人地协调观点(生态观点)、空间观点(区域观点、地理环境整体性与差异性观点)、因地制宜观点、可持续发展观点。并且要求学生具有国家意识、国际意识和地球道德意识，使学生认识到要珍爱地球这个人类目前唯一的共同的家园。其中，国际意识包括国际知识、国际和平、国际关系、国际正义感和国际责任感等；地球道德意识包括尊重自然、善待自然、人口道德、资源道德、环境道德等。

　　"台上一分钟，台下十年功"，搞好地理课堂教学也是如此。不能将眼光囿于课堂，还必须要在课堂之外下功夫，这样才能使地理课生动形象、灵活机动、游刃有余，才能真正体现由应试教育向素质教育的转变。地理学科既要培养学生的地理科学素养，又要营造一种追求真理、崇尚学问的精神氛围，让学生在这样一种氛围中接受人文精神的熏陶。一方面，要从地理知识、地理学科能力、科学方法、科学精神与科学态度等侧面确定学生所应具备的地理科学素养；另一方面要明确地理学科在人文精神熏陶中的作用，在教学资源开发上要合理选择具有人文精神教育价值的教学内容，在教学中要积极探寻将二者融合的有效教学方式方法。地理学科在知识构成上文理兼备、相互交融，特别擅长从空间的角度对人文科学知识进行阐述，同时为人文学科知识的学习提供了丰富的材料和有效的方法。遵循古人"行万里路，读万卷书"的治学准则，有机融合文史哲和天文地理的知识,才能创造独具特色的经典的地理教学文化。

第十六节　地理课堂教学的有效调控

课堂是学生与教师心灵成长的驿站,是教师和学生共同演绎生命的舞台。课堂教学是一个多层次的复杂系统,课堂调控得好坏将直接影响整堂课的效率和质量。新课程下的课堂教学倡导"以教师为主导,以学生为主体"的新的教学观,使学生成为课堂的主人,达到培养学生参与意识、合作态度、创新精神和实践能力的目的。因此,笔者认为一堂好的地理课应该是教师在乐业爱生、微笑相伴的前提和基础上,通过有效的情绪调控、能力调控、兴趣调控和机智调控,用心去创设的充满活力的、富有魅力的、承载欢乐的、自然和谐的课堂。

课堂是学生直接获取知识的平台,其核心是课堂教学的有效调控。在实际的课堂教学过程中,教师要顺利完成教学任务,发挥好课堂的作用,就要通过有效的课堂调控来创造和维持一个良好的课堂环境,为教学设计方案的顺利实施创造条件,为预定教学目标的达成提供保障。如果把一节课比作产品,那么每节课都是师生共同制作的一次性产品。因时间限制,不可重复;因其一次性,不可修改。这就加大了教师对课堂的调控难度,将直接影响到课堂教学效率和质量。课堂调控反映了教师的教学观,取决于教师的个人素质。因此,作为一名教师,乐业爱生、微笑相伴是课堂有效调控的前提和基础,也是其起码的、必备的素质。仅有乐业爱生、微笑相伴是不行的,教师在课堂上应适时调控课堂气氛,掌握有效调控课堂的策略,使课堂出现张弛有度、意趣盎然的教学格局。这既是现代教学的显著特点之一,又是教师应具备的基本素质。笔者在多年的教学工作中,也进行了大胆的尝试,收到了较好的效果。

一、情绪调控,筑活力课堂

笔者认为,调控好课堂应从调控好自己的情绪开始。情绪、情感具有感染性,教师的情绪直接影响着学生的情绪,是影响学生注意力最敏感的因素之一。倘若教师板着脸,学生就会望而生畏、敬而远之。如果教师态度不好,学生就会胆怯紧张、焦虑不安。如果教师无精打采,讲课有气无力,学生就会情绪低落、心不在焉,甚至睡意蒙眬。因此,教师在课堂教学中要努力将自己的情绪调整到最佳状态,不要把生活中一些不好的心情带入课堂,要始终以饱满的激情投入教学,关爱学生,以自己积极、乐观、激昂的情绪带动学生。

首先,教师应在上课前将自己的情绪调整好,以尽快进入教学"角色"。一是排除干扰,课前提前2分钟到教室门外,做几次深呼吸,把一些杂念、不良情绪排除在教室之外再走进教室;二是意念控制,让自己想象一些美好的事物,如阳光、山川、大海,让自己身心舒畅,感受到快乐再进教室。这样才会以饱满的、愉快的、积极的、自信的情绪投入教学,为学生创设一种良好的学习情境,使学生在潜移默化中受到教师情绪的感染,随着教师的快乐而快乐,随着教师的激奋而激奋,全身心地投入学习中去。在这样轻松、愉快、和谐的教学氛围中,教师的教学生动活泼、思路流畅,学生的学习情绪饱满、思维活跃,整个课堂教学便处在教师积极主动的情绪调控之中,形成良好的教学气氛。

其次,教师在讲解不同教材内容时应表现出不同的神情。例如,用热情自豪的神情讲祖国丰富的旅游资源,笔者这样描述:"我国有秀丽多姿的湖光山色、风景如画的避暑胜地、阳光和煦的海滨浴场、四季飘香的春城美景、雄伟壮观的古代建筑、珍贵罕见的历史文物、奇异多样的花卉禽兽、丰富多彩的民族文化、绚丽多姿的风土人情。"用严肃忧虑的神情讲当前面临的环境、人口等问题,在讲述草原荒漠化时笔者描述道:"内蒙古的呼伦贝尔大草原曾是'天苍苍,野茫茫,风吹草地见牛羊'的美丽景象,但由于人们长期过度放牧,草场退化,许多美景已不复存在,取而代之的是'一阵大风沙,回头不见家'的凄凉景象。"使学生深刻认识到破坏草原是多么愚蠢的做法。这样学生就会情不自禁地与教师的喜怒忧乐产生共鸣,达到"未听曲调先有情"的境界。

二、能力调控,展魅力课堂

课堂调控要得法,还需要教师不断地学习钻研、归纳总结,不断地提高自己的素质。一看教师是否有足够的知识素养,对学生感兴趣的事物是否能如数家珍;二看教师对于整个课堂的驾驭能力;三看教师最基本的技能要求,如教师的板书、教师的口头表达能力、教师的体态神情。此外,一位品格高尚的教师往往在学生心中有很高的威望,如知错必改、明辨是非、体贴学生、讲究卫生、举止文明。这些看似与课堂教学并无关系或关系不大的因素,教师若注意到了就能对学生起到潜移默化的影响。

(一)较强的学习能力

"活到老,学到老",教师一定要多学习、多看书,如教学杂志、教育理论著作、本专业期刊、经典文学作品。这些资料和书籍可以活跃思维、丰富语言,不断提高自己作为教师的教育教学的基本素质。"要给学生一碗水,自己得准备一桶水。"因此,教师在课外要通过广泛的阅读接受新信息,提升对学生个性、心理的认识水平,始终让自己有"一桶活水"。还应常常听别人的课,取他人之长,补自己之短。就算其他学科与自己所任的学科关联性不大,也总有一些管理学生的方法可以借鉴,更何况如今也在提倡学科边缘化、学科间整合,正如梅兰芳所说的:"不听别人的戏,就演不了自己的戏。"

(二)积极的思维能力

多思是知识内化的必经之路,只有多思才能把读来的知识变为教师的能力。每个教师面对的学生既有共性,又有个性,应用怎样的方式去启发、鼓励他们,这是对教法的思考。如何用思想去启迪、指导学生解题,是对学法的思考。此外,还有对教学内容、教学手段、教学媒体的思考等。教师的思维成果不仅可以丰富教师自己,还能为学生树立良好的榜样。

(三)广博的专业知识能力

广读多思是大备课,大备课是小备课(即写教案)的前提,小备课是大备课的物化。由于教学课堂变化性大,实施课堂调控的直接依据是课堂教案,所以教师必须夯实基础知识,精雕细琢,写好课堂教案。这就要求教师必须具备广博的专业知识能力。在教学中,教师要以具体的专业知识为载体,良好的课堂调控既要遵循教案,又要不拘泥于教案,毕竟教案是死的,师生的思维是活的。因此,教师要审时度势,根据课堂教学的实际情况灵活把控,认真对待每一节课。

(四)良好的亲和力

教师与学生打成一片的同时会出现一些弊端,学生很容易将与教师相处的情绪带入课堂,如果这时教师的调控能力不够而任其发展,整个课堂就会显得过于"热闹",就好比脱缰的野马拽都拽不回,也势必会影响教学进度、教学效率。因此,对于有些"混乱"的课堂,教师除了树立适当的威信以外,还要有亲和的教态。这里的教态是指除语言、行为之外的体态,包括面部表情、站立姿势以及言行激昂或低沉时的一些附加动作倾向,即常说的"一颦一笑,一举手一投足"。教态要有亲和力,让学生感到教师的和蔼可亲以及朋友似的关怀,这样才能营造关系融洽、配合默契的心理氛围。教态有多种,有母亲似的和蔼、大姐姐式的活泼、长者式的幽默等。教师要根据自己的特点选择适合自己的教态,也可根据不同教学内容创造不同类型的教态。好的教态能营造一种好的课堂心理氛围,或低婉悠长,或激昂奋发,或如诗如画,给人以美的享受。

(五)丰富的语言能力

语言是人们交流思想感情的工具。苏联教育家马卡连柯曾说:"教学语言是最重要的教学手段。"在课堂教学中,知识的传播、思维的引导、认识的提高和能力的培养,处处都需要通过语言这个载体来实现。课堂教学无论用什么形式和方法,都离不开教师的语言。因此,对课堂教学的有效调控,在一定程度上首先取决于教师的语言组织和表达能力。教师的教学语言应当准确科学、符合逻辑、遵循语法、通俗流畅。这样,学生才能乐于接受、易于理解、印象深刻。教师的教学语言应当简明扼要、内容具体、生动形象、富有感情。这样,才能集中学生的注意,调动学生的学习积极性。教师的教学语言还要语音清晰、音量适度、语速适中、有节奏感、音乐性浓。这样,才能增强语言的吸引力和感染力,提高课堂教学效果。教师的语言还要幽默风趣。这样,才能解除学生的疲劳,活跃课堂的气氛,激发学生的学习兴趣。

教师在教学中讲究语言的艺术和技巧,课堂调控将会收到事半功倍的效果,如注意表扬与鼓励的策略。无论是学生还是成人,都愿意听表扬与鼓励的话。在教学中,笔者常采用夸张评价法(你的发现都超过了地理学家)、榜样评价法(这个小组合作得特别默契,希望其他小组也能向他们学习)、赞美评价法(你这种想法是教师都没有想到的)和假设评价法(如果这个地方改一下那就完美了)。地理教师在描述地理事物和现象时要生动形象,营造一种地理意境;在讲解地理概念和原理时要严密准确,深入浅出,化抽象为具体;在总结地理规律时要抓住要领,编成口诀,言简意赅;在讲述重点时可提高音量,减慢语速,适当重复;突出思想教育时要富于感情,声情并茂,使学生受到感染;在学生注意力分散时可暂时变换声调,幽默地提醒学生。这样,教师通过严谨生动、流畅优美的艺术语言牢牢地控制住了学生的注意力,时而将他们带入神秘的境界,时而将他们引入宁静的遐想,时而将他们引向思维的浪峰,使整个地理课堂教学处于一种张弛有度、跌宕起伏、生动活泼、饶有趣味的良性运作状态中。

教师在课堂上除了利用言语教学外,还应该重视非言语(面部表情、手势动作等)的沟通。例如,在讲我国西部的主要地形时,可将左手掌心朝下,五指分开,把左手腕上戴的手表比作帕米尔高原,拇指比作喜马拉雅山,食指比作喀喇昆仑山,中指比作昆仑山,无名指比作天山,小指比作阿尔泰山。其中,拇指和食指、中指间为青藏高原,中指与无名指间为塔里木盆地,无名指与小指间为准噶尔盆地。

在实际的课堂教学中,教师声情并茂的形象讲解而带来的情趣,事理充实的严密论证而产生的理趣,诙谐幽默的生动阐释而形成的谐趣,既可以激发兴趣、启迪思维,又能使师生之间的感情得以充分地交流,使课堂气氛处于教师的控制之中。

(六)敏锐的交际能力

在课堂教学中,师生的人际关系也有重要影响,它能改变学生的情绪体验和学习动机。良好的师生关系表现为师生互爱、彼此尊重和彼此信任等,它能使学生感到愉快、乐于学习。师生在课堂上相互影响、相互作用,是一个双向的互动的过程,而师生间的影响则靠人际沟通来实现。人际沟通是人与人之间通过言语和非言语的手段交流信息的过程。

课堂上,师生的言语、表情、眼神、手势、体态等无一不透露其内心活动的情况,通过观察可以大致了解对方的态度、心理状态等。经验丰富的教师往往非常敏锐,能捕捉学生的表情变化,判断其心理状态,如学生是否有兴趣、是否在积极思考、是否走神了。教师根据学生的反馈信息,随时调整自己的教学速度、方法,以便调动学生的积极性,减少学生过度紧张或消沉的情绪。同样,学生通过观察也能了解教师的内心情况。如果一个教师嘴上说关怀学生,身体、语言却表露出冷淡、拒绝的信息,学生就不会相信教师。这就要求教师对待学生要真诚,这样,才能让学生信任自己。为了调节课堂的心理气氛,教师可巧妙地使用非语言的手段引导学生注意,并温和地纠正学生的不恰当行为。例如,一个学生走神了,有的教师会停下讲课,点名让他听讲。这样一方面容易伤害这个学生的自尊,另一方面也会使全班的注意都受到干扰;相反,如果用眼睛注视他或者慢慢走近他的座位,学生就会很快注意到,纠正自己的行为。

(七)调整节奏的能力

教师讲课时应该保持一定的节奏。教学节奏太慢,学生听懂后教师还在重复,会使学生厌烦,造成消极的课堂气氛;教学节奏太快又会使学生没有充分的思考时间,不能理解知识,使学生受挫,从而造成压抑状态或引起对立情绪。因此,教学的节奏应该既能保证学生有充分的时间思考,又能使学生不断面临新的学习任务。教学节奏还应该有所变化,时快时慢,总是保持一样的节奏也会使学生厌烦。教师在课堂上要高度关注学生学习的状态,随时与学生沟通,根据学生的反应不断调整节奏。

三、兴趣调控,创欢乐课堂

所谓兴趣,是指人们积极探究某种事物和爱好某种活动的心理倾向,是推动学生获得知识和技能的直接内在动力。当学生有学习兴趣时,其学习总是积极主动、乐此不疲的。美国教育学家布鲁纳认为,"学习的最好刺激,乃是对所学教材的兴趣。"爱因斯坦也指出:"兴趣和爱好是最大的动力。"

地理知识内容丰富多彩,上至天文,下至地理,近及家乡,远及全球。如果教师能从不同角度启发、诱导,改革教法,挖掘教材内在的吸引力,提高课堂艺术,就能满足学生的心理需求,激发起学生浓厚的地理学习兴趣。教师或以生动形象的语言向学生描述绚丽多姿的地理事物和现象;或采用直观手段,在学生面前展示无奇不有的大千世界;或创造地理意境,把学生带入"想象"的王国中探索。这些以趣激疑、以趣激思的方法,可以把"死"课本变成"活"课堂,也可以将地理课堂教学的主动权牢牢地掌握在教师的有效调控范围内。

(一)精心设计课堂引言

俗话说:"万事开头难。"每节课运用多样的引言是抓住学生的关键。地理教师平时应注重收集一些与地理有关的素材。素材要恰当新颖,具有启发性、科学性、艺术性和趣味性。教师应善于利用情境教学法,巧妙地选择地理知识的结合点,用生动的描述激发学生浓厚的学习兴趣,起到"一石激起千层浪"的效果,使学生进入最佳求知欲状态。以下是四种引言的设计方式。

第一,地理谜语式。由"容千山万水,纳五湖四海,藏中外名城,装绚丽多彩"猜一地理名词引入"地图"一课。

第二,地理诗歌式。在讲"天气与气候"时,引导学生背诵岑参的诗"忽如一夜春风来,千树万树梨花开"。然后提问:"这两句诗描述的是天气还是气候?"

第三,数字警醒式。在讲我国人口问题时,可用缓重低沉的声音朗诵一则材料:"2011 年 4 月 28 日,国家统计局局长马建堂发布 2010 年第六次人口普查登记(已上报户口)的全国总人口为 1 339 724 852 人。与 2000 年第五次全国人口普查相比,十年增加 7 390 万人,增长 5.84%,年平均增长 0.57%,比 1990 年到 2000 年的年平均增长率 1.07%下降 0.5%。"数据表明,我国人口增长处于低生育水平阶段。从而惊醒学生正确认识我国人口问题,引入新课。

第四,新闻报道式。在讲地震时,可播送新闻材料:"北京时间 5 月 12 日 14 时 28 分位于北纬 31°东经 103.4°的四川省汶川县发生了 7.8 级强烈地震,到 16 日 14 时,汶川地震死亡 22 069 人,受伤 168 669 人,而与它相邻的北川县、德阳市、都江堰市、眉山市、茂县等直接死亡人数达到了 21 577 人,与四川相邻的陕西、甘肃、河南等省死亡人数也达 700 人。在这次灾难中,有很多人失去了自己的亲人,而汶川等最严重的灾区余震时有发生,还有很多人在废墟下等待救援,学校和医院是受灾最重的地点……"这时,学生都迫切地想知道为什么会发生地震、地震有何特点、怎样才能及时预报地震。从而活跃了学生的思维,激发了学生的求知欲。

总之,引言要"新巧",即要有"新"意,又要"巧"妙入题,趣味盎然,这样才能引起学生极大的注意,激发学生的学习兴趣。

(二)恰当采用电化教学

传统教学的主要工具是一支粉笔、一块黑板、一个板擦,课堂教学的形式是单一的,内容是枯燥的。电化教学进入课堂后,打破了传统教育模式。教师在教学活动中,合理地运用幻灯、投影、电影、电视、录音、录像、语言实验室、计算机等现代教育媒体,并与传统的教育媒体相结合,充分创造出一个图文并茂、有声有色、生动逼真、妙趣横生的教学环境。这一环境所表现的图像和动画,彩色的变化及配音,具有形象性、生动性、趣味性和变化性,能引起学生的注意,能让学生通过听、视等多种感官对所学知识内容产生兴趣,从而将学习化抽象为具体、化被动为主动,提高学习效果。例如,在讲"印度"时,可播放电影《阿育王》中的舞蹈片段,让学生欣赏并感受印度的音乐与服饰文化,使学生如临其境,加深对印度民族文化的认识,从而达到理想的教学效果。

电化教学只是一种辅助教学的手段,并非用得越多效果就越好。在进行电化教学时,教师应把握好使用时机,正确处理好其与粉笔、黑板、普通教具、语言表达等传统教学手段的关系,根据学生的认知规律和特点恰当地选用,使之成为启迪学生认知、思维的工具,而不是教学内容的展示工具。

(三)适时开展学生活动

在开展课堂活动的过程中要注意"动""静"结合。"动"应贯穿于教学课堂的始终,"静"是"动"的一种特殊的表现形式。学生要在动脑想、动口说、动手做的过程中学习。无论是动口还是动手,都需要动脑,而动脑时可能表现为默然不动,呈现静态。如果整堂课只是单调地动口、动手或动脑容易使人疲劳,所以教师的调控应使课堂呈现动静交替出现的状态,即师生互动、师生互静、动静互衬。一节好的教学课好比是师生共同演出的优秀话剧,教师和学生轮流当主角,互为配角,师"动"则生"静",生"动"则师"静",在课堂上形成师生一体、"动""静"互衬的和谐场面,做到"放"得开、"收"得拢。这种收放自如是一种境界,火候拿捏恰到好处是一种艺术,有利于学生保持愉快的情绪,提高学习质量。

在地理课堂教学中,笔者一直坚持组织、指导学生独立或合作参与"奇趣地理"课前3分钟知识演讲、"我的课堂我做主"和"我当小教师"等课堂活动;采用分组、随机或推荐等多种形式选取代表参加课堂知识竞赛;引导学生对自己感兴趣的话题撰写地理小短文、小片段;让有美术功底的学生绘环保漫画。学生大都有好奇、好胜的心理,在课堂上适时设计一些这样的活动,会有意想不到的效果。当然,课堂教学不要追求虚假繁荣,那种表面上花里胡哨、蹦蹦跳跳的课堂并不一定是现今教学追求的"活"。"活"与"乱"要区别开来,一般来说,"收不回"的就是"乱","收得拢"的才是"活",收放自如才是真功夫。

(四)大胆创新教学方式

大胆创新教学方式,让学生喜闻乐见,加大课程本身吸引人的砝码。曾经一位专家谈到他在日本听了一节关于"空气"的课,教师让每位学生拿了一个塑料袋,然后让同学们一兜,这时教师就说:"同学们知道这里面装的是什么吗? 空气! 我们感觉不到它,但事实证明它确实存在!"然后和学生一块探讨,学生表现得争先恐后、积极踊跃。25分钟就结束了2课时的内容。

兴趣是非智力因素,在教学过程中如何利用各种教学手段和方法来激发和培养学生的学习兴趣已引起人们的关注。兴趣是最好的教师,学生有了学习的兴趣,自然就成为欢乐课堂真正的主人,从而体现学生的主体性。

四、机智调控,建和谐课堂

课堂教学中各种不期而至的偶发事件常令教师头痛不已。例如,静静的课堂上一学生突然怪叫;放录音时教室突然停电;讨论问题时两个学生突然扭打在一起;一学生做鬼脸引起全班哄笑;突然一只蜜蜂或蝴蝶飞进教室。这些偶发的事件及其他各种类型的课堂问题如果处理不当,就会引起课堂内的混乱,就会影响正常的教学秩序,从而严重干扰正常的教学活动,甚至会导致一堂课教学的失败。在课堂教学中能否妥善处理各种偶发事件,在一定程度上取决于教师是否具备了良好的教育机智和素养以及是否掌握了一定的"应激"方法与技能。当然,从根本上讲,这些能力和教育机智、素养都是在长期的理论学习和教学实践中逐渐形成的。教师在日常教学中要不断探索,勤于积累,有针对性地提高自己这方面的能力。这样,当课堂发生"意外"时,教师就可以凭足够的教育机智,冷静镇定地进入"应激"状态,做到临"危"不乱,处变不惊,当机立断,及时采取适当的处理措施,化被动为主动,巧妙地处理好这些偶发事件,有效地调控课堂教学。

(一)暗示法

暗示是利用一些非语言性的动作、表情、行为手段等向别人传递某种信息,以达到一定的目的和效果。对学生在课堂内交头接耳或微小动作等违纪行为,教师宜采用暗示教育,即通过对教育对象的暗示,促使其在思想上自我认识、自我谴责,从而实现自觉改过。教师眼神和面部表情的变化也可以起到控制学生注意的作用。

眼睛是心灵的窗户，教师要善于用眼睛表达情感，这是课堂管理的一个妙招。教师与学生的目光接触可以表达教师对学生的暗示、警告、提示和制止，也可以表达期待、欣赏、鼓励、探询、疑惑等情感意图，让学生领会并修正自己的行为。通常看到的情景是班上纪律乱了，有的教师听之任之、视若无睹、充耳不闻，这当然不好；有的教师则是勃然大怒，狠敲桌子，吆喝声比学生还大，这也不见得正确有效。显然，教师的威严不是靠大声吆喝建立的。恰恰相反，"最好的纪律是使教师和学生都感到舒服的纪律"，教师应学会使用温和的"命令"，如声调高低缓急的变化、眼神的凝视、表情的变化。例如，教师在上课的时候会发现一些学生讲悄悄话、开小差，但课讲到一半，不好停下来，学生的行为又不能不管。这种情况下，教师可采用目视法，一面讲课一面用眼睛盯着这个学生，直到这个学生发现有双眼睛盯着他，把注意集中到课堂上为止。

目视法的作用是很大的，一位学生在日记中写道："上课的铃声响了，可我的小说正看在兴头上。管他呢，悄悄地看就行了，我边看小说边故意抬头望着教师听课。一抬头，教师正专注地看着我，微笑着轻轻摆了摆头。我的脸唰地一下红了，赶紧把小说塞进书桌里专心地听课了。教师没有批评我，可她那饱含深意的眼神更使我惭愧。"暗示教育不仅不会因训斥学生而分散全班学生的注意，还会有效地及时终止学生的错误行为；不但保护了学生的自尊心，对全班学生也会起到"隐蔽性"的强化教育作用，还会为继续教育铺垫情感基础，教师更会赢得学生的崇敬和爱戴。

但是，当眼神暗示无效时，教师就需要变"温和的命令"为"温柔的征服"，即行为暗示（动作暗示）。适当的姿势动作比语言更省时间，也更能避免气氛呆板，增加讲课的力度，增强感染力。例如，有的学生特别是坐在后面的学生,认为距离教师比较远,就开始做一些小动作,教师可以边讲课边走近他,这时他肯定会知道自己的行为已被教师发现,从而马上重新投入课堂。因为是悄无声息地纠正,学生心理上不会产生抵触情绪。教师还可用手或书本轻敲课桌,或者轻轻地摸摸违纪学生的头等,都能收到很好的暗示效果。

由此可见,课堂上无声的语言有时比有声的语言更有效果。它能传递丰富的信息,让学生立即明白教师的意图,有助于师生间的沟通与交往,在调控某些学生的注意时也不会干扰其他的学生,不会影响教学的进程,还会对课堂起到积极的调控作用。

(二)停顿法

上课时如果发现大部分的学生没有注意听课,这时再讲下去也只是事倍功半,教者切不可为了完成任务,自顾自地讲下去。这时教师可以停下来,一言不发,不听课的学生突然感到课堂有些异样,从而把注意力集中到教师的身上,教师可借机会对学生讲这个内容的重要性,从而顺利上课。如果讲授正在进行时,对轻微的违纪,一般不宜出声批评或训斥,否则会造成"一人得病,全体吃药"的结果,会偏离教学主题,学生的注意力会转移到遭受斥责的学生身上。同时被斥责的学生的自尊心会受到伤害,进而出现心理压抑而惴惴不安,无法继续静心听课。脾气倔强的学生还可能故意与教师唱反调,在更大范围内扰乱正常的课堂秩序,甚至损及教师在学生心中的形象或威信,降低教师的教育效能。我国的一项研究也表明,由教学不民主、气氛压抑而引起智力下降的为60%~80%。因此,教师不妨把问题暂时搁置,留待课后解决。适当的停顿,能够有效地引起学生的注意,可以产生明显的刺激对比效应,喧闹中突然出现的寂静,就犹如万绿丛中的那一点红,可以紧紧抓住人的注意力。但停顿时间不宜过长,长时间停顿反而会导致学生注意力涣散。

(三)强化或淡化法

课堂的信息十分丰富又十分复杂,既有有效信息的存在,也有无效信息的发生。因此,教师的课堂调控应该是将有效信息增强、放大,让无效信息慢慢被同化的调控过程。例如,当学生们在课堂上争论不休且有些学生显得不耐烦时,教师就可以通过语言提醒学生"能听别人发言,不仅是会学习的表现,更是尊重别人的表现",同时对随后学生的发言给予鼓掌表扬(强化),对随便乱发言的不予理睬(淡化),这样的强化和淡化就会使课堂气氛得以及时调控。

(四)适时点拨法

课堂气氛有时会达到"沸腾"状态,或为某一个问题争论不休,或有个别学生"跑题"。这时教师就需要适时调整教学的基调,使用适当的点拨艺术,使学生的思维回到正确的轨道上来,以保持思维的紧张度和严密性,宽松而不涣散,严谨而不紧张。例如,一次上课铃响过后,笔者走进教室,发现一位学生正在擦黑板,粉尘弥漫,还有不少学生大声吵闹。笔者正要训斥学生,忽然想到这节课是讲环境保护,于是幽默地说:"同学们请看,这里粉尘飘飘洒洒如瑞雪,教室吵吵嚷嚷像闹市。"学生们默不作声,面面相觑。笔者若无其事地继续说:"在这种环境中学习能行吗?"学生随口答道:"不行!""那么,怎样保护好我们的环境呢?今天,我们就来学习环境的保护。"这样,乱糟糟的教室就成了笔者导入新课的话题,既教育了学生,维护了课堂教学秩序,又激发了学生的求知欲望。

(五)变声法

部分学生走神或者做一些与课堂无关的事情时,是在埋着头的,根本不能发现教师的目光。教师这时就应采用声音控制,即教师通过改变讲话的语调、音量、节奏和速度来引起和控制学生的注意。例如,在讲解中突然提高或降低自己讲话的声音,加快或放慢讲解的速度,可以起到加强注意和突出重点的作用,有助于引起学生的注意,让学生意识到自己在走神,从而将注意力重新集中到课堂上来。这就是心理学上无意注意的原理。

此外,提问法、冷却法、变换活动方式法、装糊涂法、心理换位法等也都是机智调控课堂行之有效的方法。可以说,课堂调控是教学工作的关键部分。教师的能力首先依据课堂调控而被评价,他们的成功也以课堂调控为基本前提条件。当然,驾驭课堂的方法有很多,也因各人的特点而异。课堂调控所使用的方法也不是单一的,有时可能同时用上几种方法才能奏效。只要教师在教学中不断摸索,就一定会找到一套适合自己的方法,成功高效地完成课堂教学。但必须牢记,任何调控对策都必须服从这样一个师生关系的基本准则——教师应予学生尊重并始终保持自重。

总之,课堂调控是一门艺术,掌握课堂调控的技巧,提高课堂教学的艺术性,从而对课堂教学进行有效调控,是师生沟通感情、加强信息交流的关键,是教学获得成功的关键。教师要想在课堂上游刃有余、调控适度,不仅要有扎实而深厚的知识功底,深入领会新课程,还要对课堂教学策略和方法有深入的研究,要从教育学、心理学角度认识学生、研究学生,更要在教学实践中不断尝试、不断反思和进一步改进,这是一个长期的反复实践探索的过程。有了这个过程,教师的能力将不断提高;教学的艺术将逐渐形成;课堂教学的理想境界将在探索中得以实现。

第十七节 创新型地理教学

在 20 世纪 20 年代,陶行知提出并实施创造教育。江泽民同志在第三次全国教育工作会议上指出:"教育是知识创新、传播和应用的主要基地,也是培育创新精神和创新人才的摇篮。"创新型人才的培养依靠创新教育,地理教学是实施创新教育的重要阵地之一,创新地理教学的实践与应用是培养学生创新能力和实施素质教育的关键所在。目前,创新教育理论研究的深度与广度都达到了一个新的层次,在许多问题上都有了一定的突破。然而,对创新地理教学的研究还支离破碎,缺乏系统性,还没有形成一种完善的教学模式,创新地理教学的实践和应用还需要不断探索、研究和完善。本书的创新点在于通过对教学内容、教学目标、教学环境、教学评价、地理教师、学生的分析并结合实例,总结出创新地理教学实践与应用的方法途径和措施。本书将围绕"地理创新教学"这一主线,分析创新型地理教学。

一、创新型地理教学的可行性

地理是一门跨文理的综合学科,非常有利于实施创新型地理教学。地理学科研究的对象是地理环境。地理环境是一个巨大的自然和人文共同作用的系统,其对象极其广阔,要素异常复杂。地理知识的广泛性使地理学科与其他众多学科建立了广泛的联系。这无疑有助于培养学生的综合能力和创新能力,所以中学地理在创新教学中占有独特的优势。

中学生正处在生长发育阶段,无论是智力经验还是知识积累都存在不足,他们的思想不会受到许多限制,这是中学生具有创新能力的可贵之处,实施创新地理教学有利于挖掘他们的创新潜力。21世纪需要具有创新素质的创新型人才,所以利用创新型地理教学对学生进行创新教育不仅是必要的,还是可行的。创新地理教学是素质教育的最新体现,是素质教育的主旋律。

二、创新型地理教学的特点

创新地理教学是在素质教育理论的指导下,根据地理学科的特点,采用有关创新理论与方法,把地理学、创造学、教育学、心理学和人才学等有关学科有机地结合起来,运用于地理教育活动,从而形成的一种新的地理教育方式,旨在培养富有创新精神和创新能力的学生,与传统教学模式相比有着诸多的不同之处。笔者认为创新地理教学有以下五个特点。

第一,传统教学模式以单纯传授知识、掌握技能为教学目标,而创新型教学模式的教学目标是在学生建构知识和解决问题中培养创造性,促进个体全面发展。

第二,传统教学模式中的教师是知识的传递者、灌输者,是知识的权威,是教学的中心;而创新型教学模式中的教师则是教学活动的组织者,是学习者、参与者和研究者。

第三,传统教学模式中的学生是知识的被动接受者,是教学的配角;而创新型教学模式中的学生是知识的主动建构者,是学习的主体。

第四,传统教学模式中,师生之间是服从与被服从的关系。他们彼此之间的沟通少,缺乏互动。教师与学生都以教材为中心,以考试内容为指向。而创新型教学模式则以学生为中心,以学生发展为本,一切教学从学生实际出发。

第五,传统教学模式的教学手段单一,课堂枯燥单调;创新型地理教学充分利用图形、声音、实物、多媒体课件等,使课堂气氛很活跃。

三、创新型地理教学的要素

构建创新型地理课堂教学模式应具备以下五个要素。

第一,创新型地理教学内容。教学内容是课堂教学的重要组成部分,创新型地理教学内容不仅要有利于学生学得知识,还要有利于创新型地理教学的展开,有利于启发、引导学生,培养学生的创造性思维。

第二,创新型地理教学目标。在课堂教学的诸多因素中,教学目标居于重要地位,它决定着教学活动的展开。

第三,创新型地理教学环境。学生的创新行为与课堂教学气氛密切相关。良好的课堂气氛是产生创新学习行为、培养创新型学生的必要条件。

第四,创新型地理教师。地理教师的教育教学观念和能力要做到与时俱进、不断创新。

第五,创新型学生。在地理教学过程中,教师可以对学生进行各种地理思维方式的训练,教会学生使用有效的手段学习,使学生开拓思路,培养学生的发散性思维,激发思维的求异性,展示学生的创新本能。

第四章 新课程标准下创新地理学研究

第一节 创新能力的培养

创新能力的培养关键在于基础教育,学科教学对培养学生的创新能力起着非常重要的作用。这就要求地理教师要不断探索教育规律,运用恰当的教学方法传授知识,适应地理教学的需要。

一、激发学生的创造动机和培养学生的参与意识

正确的学习动机是学生学习主动性、积极性、创造性的内在动力,在地理教学中要让学生懂得创新的重要意义。创新是时代的呼唤,创新是我国实现社会主义现代化建设的现实需要,创新也是个人自我发展的必备素质和未来竞争的前提。一个国家拥有创新人才的多少,将决定经济发展的快慢和科技进步的大小。当学生明白了创新的意义后,他们就会产生强烈的创造动机和责任意识,自觉地为中华民族的全面振兴和美好的人生去创新。

在教学过程中,教师应让学生充分地参与,让学生通过观察思考,自己提出问题,发现问题,确定探究课题,自主探究,自主得出结论,只有这样才能达到创新学习的目的。不论是学生探究的能力还是学生的问题意识和创新精神,都要通过亲身实践才能逐步形成。

二、在搜集思考中求最佳

中学生已经养成一个问题连续思考并产生多种想法的好习惯。针对这一特点，教师拟定一个问题供大家讨论，集思广益，待大家充分发表了自己的意见和方法后，教师从中选择出一个最佳方案。这种思考方法与学习方法的作用在于学生在讨论中都会提出有创见性的独特见解以及解决问题的新思路、新方法和新途径，在热烈的讨论中迸发出创新的思想火花。这些设想与建议是地理课本中找不到的，是学生自己利用所学知识结合创新意识思索出来的，也体现了学生集体的智慧。

三、将相关学科知识运用到地理教学中

地理学科的学习还要运用其他学科的知识。这就要求教师要熟悉相关学科知识并恰当运用到地理教学中，开拓学生的视野和思路，促使学生创造能力和多方面思维能力的增强。学科之间的联系是对教材的补充和延伸，教师要有的放矢，恰如其分地运用到地理教学中，不断培养学生的地理思维能力。

四、打破常规求创新

在现在的地理教学中，教师应该把课堂上的知识转化成现实中的问题，以提问的方式讲授知识。这类问题的提出会使学生不拘泥于固有的思维定式，不局限于既定的理解，从而摆脱了固定思路的束缚，拓宽了学生的思路，并使学生创造性地认识地理现象，活跃学生的思维，激发学生的独创热情。教材中要解决的问题很多是已知的、现成的，常常是一个答案。仅对教材中已有的标准答案进行记忆，思维会在定式化了的、封闭狭窄的、受到各种限制的单轨思路上发展，从而导致思维的刻板僵化，形成消极的思维定式，这对创造性思维的培养是十分不利的。教师要注意搜集克

服思维定式的信息,并设计独具匠心、激发学生探究心理、打破思维定式倾向的问题,启发学生从新的角度、相反方向、不同途径去思索和探讨。

第二节 培养中学地理教学创新能力

创新思维并不是一种独立的思维类型,而是多种思维方式的综合。创新活动本身是一种探究活动,提出问题到解决问题的整个过程包含着许多曲折反复的因素,因而需要有多种思维方式的参与。只有突破刻板思维的约束,综合灵活地运用多种创造性思维方法,才会有非同寻常的创造。思维过程中少不了分析综合,没有分析,认识不能深入;没有综合,认识不能提高,它们之间的关系是相互依存、紧密结合的。因此,地理教学应严格遵循分析—综合—再分析—再综合的规律,培养学生创新思维能力。通过对各种地理现象的分层剖析,将各个组成部分的特征辨析清楚,再加以综合概括。这样既能获得完整的知识,又能激发和活跃学生的创新思维。

一、积极开展课外活动,提高学生的创新能力

要开拓学生的视野,提高学生的思辨能力,培养学生的创新精神,就必须开展地理课外活动,让学生将所学的课本知识与日常生活、生产实际和社会实际紧密结合起来。地理课外活动是地理教学的重要组成部分,它不仅是课堂教学的补充与延伸,还是理论与实践相结合的教学形式,是更广阔、更生动、更富有吸引力的大课堂。

开展地理课外活动的形式是多样的,教师应根据本校所在地区周边环境和实际能够提供的条件,选择开展适当形式的地理课外活动。无论哪

种形式的课外活动,都要力求内容丰富。教师要做到每个过程方法妥当、目标明确,这是确保课外活动完成的重要环节。笔者学校结合本校实际开展的地理活动形式多样,小型课外活动常年坚持,如气象小组、教具制作;大型课外活动也吸引了许多学生参加,如野外考察、各种地理报告。

二、中学地理教师一定要有创新意识

在地理新课程实践中,中学地理教师一定要有创新意识,这是地理课堂教学创新的关键。

地理新课程要求培养现代公民必备的地理素养,满足学生不同的地理学习需要,重视对地理问题的探究,强调信息技术在地理学习中的应用。因此,中学地理教师要从教学创新做起,争做创新科研型教师。教学创新源于教师教学中的问题和困惑,教师要对教学目标、教学设计和教学行为进行创新,探讨教学的得失成败,撰写教学案例、教学后记等,回顾教学过程,调整教学策略,寻求最佳方案,积累教学经验。

新课程实验初期,中学地理教师面临着巨大挑战,传统的教学方法不能适应新课程的要求,教师在教学中产生了种种困惑。例如,以前的地理教材结构清晰、知识丰富、重点突出,教师只要按照大纲和教材的要求,照本宣科地讲清知识点,就能完成教学任务,学生就能考出好成绩。而现在的教材变了,书本上现成的知识少了,取而代之的是大量的学生活动,这些活动怎么处理?只单纯讲解,不符合新课程标准要求;让学生活动,教师又不放心,怕学生乱了,掌握不了知识点,影响教学成绩。这就要求教师要围绕这些困惑积极进行实验,从教学的创新设计、教学创新活动的组织和调控,到教学效果的检验,从中总结经验教训。教师在教学中探索、反思和再创新,解决了一个又一个难题,同时坚持撰写教学后记,对自己的课堂教学进行回顾、总结和评价,进一步了解学生的认知水平,改变教学思路,完善教学方法,优化教学过程。这样,教师的综合素质和研究能力不断提高,从而实现由教书匠到科研型教师的创新转变。

三、淡化教学形式,注重实效

新课程背景下的中学地理课堂教学方法创新模式应淡化教学形式,注重实效。对于新课程教学理念的理解和运用,要把握其实质,要神似而不能仅仅是形似。创新教学方法涉及教师如何教,其本质是如何调动学生学习的主动性,如何提高学生的学习能力。

教学方法创新应注意创设课堂情境。教师可直接利用教材中提供的素材进行情境导入,或根据课堂学习内容创设一个情境,或利用生活中的具体事例进行情境导入。在中学地理教学中,教师如何利用有利因素创设情境,营造气氛,激发学生的学习情趣,是使地理课堂妙趣横生的前提。地理是一门与社会现象紧密联系的学科,如讲"大气环境保护"中温室气体增加、全球变暖、臭氧层破坏与保护、酸雨危害及其防治时,可分别出示漫画,以引发学生思考,激发学生兴趣,让学生自己总结各种环境问题产生的原因和影响,再根据产生的原因找出解决的措施。学生在生动的漫画中,加深了对知识的记忆,从而掌握了知识。

教学方法创新应该注重学生的主体性和个性化发展。教学中,学生是主体,在以往的学习中,他们已经有了一定的经验和看法,即使一些问题尚未接触,没有现成的经验,但当新的问题呈现在他们面前时,他们往往可以基于相关的经验形成对问题的某种解释。这并不是胡乱的猜测,而是他们从经验背景出发的合理推导。所以在地理教学创新过程中,应把学生原有的知识经验作为新的知识生长点,引导学生从原有的知识经验中"生长"出新的知识。教师应在整个过程中激发和引导学生运用自己原有的知识去探知,去获取更大的收益。例如,在课堂教学中,笔者常将学生分组,围绕一个或一系列学习问题展开讨论,让学生各抒己见。在讨论中,笔者发现学生为了能使自己的见解引起大家的关注和认同,就要力求切合题意并有所创新,从多方面进行思考。这就促进了学生地理思维能力的形成,提高了他们分析、归纳和综合的思维能力。

为了更好地使学生的个性得以发展,教师必须改变传统的单一室内授课方式,应充分利用校内外课程资源,拓宽学生的学习空间,积极开展各种实践式教学,如地理观测、地理考察、地理调查。让学生在客观真实的环境中去学习、观察、分析和解决问题,让他们手脑并用、学以致用,去拓宽认知的视野,从而培养学生的实际操作能力和动手能力。例如,当学完"太阳高度"的知识后,笔者带领学生到学校新校门前利用"立竿见影法"测量本地在秋分日的正午太阳高度角;带领学生去观察学校附近新开公路的地层结构;还定期布置一些地理课外调查,如调查本地土地利用状况和农业生产情况,判断本地的农业地域类型,并分析其形成的条件,调查家乡人口数量和人口变化情况,探究人口变动对当地农业生产的影响。这不仅有助于培养和增强学生的学习能力,还能使学生的个性得以发展。

教学方法创新必须妙用启发式教学法,因启发式教学能够调动学生学习的主动性和积极性,让学生自觉地掌握知识、探究问题、提高能力。但要实现这一目标,最重要的是教师应选择好启发点,正确的做法包括以下两点:第一,把启发点指向教材的重点,让学生学有所思,思有所得。在学完高中地理"地球的自转和公转"后,笔者常用问题启发学生,如"假如地球只有自转而没有公转,一年会有四季变化吗? 为什么? ""假设地球公转时,地轴不是保持指向北极星的方向不变,而是也转了 360°,那么太阳直射点如何移动?对四季的形成产生什么影响?"。第二,从回答问题的"卡壳处"挖掘启发点。在讲"大陆漂移学说"时,笔者提出了这样一个问题:"冰天雪地,不毛之地的南极大陆为何有煤的存在?"学生一时很难想到南极大陆会漂移这个关键点。于是笔者提出一些小问题,如"煤由什么演变而来?""有森林的地方肯定不会位于冰天雪地的高纬度地区,那么应在什么纬度区?""南极大陆在高纬度地区,肯定没有森林,而现在有煤说明它在地质史上曾有森林,那么它曾在什么纬度?"。通过逆向反推,层层点拨,启发、引导学生最终得出南极大陆漂移的结论。这种启发可以使学生茅塞顿开、思维顺畅。

四、教会学生采用探究性的学习方式

新课程要求中学地理教师要教会学生采用探究性的学习方式,多渠道获取知识,注重提高自身的创新能力。在新课程下的中学地理教学中,教师应设法教会学生学会质疑与解疑,从而引导学生积极思考、施展才智并形成独立的个性。让学生在了解知识的过程中去关心现实、了解社会、体验人生并积累一定的感性知识和经验,使学生获得比较完整的学习经历同时在学习中培养学生探究性、开放性的学习方法和思维方式,如在讲授新知识时,笔者常常在旧知识与新知识之间架起一座桥梁,让学生自己"过桥",促使学生发现以前未曾认知的知识概念间的类似性、差异性以及各种关系法则的正确性,从而掌握发现问题、分析问题和解决问题的方法与能力。

在学习"影响气候的因素"时,分析完太阳辐射和大气环流对气候的影响之后，笔者让学生读"世界气候类型分布图"，在图上找出两个地区，即同是北回归线附近的我国长江中下游地区和北非地区，并查看这两地的气候类型，然后设问："为什么这两地都是在北回归线附近但却形成了不同的气候类型？"学生在这样的问题情境下，纷纷去查看课本、地图、资料，发现问题的根源，得出结论。这就激发了学生学习的兴趣，同时培养了学生的创新能力，学生既获得了知识又提高了能力。

总之，在中学地理创新教学中，教师一定要有创新意识和不断创新课堂教学的方法，激发学生学习的兴趣，注重对学生创新能力的培养并注重总结，不断地进步，不断地提高教学水平，提升自己的教学品位。这样既可以做到教学相长，又能很好地实现新课程理念的教学目标。

第三节　引导学生学习生活中的地理

在地理课堂上，如何引导学生"学习生活中的地理"是新一轮地理课程改革的重要理念，也是地理教学的主要内容之一。学习生活中的地理，学习对生活有用的地理知识，既有利于学生对地理学科的正确认识，又有利于学生在地理学习中不断增进对地理学科的兴趣和爱好，从而让学生掌握更多的地理知识，这也是地理教学的重要目标之一。

人总是生活在特定的空间，即特定的自然条件和人文背景中。从根本意义上说，学习地理是为了了解人类的生存环境，并在改造和利用环境的同时，协调人与环境之间的关系，达到"天人合一"，实现可持续发展。因此，在地理教学过程中，教师应密切关注周围的生活现象，并适时将其引入课堂，引导学生学习生活中的地理知识以及对生活有用的地理知识，让学生在地理学习中体验现实生活,在现实生活中领略地理知识。

一、结合学校生活中常见的现象,激发学生学习地理的兴趣

兴趣是学习的原动力,当一个学生对地理产生了比较稳定、持久的兴趣时,他必然会形成良好的学习动机。只有学生主观上愿意学、有兴趣学、有良好的学习习惯,由"要我学"真正转变为"我要学"时,才能自然而然地把地理学好。正如孔子所说:"知之者不如好之者,好之者不如乐之者。"

发掘学生在学校生活中常见的地理现象,对激发学生的学习兴趣有很大帮助,如笔者教室里贴的校历表及作息时间表。教师可以从作息时间表引入,帮助学生理解"太阳直射点的移动""昼夜长短的变化"等抽象和难懂的内容。例如,在讲"地球运动"时,笔者在课堂中提问学生:"这个学期,同样是 18 点 30 分上晚自习,为什么开学初时天大亮,而学期末时天已暗下来了?"同学听完后自然会七嘴八舌地讨论,这样就把身边鲜活的事物与书上的知识有意识地联系在了一起,不但可以帮助学生理解课本知识,而且无意中增加了学生学习地理的兴趣。

二、利用生活素材,拓展学习时空

教学过程生活化是知识化的重要条件,也是学生主动学习的基础。如果要使一堂课具有活力,就必须使课堂的生活案例丰富多彩,就必须善于捕捉生活中的信息并把它转化为教学材料。

20 世纪初,美国教育家杜威曾经强调指出:"学校的最大浪费是学生在学校接受一种脱离生活的教育。"这种脱离使学生在学校学习时就缺乏兴趣和快乐,并使学生在步入生活后发现他所学到的东西与生活是脱节的,不能解决生活中的实际问题。因此,学校教育应加强课程内容与现代社会、科技发展和学生生活的联系,开发、利用校内外一切课程资源,引导学生走出教科书,走出课堂和学校,在社会大环境里学会发现问题、提出问题、解决问题。俗话说:"社会生活才是真正的大课堂。"作为与社会生活联系非常密切的地理课堂,在平常的教学中就应要求地理教师适时地引入一些生活中的相关素材,并引导学生学会如何去发现问题、分析和解决问题,以拓展学生的学习空间,培养学生的综合能力。

例如,学八年级上册第三节"水资源"的问题时,笔者要求学生结合生活实际了解本市的水库分别在春、夏、秋、冬四个季节的蓄水和放水情况,再上网搜索一些关于本市水资源利用的资料,然后分析本市水资源在利用上存在哪些问题。通过分析,学生明白我市的水资源较为丰富,但同时发现污染比较严重,特别是工业废水的污染。最后教育学生在日常生活中应节约用水、杜绝浪费,因势利导地使学生树立正确的资源观,即爱护资源、节约资源和保护资源。

三、通过开展调查研究,进行体验性学习

体验性学习是一种新的学习方式,是指人在实践活动过程中,通过观察、实践、调查、研究感知知识,掌握某些技能,养成某些行为习惯以及形成某些情感、态度、观念的过程。在体验性学习中,教师的任务是创造条件让学生体验某种事实、问题、过程和结论。在地理课堂教学中,要体现学生的体验性学习,最为有效的方式便是为学生营造体验性的教学情境,创造条件让学生体验某种事实、问题、过程和结论,让学生在这一情境中活动,由切身的活动生发出体验性的学习,并由此感知地理,最终产生对地理知识的个性化的、独特的认识。

例如,在轰轰烈烈的"限塑令"颁布之初,笔者曾组织学生进行了一次

"关于校园使用塑料袋的问卷调查研究"(抽样调查：发了 300 份问卷,收回 280 份)。经过调查得出,全校平均每人每周要扔塑料袋 5 个,全校约有学生 1 900 人,则全校每周要扔塑料袋约 9 500 个,按每个塑料袋 2 克计算,全校每年要扔的塑料袋约重 1 000 千克。一间小小的学校就要扔掉那么多塑料袋,那么全国要扔掉多少塑料袋。目前,对于塑料袋的处理方法有两种：一是填埋在地里,二是焚烧。据了解,填埋在地里的塑料袋,需要约 300 年以上才能腐烂,这将破坏宝贵的土地资源,会对土地带来极大的危害;焚烧塑料袋将产生大量的有毒、有害气体,这些气体混入空气中就会形成酸雨,直接造成严重的经济损失,同时给人类的健康带来极大的危害。这次的调查研究让同学们亲身体验到：校园内存在比较严重的白色污染,治理白色污染刻不容缓;学校也要做好宣传教育工作,积极地去宣传白色污染的危害,培养学生的环保意识。中学生也一定要拿出主人翁的精神,在社会上适时宣传环保意识,从而使全社会都具有环保观念,这正是教育目的所在。

四、利用学科知识在生活的衍生性,引导探究学习

因为中学地理是一门具有社会学科和自然学科双重特征的边缘学科,学科知识具有较强的生活衍生性。这种衍生性为学生提供了质疑和思考的广阔空间。当教师引导学生把研究的视野定格在地理学科与生活案例边缘地带的时候,将改变学生的学习方式,增强学生的探究意识,激发学生的创造欲望。可通过学科知识与生活经验间的渗透与综合,培养学生创造和实践能力,提高学生的思维品质。

例如,在学习港澳地区与珠江三角洲"前店后厂"的合作模式时,笔者设计了一个探究性问题："随着珠江三角洲经济的迅猛发展,'民工荒'为什么会出现？"让学生分组进行探讨,笔者再适时引导,最后学生得出了两个结论:"珠三角"正在由劳动密集型向高新技术产业转变,对工人的技能要求提高了；随着经济的发展,劳动力成本上升,可以利用的土地面积减少了,"珠三角"已经逐渐丧失了丰富的土地和廉价劳动力资源的优势。由此可见,只要激发学生的兴趣,学生可以展现出无限的潜能。接着,笔者又提问第二个问题:"当'珠三角'的优势不再处于绝对地位时,港澳地区的产业扩散目标应选向哪里？为什么？"学生又马上投入新问题的探索、研究和讨论了。学生通过探究性学习,学会了依托现有知识,设计和实施简单的调查研究方法来检验课本知识,检验他人的观点；同时通过探究活动体验了学习的乐趣,提高了学生的实践能力及思维品质。

五、利用《新闻联播》掌握生活中的地理

在应试教育阶段,大部分教师常常用"两耳不闻窗外事,一心只读圣贤书"来鼓励学生要专心读书,但是这种理念已经很难适应当今的素质教育了。所以在地理课堂上,教师要渗透一些新鲜的东西,如电视台的《新闻联播》内容,若能适时地被纳入地理教学中,对于激发学生学习地理的兴趣、开发学生的能力、培养学生理论联系实际的能力有积极意义。因为《新闻联播》中的许多事情都和一定的地理环境相联系,更因为新闻是对于新近发生事实的报道,它贵在"新",有较强的时效性,容易引起学生的兴趣和普遍关注,也有利于培养学生关心社会、关心时事的责任感。久而久之,就会使学生掌握了许多书本上没有的新的知识,既提高了学生学习地理的积极性,使他们的学习由被动变为主动,还使学生养成自觉关心国家大事和世界热点的习惯。

总之,要适应新的课程改革,贯彻和落实新一轮地理课程改革的理念,即"学习生活中的地理,学习对生活有用的地理",就要在课堂上紧密联系学生实际,联系社会,联系生活。只有这样,新一轮的地理课程改革才能扎扎实实地搞下去,课程改革的路才能越走越宽并结出丰硕的成果。

第四节 对新教材的处理方法及创新

众所周知,课程在学校教育中处于核心地位,教育的目标、价值主要通过课程来体现和实施,所以基础教育课程改革是教育改革的核心内容。而我国现行基础教育课程体系存在着一系列不适应素质教育和时代发展的因素,课程改革势在必行。

如何实施新课程改革?教师要依据新课程标准,树立以"学生发展为本"的思想,而学生的发展应该是知识技能与方法、情感态度与价值观的全面和谐的发展,是积极主动的自主性的发展,是在差异基础上个性的充分发展。新的中学地理教材已经启用了,它在不增加任何课时的情况下,加大了知识训练密度,丰富了地理信息,促进了学生地理知识水平的提高,充分调动了学生课堂活动的积极性,引导学生在轻松愉快的语言环境中用学过的知识表达自己的思维。

中学教育属于基础教育,其目标是提高学生素质,培养全面发展的优质人才。新教材体系的构建打破了传统的先自然地理后人文地理的结构,根据"学习知识是为了应用"的原则,结合日常生活,将自然地理和人文地理交融在一起,以专题的形式编排。新教材适当增加了人文地理的比重,不拘泥于学科知识的完整性,将自然地理和人文地理较难的知识分散到各专题中,并适当降低难度,增强和日常生活的联系性,选择"生活中有用的地理"和"对学生终身发展有用的地理"，知识的讲述打破了以往从概念、原理出发的模式，而是从学生的生活体验和问题出发。

教师的教学方法也应该在传统教学的基础上有所改进和创新，为了提高学生的地理知识水平，笔者在日常的地理教学中主要采用以下四种方法来处理新教材，激发学生的学习兴趣，以便他们能够更好地接受和学习。

一、改变以知识传授为内容的框架

对当今世界共同关注的资源、人口、环境、可持续发展等问题，联系实际分析讲授，并通过讨论提出解决问题的办法。介绍当今国内外地理科学发展的新动向，如电子地图、臭氧层空洞、全球变暖、酸雨、沙尘暴、南水北调、大气环境监测、文化遗产保护，这样有利于学生形成危机意识和社会责任感。

二、知识的表述方式不拘一格，设计栏目丰富多样，图文并茂

新教材中图片资料极为丰富，增加了大量精美的景观照片，用直观的地图、景观照片和形象的示意图，让学生感悟抽象的概念或理论，有利于激发学生学习地理的兴趣，有利于培养学生地理空间概念、感悟知识能力和审美能力。

三、注重能力培养

重视地理基本方法、基本技能、实践能力、创造能力、空间想象能力、发散能力和思维能力的培养。注重典型个案（如行星风系与气候）的讲述，使学生获得分析个案的基本方法和基本技能。

四、注重实践活动和应用环节

新教材实践活动丰富多彩，启发性、探究性、开放性、研究性、参与性强,更贴近学生生活,能极大地激发学生兴趣,有利于培养学生发散性思维和创新能力、综合实践能力。学生活动多,设计循序渐进,注重知识的迁移、发散,注重学生主观能动性的发挥,注重方法和技能的应用,尤其是读图、用图的能力。答案具有多元性特点,不追求答案的唯一性,给学生留下广阔的思维空间。

总之,在地理教学中,教师若能根据教学内容和学生的心理特征将教材的趣味性与知识性相结合,便可调动学生的学习积极性,使枯燥的地理知识变得充满生气,活跃课堂气氛和学生的思维,加深学生对教材的理解以及对知识的巩固,从而提高学生的综合素质和理论知识水平。

第五节　地理教学的创新教育

素质教育的核心是创新教育,培养学生的创造性思维是当前教育发展的重要任务,也是新课程改革的目标之一。本书分析了地理新课程对培养学生创造性思维的作用,提出了通过地理课程培养学生创造性思维能力的新思路。

知识经济时代的到来,学生不再仅仅需要具备逻辑思维能力、语言表述能力、动手操作能力,也不再仅仅需要具备科学知识能力、社会评价能力、生活审美能力,更重要的是应具备独特的创新能力。在培养创新能力方面,地理学科具有独特的优势。地理亦文亦理,涉及自然科学与人文社会多方面的知识,具有综合性、实践性、时代性强的特点,更能激发学生质疑、探究、想象和创造的欲望。因此,只要努力用科学的方法激发学生的创新意识,培养学生的创新能力,就能发展学生的地理才能,还能养成学生超越自我、勇于创新的品格。

一、新课程地理教学对培养创造性思维的作用

在培养学生的创造性思维能力方面，不同的课程所起的作用不同。地理学是研究人类赖以生存和发展的地理环境以及人类活动与地理环境关系的一门学科。地理学与人类的生产和生活有着密切的关系，对培养学生创造性思维有积极的作用。

(一)为学生提供大量进行创造性思维培养的开放性素材

地理学具有不确定性，尤其是新课程为学生提供了大量进行创造性思维培养的开放性素材。人类在认识世界和改造世界的过程中，遇到的大致是精确领域和模糊领域两类问题情境。解决精确领域的问题往往只需要运用人类已掌握的具体的数学知识和科学技术就可以了。在模糊领域的问题情境中，如地理课程中涉及的"温室效应对气候有怎样的影响""几十年后，如果煤、石油、天然气等常规能源都用尽了，人类会怎么办""三峡水电站建成后，将会对我国的现代化建设有什么作用"。要解决这些问题，学生就要收集有关的资料，进行思维、归纳、猜想、想象，而这也正是提高学生创造性思维能力的必然途径。

(二)地理学有利于开发学生的大脑生理潜能

人的大脑分为左、右两个半球，它们具有高级智力功能。左半球控制右侧肌体的感觉和运动，侧重于理论思维；右半球则控制着左侧肌体的感觉和运动，着重于形象思维。人的右脑是一个亟待开发的智力世界。地球教材、教具及野外实物中有着大量的图像、模型、实体，它们以逼真的形象和方式经常作用于学生的感觉，促进其形象思维的发展，对开发学生右脑潜能具有极高的价值。教师要有意识、有目的地充分利用课堂教学及野外

观察活动中学生接触到的丰富多彩的地理现象,对他们进行启发、引导,以增强感受力、培养观察力、提高记忆力、丰富想象力、发展思维力、激发创造力,从而促进其生理潜能的开发。

(三)地理学能做到以美启真、完善智力、激发创造

美感不仅能引发愉悦感、强烈的求知欲和追求真理的强大动力,还因其形象性特征有利于人们形成形象思维与抽象思维互补互促的整体思维,有利于完善智力结构并激活创造能力,即"有利于创造活动的一般性条件"。所以,美能激活创造。地理学科本身就其研究对象来说,蕴涵着丰富的自然美、人文美等诸多美育内容。这些美育内容是大美育系统的重要组成部分。地理新课程从审美化的角度把握教学内容,实施教学,为学生创新能力培养提供了条件。

二、新课程背景下地理教学对学生创造性思维培养的途径

(一)转变教师的教育观念,是培养学生创新思维的保障

在新课程改革的地理教学中实施创新教育,首先要解决的问题是教师教育观念的转变。教师应该认识到,要培养具有创新意识和创新能力的一代新人,就必须改变我国传统的教学模式,变接受型教育为创新型教育,变学生的适应型学习为创造型学习。创新型素质教育的实施意味着教师由知识的占有者转变为学生学习的引导者,教师成为教学资源,其任务由过去以单纯传授知识为主,转变为以引导、教会学生学习的方法与信息的优化选择为主,教师的权威将不再建立在学生的被动与无知的基础上,而是建立在教师借助学生的积极参与促进其充分发展的能力之上。开展创新教育要求教师要建立新型的、民主的、平等的师生关系,打开学生心灵和大脑的"阀门",激发学生的创新潜能。

(二)激发地理学习兴趣是培养创造性思维的动力

心理学研究表明,兴趣是一种由于机体需要而产生的稳定的内驱力,是构成动机最现实、最活跃的成分,是学习入门和获得成功之间的"牵引力"与"黏合剂"。如果地理教师善于寓教于乐,使教学活泼生动,那么不仅有益于提高当前地理教学效果,还可能在学生心中埋下终生为之探索的种子。

(三)创设情境是激发学生思维的好方法

创设情境也是激发学生思维的好方法。所谓创设情境,就是教师利用一切条件,为学生创造一种有所感的境界。教师可通过一些形象风趣的地理载体把学生引入一定的创新意境中,让学生掌握有关的地理景观特征,借以丰富地理知识。例如,在讲到我国大陆西北部气温日变化剧烈的特色时,借用"早穿皮袄午穿纱,围着火炉吃西瓜"的语句来形容地理特征,使学生对温带大陆性气候有一个形象的了解。

三、地理课堂教学是培养学生创新能力的主渠道

实施创新教育的主渠道仍然是课堂教学。教师要注意构建和谐、民主的课堂教学氛围,同时要整合和优化教学目标,教学设计要强调发现知识的过程、创造性解决问题的方法和探究精神的形成,而不是简单地获得结果。

(一)开展课堂讨论,营造创新氛围

苏霍姆林斯基说:"不能使学生积极参与是教师最大的过失。"地理讨论式教学是一种开放式教学形式。这种教学方法充分体现了学生的主体地位,能够调动学生积极主动地参与教学。以若干人为一组进行讨论,可以克服学生的胆怯心理,使学生通过自己思考,自由地、畅所欲言地发表自己的见解。这样不仅有利于学生的相互启发和集思广益,还为每位学生提供了发言机会,有利于调动学生独立思考的积极性,锻炼学生独立思考的能力,为学生营造创新的氛围。

(二)强化问题意识,培养创新精神

创新从问题开始。培养学生的创新精神,首先要培养学生的问题意识。陶行知曾说:"发明千千万,起点是一问。"我国学生的问题意识比较薄弱,典型表现为两类:一是不敢或不愿提出问题,二是不能或不善于提出问题。因此,针对第一类学生,教师要适当结合探究式教学,创设民主、和谐、平等和宽松的氛围与情境,尽量多给学生提供问的机会,鼓励学生提出自己的不同想法、不同见解或由某一内容联想到的一些更有深度的问题;对第二类学生多采用启发式教学,精心设置问题情境,诱发学生的想象能力,鼓励发散思维、反向思维,从而激发和培养学生的问题意识,促进创新精神和创新能力的发展。

(三)革新教学手段,培养创新能力

教学手段为优化教学方法、提高教学效果服务,突出创新教育的课堂教学,要积极使用现代化的多媒体技术和计算机教学网络。充分利用网络的优势,广泛开展参与式、问题式、讨论式等强化学生能动性的创新教学方法,引导学生创造性地学习。网络本身的便捷性、开放性、交互性、虚拟性以及丰富、鲜明而形象的信息资源,为学生的学习提供了多种选择,能使学生自主地构建自己的知识体系,有利于培养学生的科学精神、学习能力和创新意识。

总之,地理学科是一门综合性、区域性、空间性、直观性都很突出的学科,形象思维和创新能力的培养对学科发展十分重要。地理学科美育的发展有利于革除长期以来传统教学中重抽象轻形象、重应试轻应用、重沿袭轻创新的弊端，为地理科学事业、现代化建设及大批全面发展的创造性人才的培养奠定了理论基础。因此，在地理新课程教学中培养学生的创造性思维，对贯彻实施素质教育，培养学生的创新意识和创新能力具有十分重要的意义。

第六节　课堂的创新

创新是人类智慧之树上最为璀璨的花朵，也是当今知识经济时代人们大力弘扬的理念。当今世界国际竞争愈演愈烈，这种竞争是综合国力的竞争，更是科技的竞争与国民素质的竞争。面对这种国际竞争，教育的使命就是培养具有创新意识、创新精神和创新能力的能推动社会进步的创新型人才，因而创新教育成为教育改革的潮流。

新的地理课程标准要求学生了解科学探究的过程与方法，学会发现问题、思考问题、解决问题的方法，形成创新精神和实践能力。我国中学地理基础教育几番沉浮、几度曲折的发展历程，警示广大地理教育工作者要抓住有利契机，使地理在学生中有较为广阔的市场，从而推动地理基础教育事业的发展。地理课堂要推动地理基础教育事业的发展，就要进行必要的创新。

一、地理课堂创新的含义

创新是一个很严肃的大字眼，不要轻言创新。在这里，笔者有必要先对创造和创新两个概念进行辨析。一般来说，创造的意思是指原来没有的，通过创造产生出新的东西，可称为"无中生有"；而创新是指对现有的东西进行变革,使其更新,成为新的东西,可称为"有中生新"。创造与创新的联系在于,创造最重要的表征是创新,即创造的概念包含着创新,创新是创造核心价值的体现。综上所述,创新的含义应该有两点:"革故鼎新"(前所未有)与"推陈出新"(并非前所未有)。因此,笔者可认为地理课堂的创新应改革原来落后陈旧的课堂教学理念、课堂教学方法和课堂教学模式等,建立和推出新的课堂教学理念、课堂教学方法和课堂教学模式等,使其顺应时代发展的潮流。

二、地理课堂创新的实质

根据地理新课程标准,中学地理课堂创新的实质是在地理课堂教学中培养中学生的地理创新意识、创新精神和创新能力。创新性地理课堂教学的立足点是使中学生在掌握中学地理学科知识的同时,能够在地理观察能力、地理问题意识、地理思维能力、地理实践能力等方面有所发展和创新。

三、地理课堂创新的主要内容及对策

(一)地理课堂教学理念的创新

传统的地理课堂教学是以知识的传授为重点,教师在课堂上将知识和技能加以分解,一部分一部分地教给学生,最后将各部分知识加以整合,学生只需要记住教材中的知识即可。教师的角色是教学的控制者、教学活动的组织者、教材内容的制定者和学生学习的评判者。多年来,地理教师已习惯了这种角色,总是根据自己的设计思路进行教学,千方百计地将学生虽不大规范但富有创新意识的见解,按自己的要求"格式化"。

新的地理课程标准要求"以学生的发展为主体""学习对生活有用的地理""学习对终生发展有用的地理",因而在地理课堂教学过程中,教师应淡化"教"的观念，强化"学"的意识，引导学生自主学习和探究性学习，培养学生的地理创新意识、创新精神和创新能力。

(二)地理课堂教学目标的创新

当前中学地理课堂教学比较普遍地以单纯传授知识为主要目标，很多教师也认为毫无遗漏地将知识传授给学生就完成了教学目标。新的地理课程标准提出的课程总体目标是要求学生初步掌握地理基本知识和基本原理；获得地理基本技能，发展地理思维能力，初步掌握学习和探究地理问题的基本方法和技术手段；增强爱国主义情感，树立科学的人口观、资源观、环境观和可持续发展观念。因此，根据新的地理课程标准，教师不应再把学科知识的传授作为自己的主要教学任务和目标，而应重在启发学生的创新意识，提高学生的创新能力，激发学生的创新思维。

(三)地理课堂教学方法与教学模式的创新

当前中学地理课堂教学普遍存在着传统的满堂灌、填鸭式的单一教学模式和落后的教学方法：教师在课堂上独占讲台，主宰一切，照本宣科，简单机械地重复教材；学生以听代思，被动接受，死记硬背，不敢质疑，从而迷失自我。

根据新的地理课程标准，在地理课堂教学过程中，传统意义上的教师教和学生学这种教学方法，将让位于师生互教互学，彼此形成一个真正的学习共同体。这种教学方法的创新将引起师生关系的改变，使教师长期以来高高在上的"传道、受业、解惑"的地位发生变化，教师从"知识的权威"转变为"平等地参与学生的研究"，从"知识的传授者"转变成"学生探究学习的促进者、组织者和指导者"，从而成为学习共同体中的成员。

因此，为启发学生的创新意识，提高学生的创新能力，激发学生的创新思维,地理课堂教学应还给学生一个生动活泼的课堂,还给学生一个自主学习的空间,教师必须进行地理课堂教学模式的创新。近年来,广大中学地理教研人员和许多中学地理骨干教师,认真学习新的地理课程标准和有关素质教育的基本理论,在教学实践中大胆实验,构建了多种以学生为主体,真正利于学生主动学习的课堂教学模式,如问题解决模式,强调从问题入手,在课堂教学中教师要善于培养学生、启发学生提出问题;在课堂教学中创设情境,从问题入手,使学生带着对知识的渴求去学习。在课堂中,学生从提出问题到解决问题要经过一段过程,没有过程和方法,解决问题也只是一句空话。作为一名教师,必须教会学生掌握解决问题的方法,这样学生才会从提出问题,经过一系列的研究过程,运用一系列的科学方法,最后把问题解决。在运用方法解决问题的研究过程中,学生必然会获得相关的知识,掌握一定的技能,发展一定的情感态度和价值观。这些都是在提出问题和解决问题的过程实现和达到的。还有启发模式、体验模式、实践模式、计算机辅助教学模式等,都给地理课堂的创新注入了新的活力。

(四)地理课堂教学手段的创新

　　计算机作为信息时代的主要载体和工具,正担负着越来越重要的作用。在当今的信息化时代中,计算机一方面可以部分地代替教师,教师在引导学生畅游知识的海洋时,它可为学生提供千姿百态、音像交融、声情并茂的直观信息,从而使学生乐学、好学,并有效地促进学生的思维发展,同时激发学生的创新欲望,培养学生独立获取知识的能力,起到优化教学效果的作用。另一方面,计算机又是学生学习的协作者和帮助者,它可以提供学生学习的程序和大量的案例资料,可以实现个别化和合作学习,可以模拟情境使学生得到近似真实的体验,也可以使学生上网查询所需的资料。凡此种种,都可使学生的创造性得到充分发挥。可以预见,计算机将更深刻地影响学生的学习方式,在未来教学中将发挥越来越重要的作用。

如何有效合理地运用多媒体教学手段促进地理课堂的创新,是一个值得探讨的话题。现在不少有条件的学校教师已在广泛使用多媒体教学手段,如利用与电脑演示相关的 Flash、PowerPoint 课件,并大有取代传统教学手段之势。这种先进的教学手段虽然可以使学生更快捷地获得信息资料,改变了以往教学的局限性,使教学更富有时代气息,但正如前所说,地理课堂的创新既要"革故鼎新",更要"推陈出新"。传统教学手段也有它的可取之处,多媒体教学手段也有它不足的地方。例如,教具演示法的演示过程清晰鲜明、直观性强,演示的时间可随意调控,便于学生观察,使学生能深刻了解结果的来龙去脉;板书有重点、有层次,条例清楚,脉络分明,反映了教学内容的系统性,少而精,便于归纳总结;板画简单明了、形象生动、准确易懂。这些都是多媒体教学手段所无法代替的,如果一节课的板书全由制作的课件代替,则热闹活泼有余而成效不足。教师不应因推崇某一种教学手段而厚此薄彼,从一个极端走向另一个极端,而应兼收并蓄、扬长避短,从而使之相辅相成、相得益彰。

(五)地理课堂教学对学生学习评价体系的创新

新的地理课程标准要求教师不要再把主要精力花费在检查学生对知识掌握的程度上,而应在知识与技能评价的基础上关注对学生价值判断能力、批判性思考能力、社会责任感、人生规划能力形成状况的评价。在教学活动和学习评价中要重过程、重应用、重体验、重全员参与。并且地理学习评价应发挥其激励与发展功能,使学生从评价中获得成功的体验,激发学生的学习兴趣,使学生积极参与学习活动,提高学生的地理学习水平。

总之,地理课堂的创新离不开广大的地理教师,要积极发挥地理教师的主观能动性,不断提高地理教师的创新能力,实现地理课堂的自主创新。一个人的力量是有限的,而集体的智慧是无穷的,每个学校的地理教研组应加强集体备课,在备课的过程中扬长避短,谋求各位教师地理课堂创新的整合,但地理课堂的创新亦应采取多样化策略,切忌整齐划一的趋同现象。有条件的学校应积极推行电子备课、电化教学、网络教学等手段,以技术创新推动地理课堂的创新。

四、地理课堂创新应注意的事项

地理课堂的创新与其他任何事物的创新一样,具有它们的共性:非教条性、非守旧性、非封闭性、非片面性和非狭隘性。因此,进行地理课堂的创新时应注意以下四点。

第一,地理课堂的创新应表征出自觉地合乎规律性,而非盲目性和随意性。地理课堂的创新应当尽量拥有原创性或首创性,即"革故鼎新",这是创新的原义或本义。

第二,地理课堂的创新应努力地站在前人的肩膀上,有条件地将已有的创新进行重组或再现,即"推陈出新",万事不必重起炉灶,但也绝对不等于简单的"拿来主义"。

第三,地理课堂的创新应具有进步性、发展性、传承文明与开拓进取的统一性,不可庸俗地将任何"新"都赋予"创新"的字眼。

第四,地理课堂的创新应将创新意识与创新精神、创新能力有机地结合起来,使任何一种创新都能够进入可操作的过程。

第七节　地理课堂活力的探讨

新课程标准指出学习是一种个性化行动，学生应在教师的指导下主动地、富有个性地学习。而学生的主动学习、主动发展是主体意识的本质特性，是素质教育的灵魂。那么对于教师来说，就要转变教学思想，改变教学方式，应当在课堂教学环境中创设一个有利于张扬学生个性的"场所"，让学生的个性在宽松、自然、愉悦的氛围中得到释放，展现生命的活力，让学生真正成为学习的主人。能体现学生主体性的课堂教学应该是师生共同参与、相互交流的多边活动。然而长期以来，课堂教学忽视了学生情感、想象、领悟等多方面的发展，忽视了生命的存在，过多地强调知识的记忆、模仿，制约了学生的嘴巴、双手、头脑，压抑了学生的主动性和创造性，最终使教学变得机械、沉闷，缺乏灵性，缺乏生命活力。那么面对新课程改革的挑战，如何让地理课堂焕发新的生命力呢？

一、营造民主氛围，使学生成为课堂的主人

陶行知曾说："只有民主才能解放大多数人的创造力，而且使最大多数人的创造力发挥到最高峰。"心理学研究表明，人在愉悦时，观察较敏锐，记忆效果好，想象丰富，思维敏捷；而人在沮丧时，这一切都将受阻。教师是课堂教学心理环境的直接创造者，而课堂教学环境与学生的学习有着必然的联系。教师良好的情绪和美好的情感是学生形成良好学习心理状态的开端。民主、和谐、宽松、愉悦的课堂学习氛围，可唤起学生的学习热情，激起学生积极主动参与自主探索知识的欲望，能给学生一个无拘无束的表现空间，让学生处于一种愉悦的心情状态，使学生敢想、敢说、敢问、敢争辩。

(一)师生平等,民主合作

新课程下的教师应当从传统的、仅仅是"传道、受业、解惑"的老框框中走出来,成为学生学习的"参谋""助手""服务者"和"配角",构建一种新型的、平等的、民主的、合作的师生关系。在课堂上,教师与学生是平等的交流者,教师敢于"蹲"下来看学生,这是一种人文关怀。不仅是身体蹲下来,心灵也要蹲下来,全身心地融入学生中,与学生一起合作、交流,共建有利于个性发展的课堂氛围,使学生有效地获取新的知识和能力。唯有师生平等,才能调动起师生合作的积极性,才有利于师生的交流,使课堂真正成为交流的"沙龙"。

(二)学会倾听,多角度地赏识学生

新课程重视学科知识的交叉、综合和渗透,这对于向来"隔行如隔山"的学科型教师来说,的确是一个挑战。这就要求教师要从一个育人者转化为一个学习者,真诚地学会倾听,鼓励学生以独立的角色、探索的态度对教师提出质疑乃至争辩,形成促进学生发展、提高其整体素质的"教学对等"的"关系链",达到教学相长的目的。同时,教师是一名成功的赏识者,要关注每一个学生、每一件"小事",赏识学生在情感、态度、价值观等方面的积极表现。唯有如此,师生间才会互相尊重和理解,教师不必将自己的观点强塞给学生,学生也不必小心翼翼地"揣摩"教师的想法;教师不会将目光仅仅局限于知识的传授上,而是更多地关注学生作为一个生命体的存在,使学生在快乐中学习,在成功中长大。另外,教师还要做个性张扬的激励者,让每个学生在教师的不断激励中得到尊重,进而发挥自己的聪明才智,切实提高自身的创新精神和实践能力。

二、创设教学情境，激发学习地理的兴趣

学生在自主探索和合作交流的过程中才能真正理解和掌握基本的地理知识与技能、地理思维和情感，获得广泛的地理活动经验。教师必须注意培养学生归纳、比较、分析、综合、抽象、概括等地理思维能力，使学生形成独特的地理语言，逐步掌握正确的地理学习方法。因此，在教学中，教师要注意创设合作的情境与机会，营造出探究的学习氛围，让学生真正参与到学习过程中去，从牵着学生一步一步地过河到让学生们互相帮助摸着石头过河，体会与人合作的乐趣与价值。在合作交流的学习中，学生可以充分发表自己的见解并对别人的意见发表自己的看法或修正意见，是学习者之间互相学习、取长补短、共同进步的好机会。

例如，在讲授"工业区位因素与工业地域联系"一节时，笔者为学生提供了临海医药化工招投标的具体材料，分组让学生扮演各乡镇代表来投标，提出自己承办这一项目的优点，明确自己存在的缺点及解决办法，并客观地指出对方的不足。对于这样的一节课，学生热情高涨，积极地参与讨论。当然，笔者事先提供了学生该思考的方向，这样可以避免讨论的范围太多、太大，离题太远。这可以使学生养成从不同角度思考问题的习惯，让学生通过自己收集、分析和处理信息来实际感受和体验知识的生产过程，进而了解社会，学会学习，培养分析问题、解决问题的能力，从而促进创造性思维的发展。又如，对于"人类面临的主要环境问题"一节，笔者以模拟法庭的形式，让人类成为被告，其他生物作为原告，学生分组分别扮演这些角色展开辩论。这一别开生面的课堂形式让学生的激情得以释放，思维的灵光不断闪现。由此可见，在知识疑难处进行交流，在知识辨析时与人交流，可以更明确事物的本质特征，分清相关概念的联系与区别。

三、生活融入课堂,体味学习地理的乐趣

实践表明,寻找与学生生活相关的实例,让地理从生活中走来,再有目的地将地理问题提炼出来,让地理知识回归生活,既能让学生感受生活化的地理,用"地理"的眼光看待周围的生活,增强学生生活中的地理意识,又有利于发掘每个学生自主学习的潜能,这无疑是提高学生学习地理积极性的活力源泉。

(一)生活实例融入地理

把身边的实例融入地理课堂,让教与学跳出课本,走到现实生活中,使地理课堂大起来。城市的高楼、十字路口的红绿灯、家乡的小河、农民的菜地及阳光雨露等是如此亲切、如此触手可及,全部都是学习地理的素材。运用地理知识解决生活实际问题,这样的学习可以极大地激发学生求知的内驱力,能够使所要学习的地理问题具体化、形象化。

(二)地理问题回归生活

地理来源于生活,又服务于生活,所以教师要创设运用地理知识的条件给学生以实际活动的机会,使学生在实践活动中加深对新学知识的理解。例如,在"城市化过程对地理环境的影响"的教学中,教师可以问:"我们生活的城市是否也存在同样的问题?能否提出一些可行的建议呢?"在教师的引导启发下,学生列举出现实生活中的一些合情合理的实际情况。又如,在"湿地资源的开发与保护"的教学中,教师可提前一周让学生去了解湿地的相关情况,同时撰写保护湿地的倡议书,并在上课时提出自己关注的问题,在教师指导下提炼出教材中的观点后再修改自己的倡议书,其中不乏一些好的意见和建议。让学生运用地理知识解决生活实际问题,既对地理内容进行了拓宽,又激发了学生的学习热情和课堂的活力,同时达

到了学习地理的最终目的。

四、优化评价方式，促进学生自主学习

优化评价方式，促进学生自主学习，是课堂活力的有力保证。传统的评价方式往往重结果而轻过程，以结果的正确与否作为评价的唯一标准。评价的主要目的应是为了全面了解学生的地理学习历程，激励学生的学习和改进教师的教学。应建立评价目标多元化、评价方法多样化的评价体系。对学生地理学习的评价，既关注学习结果，又关注他们在学习过程中的变化和发展；既关注学生的学习水平，又关注他们在地理实践活动中表现出来的情感和态度。在教学中，教师对学生的学习评价不仅要看课堂内知识的掌握情况，还要关注学生在课堂学习过程中的表现，如思考时是否积极、小组讨论时是否投入、能否倾听别人的意见、有没有创新精神。有的学生上课思维积极、敢于打破常规，有的学生解法比较简易、独特，教师应结合这些情况进行综合评价。同时要打破教师评价的单一形式，让学生参与教学评价，把自评、互评、组评与教师评价相结合，使地理评价"为促进学生发展而评价"。只有这样，学生在评价中才能不断进步，才能保护学生学习的热情，真正使评价成为学生发展的"推动器"。教师在一堂课结束前，可以向学生提出几个问题，如"你认为你在今天课堂上有什么收获？你哪些方面有了提高？""你对自己在课堂上的哪一环节感到最满意，哪一环节感到最不满意？为什么？"。这样的课堂提问不仅能够帮助学生了解、分析自己的优点、缺点及原因，还能让学生回顾一节课的学习过程，客观地评价这一节课的得失，使学生正确地看待学习。

曾经的地理课堂是封闭的知识集中训练营，只是单纯地传递知识，机械、沉闷、缺乏生命的活力，而新程课改革下的地理课堂必将是折射出"高

智慧学习"方式和能力的一面镜子,学生在课堂上自主学习、合作探究,思维得以飞扬,灵感得到激发,使课堂变得精彩纷呈。同时新课程改革下的地理课堂会使学生在课堂中体验成功感、满足感及地理学的美感,从而实现人人学习有价值的地理、人人都获得必需的地理、不同人在地理上得到不同发展的目标,这也是笔者一直在追求的地理课堂的魅力。

第八节　地理创新与实践教育

随着教育改革的深入发展,应试教育已逐步被素质教育所替代。素质教育内容丰富、涵盖面广,但唯有创新教育是素质教育的核心,是高层次的素质教育。《中共中央国务院关于深化教育改革,全面推进素质教育的决定》强调:"实施素质教育,就是全面贯彻党的教育方针,以提高国民素质为根本宗旨,以培养学生的创新精神和实践能力为重点。"对于中小学校全体师生而言,其主要任务是教与学,所以中小学生创新精神和实践能力的培养主要通过各学科教学来完成。作为实施素质教育主阵地之一的地理教学,在培养学生的创新精神和实践能力等方面的重要作用是不容忽视的。

一、树立全新教育观念,把培养学生的创新精神和实践能力作为教育的大目标

(一)知识经济时代的人才素质观

知识经济时代的到来,使知识更新速度大大加快,这就要求人们在衡量个人素质的主要标准上更新观念。看一个人素质的高低,不再仅仅看他占有知识的多寡,更为重要的是要看他创造能力和创新意识的强弱,看他对新时代信息的摄取量及其综合分析水平的高低。诚然，知识(尤其是基础知识、基本理论)对青少年学生来说是很重要的，但知识并不是人的力量的唯一源泉，特别是在未来社会，强烈的创新意识和旺盛的创造能力，将越来越显示出重要作用，越来越成为构成人的素质、形成人的力量的根本要素。

(二)主观与客观关系的理解观

就主观与客观的关系而言，以往总是过多地强调人对环境和未来社会的适应，但这种适应或多或少体现了人的被动性，因为这种适应只是在外界自然环境、社会环境的压力下被动做出的反应性调整，这种被动适应的观点，已不能作为现代教育的观点。现代社会要求人极大地发挥其主观能动性和创造能力，主动地去创造环境、创造未来，社会也要按照人的意愿去创造、去描绘、去建设，使环境、社会和人构成一种良性互动的适应状态。人在遵循客观规律的条件下，能按照自己的主观意志去促使环境与社会产生积极变化，并能在主观努力下科学地加速这种变化。这一观点要求新时代的教育不能再墨守成规，要求青少年学生学会主动质疑，大胆构想，不迷信权威，不安于现状。

(三)未来教育的目标观

现代科技迅猛发展、日新月异，知识总量激增，所以新时代的教育仅"传道、受业、解惑"是远远不够的，必须着力于学生智力的开发，特别是要着力于学生创造力及创新精神的培养，这将是未来教育的首选良策。可以设想，随着知识经济时代的发展，未来社会对学生创造力以及创新精神的要求将会越来越高，将来的"文盲"不会只是那些目不识丁的人，取而代之的将是那些不会学习、缺乏创新精神和创造能力的人。创造能力的全面发展,创新精神的极大高涨,将是未来社会人的基本特点。因此,教育必须培养学生创新精神和创造力,以促使其"学会学习"为目标,这也是时代对教育的要求。现在人们提出了终身教育、继续教育,这同样是新时代的客观要求,它们同创新教育的主题思想是一致的,共同反映了未来教育的本质。

(四)培养学生对实践能力的新认识

理论与实践相结合是马克思主义认识论的一个基本原理。对青少年学生来说,强调实践能力的培养,其内涵外延比一般泛指的理论与实践相结合要深刻得多,广泛得多。它不仅泛指一般的理论知识来源于实践,并接受实践的检验,更为重要的是指实践是在创新思维指导下的创造实践。总体来说,今天讲的"实践能力"强调的是主动性、积极性、创造性,这也是未来教育培养学生总体素质的目标之一。学生不仅要具有富于幻想的创新精神,还要具备勇于探索的实践能力,这是未来社会所需要的人才素质对未来教育的客观要求。

二、全面深入地改革地理学科教学,努力培养学生的创新精神和实践能力

科技发展的基础在教育,而中小学教育又是教育的基础。作为综合性极强的基础学科之一的地理学,因其丰富的内涵,在实施素质教育、培养学生的创新精神和实践能力等方面担负着独特而不可替代的功能,其重要地位是不言而喻的。但如何通过地理学科的教学来发掘青少年学生潜在的创造力,激发他们的创新精神,提高他们的实践能力,是中小学地理教育改革亟待解决的大问题。

(一)创设教学情境,启迪创新思维

创设教学情境是最能体现创新教育的有效途径。它是指教师利用一切条件为学生创造有所感的境界,然后通过不断提出问题、分析问题、解决问题的动态变化过程,来达到诱发学生兴趣、启迪学生思维的目的。例如,讲授"黄河"时,播放"黄河"方面的影片;讲授"热带雨林"时,展示"雨林"景观。所以在进行教学情境的创设时,一方面应充分发挥各教学手段的优势,借助动感图像,尤其是多媒体辅助教学具有直观、生动、视听结合等特点,往往能使地理课的切入巧妙而自然,从而带动整节课的教学活动,使学生目不暇接地积极参与模仿和创新。另一方面,要讲究一定的艺术性,创设一种愉快、和谐、民主、科学、互助、进取的教学氛围,把学生置于被关心、被理解信任的情境中;将现代教育思想、教学内容、教学形式融为一体;自然、生动、真实、不露痕迹地,以"随风潜入夜,润物细无声"的渗透方式,对学生产生深刻的、持久的、潜移默化的影响。

同时教师在课堂中要尊重学生的主体地位,营造一种能让学生萌发创新精神和创造欲望的心理环境。只有民主、和谐的教学气氛和无拘无束的思维空间,才能让学生处于一种轻松愉快的心理状态,才能让学生积极思维、驰骋想象,敢于标新立异、打破陈规、怀疑一切。为此,教师要在相信学生具有创造潜力的基础上,充分调动学生的思维与想象。例如,课堂上适当允许学生随时举手提出问题,表达自己的思想;允许学生和教师争论;课堂提问时经常问"你认为呢?""你的观点呢?""还有不同的想法吗?""再想想?"等,鼓励学生自由地表达自己的观点。一旦学生成功,要及时赞扬或鼓励,让学生体验创新的喜悦,经常用"很好!""很有新意!""你的想法真令人惊奇!"等语句赞扬学生的新观点。即使学生不成功,也不要轻易否定学生,以免挫伤他们的自尊心和自信心。尤其当学生对教师和书本的观点有异议时,教师不要马上给予价值判断,而要与学生互相切磋,共同探讨,求得正确的结论,尽量消除学生怕答错的思想负担。

此外,在营造鼓励创新和想象的教学情境时,还要注意情境的新颖性和时代感;采用一些走出狭隘的学科壁垒、跨越时空、折射现实的材料,创设新情境;让学生运用已掌握的各学科知识和观念来仔细观察,认真分析,比较蕴藏在陌生情境中的规律;真正使学生主动学习,积极参与,发挥学生的主体性;真正有利于启迪学生的创新思维,帮助学生解决实际问题。

(二)要鼓励学生质疑问难

强烈的求知欲是学生学习的动力,也是创新的催化剂。创新思维往往是从疑问和惊奇开始的。没有疑问便没有思考,没有思考便没有人的想象、直觉、灵感等创新思维要素的动作。地理教学中要善待学生提出的问题,善待提出问题的学生,鼓励学生自觉地探索新事物,创造性地解决新问题。教师应善于创设问题,留出课堂"空白"让学生去质疑、解疑。例如,在学习了地球自转的规律和结果之后,让学生课后思考"如果地球反向自转,一天还是 24 小时吗?产生的结果会有什么变化吗?";在分析了长江洪水的发生日益频繁之后,让学生课后思考"为什么洪水的发生日益频繁?你认为防治洪水灾害的最好方法是什么?",并允许学生异想天开,充分发表自己的新观点、新想法。

(三)要训练学生的发散思维

发散思维是指从已知信息中产生大量变化的、独特的新信息。它是一种沿不同方向、在不同范围、不遵循传统的思想方式。发散思维是创新思维的核心。没有思维的发散，就谈不上思维的集中、求异和独创。培养学生的发散思维，应着重启发学生从不同角度对同一问题进行思考。在课堂教学中，要重视一题多解、一题多思、一题多变，诱导学生从不同角度、不同侧面思考和寻找答案，产生尽可能多、尽可能新、尽可能独特的解题思路和方法。

(四)要启发学生的形象思维

形象思维是指根据表象或具体语言进行的思维活动，是以形象方式反映现实或表述知、情、意的思维方式。尽管在人的思维发展的里程中，形象思维是较初级的形式，但是它在创新思维中占据着主导地位。要想培养和发展学生的形象思维，教师就要善于把比较抽象的教学内容形象化，丰富学生有关视觉、听觉、语言的形象。教师可以采用叙述法、联想法、想象法进行训练。例如，经常要学生看地图说地理分布，看漫画讲地理含义，看图表分析地理规律，看景观联想地理特征。通过这些训练，可以提高学生对事物的敏感性，从而提高学生的形象思维能力，培养学生的创造力。

作为地理教师，在知识创新、科技创新高潮迭起的时代，如何在自己组织的学科教学中唤起学生的好奇心，激发学生的想象力、联想力，鼓励学生敢于质疑、标新立异、富于幻想，是值得笔者研究的重点问题。

三、更新教学方法，强化能力训练

为了更好地教学，教师必须教会学生掌握良好的学习方法并学会运用合理的学习策略。学生对学习方法和策略的选择与确定是积极主动的学习所不可缺少的因素。关于方法与策略，并不完全指平时教师泛而言之的方法，其另一层含义是指教师在实施学科教学中如何引导学生积极主动地思考问题;如何引导学生敢于标新立异地提出问题和设想,敢于对课本知识提出不同意见和见解;如何引导学生勇于探索,并在实践中寻觅出不同的解决方法。总之,就是通过科学的地理教学,让学生学会创新。在本学科知识理论学习的过程中,怎样树立创新精神,如何指导学生在实践中增强发现问题、解决问题的能力,是教师首先要着力解决的主要问题。如果仅仅是教学生怎样掌握本学科学习的方法和策略,这未免对学习方法的理解过于狭隘,在教学过程中,教师更要激励学生多想善思,在比较和思考中学会选择,训练创新思维。选择是一种能力,是一种比知识更重要的能力;选择是一种素质,是独立思考、思维敏捷和敢于判断的素质,也是培养创新精神和实践能力的重要途径。学生在选择过程中,不仅要了解选择的对象,更要了解自己,选择的过程也就是学生认识人生、观察社会和现象、了解自己、分析事物、准确判断的过程。西方有些国家把教学生学会选择作为他们的一项主导教育思想,并且重视从儿童抓起,教孩子学会自己选择。所以,各任课教师应根据本学科某章节内容的特点,引导学生学会积极选择的态度,教学生运用发散思维,选择最佳的解题方法,做出最佳的答案选择。

此外,教师在教学中还应注重培养学生的自学能力,为青少年学生提供大量的自学时间和空间,这是培养学生创新精神和实践能力的又一途径。所谓自学能力,就是自我控制的学习能力,是学生将自己的学习与实践作为对象加以积极主动地控制与管理的能力。那么,如何通过学科教学来培养青少年学生的自学能力呢?

(一)使学生树立自己可以变得聪明的信念

通过教学,使学生树立自己可以变得聪明的信念,从而增强自信、消除自卑。传统的应试教育使学生和社会都形成了一种偏见,即学科考试成绩差就是学习不好,就是"笨"。那些基础差、成绩差的学生渐渐失去了学习的信心,自卑心理油然而生。要改革地理教学,首先是各任课教师要千方百计地使学生明白:每一个正常人的学习智力是基本一样的,只是有的同学的潜在智力未能很好发挥;人的大脑只要通过合适的训练就可以变得越来越聪明;使他们明白考试分数并不代表学生智能的高低。教师还可根据本学科的特点使学生对本学科的某些方面产生兴趣,进而积极组织一些开发智力的课外实践活动。一方面可以满足学生的兴趣爱好,充分发挥其特长;另一方面可以帮助学生树立自信,激发其学习兴趣,从而调动他们的学习积极性、主动性等。总之,自信是走向创造的开端。

(二)通过地理教学,培养学生独立思考的能力

现行的学校教育虽然也都在不同程度上强调了素质教育,但实际上,学校和教师往往仍偏重于强调学习的结果——考试分数。这种过分重视所谓学习结果的现象会妨碍真正学习目的的实现,使学生的自信心、自尊心受到严重挫伤,使得有些学生一蹶不振。有的学生虚荣心膨胀,抄袭作业,考试舞弊就是为了多争几分考试成绩,哪里还有独立思考的能力呢?深入改革地理教学,教师从指导思想上必须明确:培养学生独立思考能力是任课教师的教学任务,学习能力的高低就看教师的教学水平、指导思想和教学方法。因材施教已被强调多年,然而面对全体学生,如何区别他们的不同状况,选择何种具有针对性的、合适的教学方法才能达到教学目的,都是亟待解决的问题。其实,许多地理知识在理论上不容易让学生明白,那么能否让学生去做一做? 让学生在做的过程(实践过程)中主动思

考,大胆地提出自己的主张或见解,哪怕是错误的,甚至是风马牛不相及的,也都是值得称赞的,因为他们在动脑筋,在思考问题。衡量学生的学习成绩,不应当单就考试分数论而言,还要看学生在地理学习中积极主动的态度和解决问题的实际效果,从某种意义上讲,后者比前者更重要。

四、挖掘课程内涵,提升创新能力

(一)创造教育课

挖掘课程内涵,开设创造教育课程,在学科教学中有机地渗透创造教育,开发潜在智力,是培养中小学生创新精神和实践能力的主渠道之一。据现代科学研究证明,中学阶段是一个人形象思维、逻辑思维同时发展的重要阶段,而创造思维必须同时具备这两种基本思维方法。如果在这个阶段能以创新教育的课程进行教学和训练,必然有助于他们的创造力快速发展。美国心理学家托拉斯经过长期研究,提出检验青少年学生创造力的21 项指标,包括有好奇心、敢于向权威挑战、有新发现时精神异常振奋、能发现新问题、能不断产生新设想等。这些指标有的人从小就有,这就需要保护和开发;有的人一开始就要加以积极正确地引导和培养。有了创造教育教材以及富于创新精神的教师的认真教学和积极引导,创新精神和实践能力的培养会达到预期的效果和目的。所谓创造教育课,是指有目的地、有计划地利用课内时间,营造激励创新精神的心理环境,引导学生围绕预定的创新目标,在样板启示和积极的学与教的过程中,增强创新能力和实践能力的一种专门训练某种特长的课型。创造教育课的基本任务是在中小学教育过程中致力于青少年创新精神和创新实践能力的培养,其基本教学原则包括以下两点。

第一,坚持知情合一的原则。在课堂上,教师要引导学生关注有关事物的属性,提出具有启发性和思考性的问题,让学生使用类比法分析和推敲事理,并着重激励学生的好奇心、想象力、敢于冒险和不畏困难的精神,及时帮助他们排除思维消极定式、从众心理、自信心不足等自身障碍。

第二,坚持传授知识、培育技能、训练思维相结合的原则。将学生的创造积极性和行为目标引导到正确、科学的方向上来,力求把课堂教学激发的群体创造力汇集到所要解决的主要目标上,这就要求教师具备创新教育的高素质。

(二)活动课

根据地理学科的特点开设活动课,是培养学生创新精神和实践能力的有效途径。在目前的地理教学改革中,不少学校已经把活动课纳入教育教学整体规划之中。丰富多彩的活动及活动课成为师生共同参与实践的活动,师生共同探讨、互为主体的活动,既能促进教师思想观念的转变和业务水平的提高,又能给学校带来勃勃生机。在课堂内,可着重突出学生的亲自实践、发现和体验,强调学以致用,教、学、做合一,开展有利于学生创造性发挥的学习活动,如课堂知识竞赛、小组讨论、正反方辩论。通过这些活动,学生可以在体验知识中、运用知识中捕捉到创新灵感,从而有所发现,有所创造。例如,在学习了板块构造学说、海底扩张学说、大陆漂移假说之后,组织学生进行题为"为三个理论找证据"的小组比赛,引导学生从轮廓、形状、地形、气候、生物、化石、地层、火山、地震、惯性力、天体引潮力等方面进行分析,甚至对神话、典故、传说、风俗习惯等方面也进行分析。

在课堂以外,可着重突出学生创造力的形成。发挥课外活动具有的知识性、科学性、实践性、灵活性、趣味性等特点。在这种活动中,学生不仅可以获得创造力发展所需要的良好环境,还能开始真正的创造活动。作为地理教师,应该大力开展一些内容丰富、形式多样的课外活动,如组织各类兴趣小组(天文、气象、地震、环保、军事地理等)、举办专题讲座、开展演讲和知识竞赛、参观调查、结合实际撰写地理小论文、参加各种公益活动等。在这些活动中,学生能够开始真正的创造活动。学生经常参加这些活动,不仅可以扩宽视野、启迪思维,还可以选择自己感兴趣而课堂教学未触及和深入的问题去研究,从而培养自己的创新能力。

开设创造教育课或活动课,其成功之处在于真正体现了以学为本的教育思想,从培养学生学习兴趣入手,为学生创造了主动学习、积极思考的氛围,并直接激发了学生的创新精神和实践能力。学生的活动或活动课从形式上讲大约可分为两种类型:一是统一活动,包括班、团、队活动与社会实践活动。学校可把班、团、队活动与社会实践活动作为教育工作的重要活动形式加以通盘考虑,使之目的明确、责任落实,并且有计划、有检查、有评估、有褒贬。例如,根据自己学校的特点,举办科技节、艺术节活动;评选优秀小论文、小制作、小发明能手;举办科技信息演讲会、故事会;组织群体的参观游览活动。只要学校能认真组织并科学指导,就一定能收到培养学生创新精神和实践能力的好效果。二是自选活动,指兴趣活动或艺术活动。在实施创新教育教学中,可根据学科特点和学生个人兴趣、爱好、特长,组织作物栽培、标本制作、小发明、小制作等各种类型的活动小组。丰富多彩的课外活动有了教师的引导和帮助,就能提高学生的学习兴趣,增强学习的主动性和积极性,对开发学生潜在智力,培养创新精神和实践能力有着不可估量的作用。当课外活动及活动课全面开展起来的时候,学校各科任课教师就要高瞻远瞩,纵观全局,采取优化措施,从而达到全优效果。教师应做到以下三点。

第一，把丰富知识与培养能力结合起来，着重强调学生的动手能力和实践能力。

第二，把培养出类拔萃的创新尖子和提高全体学生创新素质结合起来。

第三，把校内与校外的活动结合起来。为了拓宽视野，提供更丰富广阔的实习实验领域和条件，亦可将以校内活动为主的科技活动、调查活动、学技能活动转向校外，与家长和社会配合举办。

我国创新教育的实践已充分证明：中小学开展课外活动及设置活动课是学科教学改革的重大举措，在对青少年学生创新精神和实践能力的培养方面发挥了巨大作用。此外，人的创新能力与他的人格品质有着密切联系，情绪、动机、坚持性、独立性等都影响着创新能力的发展。有创造性的学生多表现为自信、富有责任感、富有想象力、独立性强、求知欲旺、敢于尝试困难、兴趣广泛、勇于探索、毫不犹豫地把握时机等。因此，要鼓励学生自信敢为，促使其创造个性自由充分地发展。同时要培养学生科学的环境观、资源观、人口观和可持续发展的观念，努力培养学生成为符合21世纪需要的新型人才。

总之，创新是实施素质教育的一项重大课题，教育在国家经济和社会发展中所具有的基础性战略地位，决定了它必须大力倡导创新精神，这是摆在教育尤其是基础教育面前的一项紧迫任务。培养21世纪人才的创新素质和实践能力，地理教师责无旁贷。

第九节 论地理思维创新

在地理教学过程中,教师应根据地理科学的特点,在强调基础知识、基本技能和技术方法的前提下,注重地理思维创新,发展空间分析能力,使学生树立科学的人口观、资源观、环境观和可持续发展观。从地理素质教育来看,应立足于挖掘潜能、启迪心智、养成创新思维、促进自我提高。

一、综合思维

地理环境由大气圈、水圈、岩石圈、生物圈、人类智慧圈等圈层所组成,是地球各种自然要素、人文要素有机结合而成的宏观系统。地理事物通常是复杂的,地理事物与其他事物之间存在着千丝万缕的联系。在地理学习过程中,不能就地理论地理,必须从大地理的角度,从学科融合和空间综合的角度,了解地理事物,分析地理问题。我国经济、社会的加速发展,对地理学科综合性的要求日益突出。就综合分析而言,必须抓住主要矛盾和核心问题,弄清地理事物的关键所在。对于区域分析来说,综合分析更是不可缺少的。综合型地理思维的创新,在于把握全局、分清主次、归纳总结和整体提升。

综合课程考试不能够只考"拼盘"型的试题,即将政治、历史、地理试题简单地罗列起来,而一定要考"炒菜型"的试题,即大胆打破学科界限,考核学生综合分析和全面理解的能力。例如,一道综合试题可以从四个角度进行考核,从时间角度考历史,从空间角度考地理,从世界观角度考政治,从三者结合的角度考综合。

德国慕尼黑大学的一位教授是这样看待中国的:首先把中国分为东

部与西部,东部以秦岭—淮河为界,分为北方与南方;西部则以昆仑山为界,分为大西北与大西南。南方气候暖湿,植被葱郁,可称为"绿色中国";北方有广阔的华北平原和黄土高原,可称为"黄色中国";大西北荒漠、戈壁面积广大,黄沙漫漫,瀚海无边,可称为"金色中国";大西南有雄浑的青藏高原,冰川绵延,雪峰皑皑,可称为"银色中国"。然后关于国土整治可做如此描述,即"黄色中国"向"绿色中国"转变,"金色中国"向"黄色中国"和"绿色中国"转变,"绿色中国"应更加"碧绿可人","银色中国"则主要是保护好原生环境。由此可见,这位德国地理学教授对中国地理区域特征具有全面和深刻的了解,并进行了很好的提炼与综合。学习中国地理,不能把中国自然地理与中国经济地理人为地割裂开来,而要从综合分析的角度来看待中国的重大问题和未来发展。我国大致上可分为三大综合自然地理区,即东部季风区、西北干旱区和青藏高原区。决定这三大地理区内部分异的主导因素是不同的;决定东部季风区地理分异的主导因素是纬度地带性,归根结底是热量;决定西北干旱区分异的是经度地带性,关键是水分;决定青藏高原区分异的是垂直地带性,主要是热量及水分。从全国生产力发展水平来看,东、西部的差异远大于南、北方的差异。因此,就我国区域经济发展而论,水分因素比热量因素要显得更为重要。在当今形势下,水资源的地位日益突出,水资源的严格保护和合理利用也越来越紧迫。

二、创新思维

地理创新思维在于打破传统的思维定式,用新的理念、新的视角、新的方法去看待地理事物,去解决地理问题。其中,最重要的当属观念创新,需要贯彻一系列新的理念,如循环经济、协调发展、环境友好、节约型社会、数字地球、经济全球化。应当跳出地理看地理,跳出区域看区域。地理创新在很大程度上是人地关系的提升,是由不和谐向和谐的转变。

在地理教学过程中,应提倡自主学习方式,鼓励学生探究创新。这样做并不意味着教师对学生的放任自流,而必须对学生进行深入指导。自主学习过程的设计,应努力体现以学生发展为本的思想,让学生充分发挥主观能动性,刻意培养学生的创新精神和创造能力。中学地理的自主学习,应根据国家地理课程标准,积极倡导学习目标的自主、学习内容的自主、学习时间的自主和学习方法的自主。地理教师要善于引导学生的自主学习,克服偏离主题、脱离实际、流于形式等问题。例如,在讲授了地图的基础知识之后,可以让学生绘制简单的校园示意图;在讲授了生态环境知识之后,可以让学生探讨日常生活中所遇到的环境问题。

三、批判思维

人们对于地理事物的认识过程,是一个由浅入深、由表及里、由主观到客观、由局部到整体的过程,同时是一个人类认知不断提高的过程。新观念的确立,往往是对传统观念的更新、批判和否定。过去认为是合理的东西,在新形势下可能会变得不合理。人类对于自然界的改造过程,由不和谐到和谐,由急功近利到长远发展,其经营观念、运作方式、实施行为既有对传统的继承,又有对落后的批判。

地理课程改革的核心是地理教育理念的改革。地理教学既要讲"地",更要讲"理",重要地理事物的来龙去脉应设法交代清楚。教学过程应紧扣人地关系协调,讲清人地互动机制,讲清尊重自然规律或违背自然规律的结果是什么,可就一些问题深入探究。例如,20世纪50~70年代,人们把"北大荒"开垦为"北大仓";当前为了保护湿地环境,又要把"北大仓"的低洼之处恢复为"北大荒"。在此过程中，人们的思想观念发生了哪些变化？原先的洞庭湖拥有浩瀚的水面，后来由于围湖造田，湖面不断萎缩。现阶段国家大举退田还湖和生态移民，又使得洞庭湖的面积逐渐变大。这个过程说明了什么问题，人们对自然界的认识发生了哪些变化？

移植大树之风为何屡禁不止

我国一些城市在绿化过程中，继"草坪热"之后，又刮起了一股"大树移植风"，从移植大树发展到搬运古树。北方某沿海城市耗资2亿元"邀请"50万株大树进城，以建设"森林型生态城市"。南方某沿海城市从广西、江西、安徽、湖南等地购买了5 000余株树龄在100~400年的古树来装扮城市。生态城市建设无疑是正确的，但移植大树的做法破坏了生态环境。大树移植费用昂贵，最大代价是要"牺牲"大量无辜的大树。眼下近距离移植技术的成活率仅60%左右，有幸成活的大树还要半死不活地"挣扎"多年才能"缓过劲来"。有些城市为了保证成活率，要求苗木供应商做到死一棵树就补一棵树。一棵成活大树的背后要有几棵死树"陪伴"，这种资源浪费是难以用金钱来弥补的。大量移植大树对原生存地会造成严重的环境破坏，直接影响当地的生态群落，还会引发水土流失、泥石流、山体滑坡、洪涝、沙尘暴等自然灾害。

移植古树还违反了国家保护古树的有关法规。树龄百年以上的古树是国家的宝贵资源，任何人无权随意买卖，买卖古树是一种破坏历史文物的违法行为。一棵大树要十几年甚至几百年才能长成，因此，有"前人栽树，后人乘凉"之说。俗话说："人挪活，树挪死。"我们应当尊重自然规律，耐心地让城市的小树苗壮地长大。

就此提出问题,让学生展开分析:第一,"大树移植风"可使大城市迅速绿化,但这样做是否值得? 第二,分析城市与区域的生态环境关系。城市的绿化以山区的森林植被破坏为代价,而山区的水土流失又会给下游地区和城市造成什么影响? 第三,怎样理解"生态城市"的内涵,如何搞好大城市的绿化?

四、形象思维

针对地理教学过程,要力争把系统的地理科学原理用丰富多彩、引人入胜的形式表现出来,用简明扼要、生动活泼的语言表达出来。在地理教材的展现方面,要刻意营造良好的学习情境,努力培养学生的地理情趣。

目前,我国在初一、初二开设初中地理课程。初一学生才升入中学不久,对于中学的学习规律难以准确把握。但初一地理课程一开始就讲授比例尺、经纬网、等高线等内容,大多数学生难以接受。经纬网属于立体几何的内容,初二数学课才讲授平面几何的内容。因此,这无疑违背了教学规律,明显增加了初中地理教学的难度。

地理教学内容需要贴近学生的生活实际,努力从他们已有的经验出发,联系身边的现象来了解地理事物和认识地理问题。在美国,初中教材是这样描述纬度和时差的:教材给出一幅亚洲示意图,在这幅地图的四边分别有 4 个小孩。位于北极地区的彼德穿着厚厚的鸭绒衣还冻得瑟瑟发抖;站在赤道上的玛丽只穿着单薄的裙装还热得大汗淋漓;日本小女孩背着书包,迎着灿烂的朝阳去上学;而西亚的阿拉伯小男孩却还在呼呼大睡。教材向学生提出这样的问题,"为什么同一时间,在亚洲的不同地方会出现如此迥然不同的现象",让学生就这些现象展开思考,倘若想不出来,书后面就注有答案。

新疆的地形地势可用"疆"字来形象地解释，"疆"字右部上面的一横为阿尔泰山，当中的一横为天山，下面的一横为昆仑山，右上部的"田"代表准噶尔盆地，右下部的"田"字代表塔里木盆地。左部的"弓"表明在新疆的国界线形如弯弓，"弓"之外的"土"字则表示因《中俄伊犁条约》等一系列不平等条约，满清政府被迫割让一系列领土给沙俄。这样描述，就会给学生留下深刻的印象。

还可将阿拉伯半岛比喻为一只粗壮的"男靴"，由于穿靴子的男孩子比较顽皮，整天踢石头、蹦蹦跳跳，结果把靴子给踢坏了，不得不打补丁，前面的"补丁"叫阿曼，后面的"补丁"叫也门。

五、生态思维

从生态环境良性循环的角度去思考地理问题，关键在于协调人地关系，不断改善人们的生产、生活方式，尊重自然规律，按照自然规律办事，从以往的"人定胜天"转变为环境友好型的持续发展方式。

人类经历了漫长的农业文明时代，在此期间，由于生产力水平低下，对于自然界的影响和破坏都很有限，可谓男耕女织、自给自足、日出而作、日落而息，充满着田园牧歌般的情调。工业革命对自然界产生了广泛和深刻的影响，使人类社会发生了翻天覆地的变化。工业社会能够大规模地利用资源和能源，但工业文明也造成了大范围的生态破坏和环境污染，导致人地关系日趋紧张。第二次世界大战后出现了席卷全球的科技浪潮，科技文明在很大程度上加强了人类开发资源和改造世界的能力，但并没有从根本上解决人与自然界和谐发展的问题，在一些领域反而使人地关系更趋紧张。1987 年以来，科学家系统地提出了可持续发展的概念，开创了生态文明的新时代,明确指出人类与自然界应当和谐发展。自1992年联合国环境与发展大会召开之后,可持续发展的理念逐渐深入人心,并成为许多国家的基本国策。从农业文明、工业文明、科技文明再到生态文明,反映出人类认知水平的不断提升,也体现了人地关系从低水平和谐到不和谐,再到高水平和谐的理性回归。

黄土高原是我国水土流失十分严重的区域,下泄的水土对黄河下游地区,尤其是华北平原造成了广泛的生态灾难。但历史上的黄土高原森林植被发育良好,是中华民族的主要发源地。如今黄土高原之所以出现满目疮痍的景象,主要是因为人类不合理的垦殖活动。整治黄土高原的办法甚多,如挖鱼鳞坑、修挡土墙、疏浚河道、植树种草,乃至于小流域的综合治理。治理黄土高原的核心是改善日益恶化的人地关系,尤其是减少当地居民对于生态环境的破坏,关键在于进行大规模的生态移民,使具体地域所承担的人口数量和产业活动不至于太多。事实证明,封山植树的做法是正确的,凡是进行了大规模退耕还林和生态移民的地方,自然环境都得到了很好的恢复。

海河是华北平原重要的河流,是典型的扇状水系,潮白河、永定河、大清河、子牙河、漳卫河五条河流汇合于天津才称为海河。历史上海河的洪涝灾害非常严重,主要原因是海河上游基本上处于同一个暴雨区域,往往五条支流同时涨水,由于海河下泄泥沙阻塞,入海通道不畅,经常河水陡涨而泛滥成灾。中华人民共和国成立以后,国家对海河流域进行了大规模治理,主要手段是开辟多条入海洪道,在洪水来临时分流入海。但从太行山流下来的不仅有洪水,还有大量的泥沙,结果造成入海洪道的淤积,当地百姓不得不每年挖河,甚至提出"愚公移山,治理海河"的口号。其实,海河治理的关键不在于华北平原的"排"，而在于太行山区的"蓄"。也就是说，在太行山采取一系列生物和工程措施来涵养水土，如植树种草、修筑梯田，下大气力控制泥沙下泄，实现青山常绿、碧水长流，这样就可以从根本上控制海河流域的洪水。

从砍树人到种树人

中华人民共和国成立之初，作为一名伐木工人，马永顺创造了国内手工伐木的最高纪录，被授予"全国特等劳动模范"，并多次受到国家领导人的亲切接见。他当了 34 年的伐木工人，共砍伐树木 36 000 棵。1982 年退休后，由于长期读报学习，他的生态意识不断加强。他有感于森林资源过度采伐，水土流失日益严重，下决心向大山"还账"。在 16 年时间里，他带领全家共计种树 46 500 棵。85 岁的马永顺在 2000 年 6 月获得了联合国环境规划署颁发的"全球生态建设 500 佳"荣誉称号，他的事迹在全国各地广为传诵。

据此提出问题，让学生分析：马永顺由砍树人变成了种树人，说明了什么道理？

六、空间思维

空间性和综合性是地理学的根本特性。地理事物一定要落实到具体的空间，用数理位置（经纬网坐标）、自然地理位置（相对于山脉、河流的位置）、人文地理位置（相对于城市、铁路的位置）来表述。可选择一些具有特殊意义的地理界线让学生去剖析，如北回归线、爱辉—腾冲线。所谓空间思维，关键是建立起准确的方位概念，形成科学的地图影像，从而能够正确描述某一地理事物的实际方位,并以此为基础深入探究地理问题。

"区域"通常是指一定的地域空间。在学习区域的过程中,要使学生理解:①区域具有一定的界线,有的界线是明确的,有的界线是模糊的。②区域内部表现出明显的相似性和连续性,区域之间则具有显著的差异性。③区域具有一定的优势、特色和功能。④区域之间是相互联系的,一个区域的发展变化会影响到周边和相关的地区。⑤粗放型的区域开发方式是以自然资源的大规模开发和环境生态的大范围破坏为代价的,谋求地方经济在短时期内的高速增长;而高水平的区域开发方式,注重自然资源的合理开发和深度利用,强调以比较小的资源和环境代价换取区域社会经济的持续发展。

在我国东部,南方与北方的分界线是秦岭—淮河线,这是一条特色鲜明的地理界线,它具有许多显著的地理特征。例如,该线以南的河流冬季不结冰,以北的河流冬季则会结冰;该线以南水田多,以种植水稻为主,该线以北旱地多,以种植小麦、玉米为主。以昆仑山为界,我国西部也可以划分为大西北与大西南两大地理单元。但我国东、西部之间,并不存在着明显的地理界线。400毫米等降水量线、内流区与外流区的分界线、农区与牧区的分界线、第二级地形阶梯与第三级地形阶梯的分界线、森林植被与草原植被的分界线,皆不能作为东部与西部的划分界线。实际上,我国东部与西部之间并不存在明确的地理分界线,其地理差异,更多地表现为过渡性而不是突变性,窄的地方20~30千米,宽的地方150~250千米。我国热带的范围并不算大,包括海南岛、南海诸岛、台湾岛南部和雷州半岛以及云南省南部低海拔地区,总面积约5万平方千米。由于资源的不可替代性,这些地区不应种植一般的农作物,而要侧重经营热带作物,重点发展热带旅游。常见的热带作物有橡胶、椰子、金鸡纳树、可可、咖啡、腰果、油棕等,它们都有明确的地域生长范围。橡胶是重要的战略物资,可作为我国热带作物经营的重点。目前,我国热带旅游发展迅速,热带风光吸引了大量的国内外游客。海南省、云南省的西双版纳都成为观光旅游的热点地区。

洞庭湖湿地

洞庭湖位于长江中游,光照充足,雨量丰沛,其独特的生态环境孕育了得天独厚的湿地资源。洞庭湖湿地具有以下功能:一是维持生物多样性。湖区水陆交错分布,适宜多种生物繁衍生长,良好的湿地环境为鸟类、鱼类提供了丰富的食物和理想的生存空间。湖区现拥有大量珍稀、濒危生物物种,如中华鲟、白鳍豚、中华秋沙鸭。二是调蓄洪水。洞庭湖吞吐长江,接湘、资、沅、澧四水,能够卓有成效地蓄纳洪水和削减洪峰,显著减轻长江中游地区的洪涝危害,并确保长江这条黄金水道的正常运转。三是提供丰富的农副产品。湿地水底淤泥深厚,营养物质丰富,有利于各类水生植物和动物的生长,每年可提供大量的鱼类、虾蟹、莲藕、芦苇等农产品。四是水运交通发达。湖区拥有复杂的水运网络,南联"四水",北接长江,水路运输历史悠久。五是有利于发展亲水型生态旅游。湖区港汊纵横,水景别具特色,珍禽水兽众多,自然景色秀美,可发展休闲观光、垂钓狩猎、水上运动等旅游项目。

根据上述内容可展开探究:湿地对于鱼类、鸟类生息繁衍有怎样的重要作用?为什么洞庭湖区是重要的天然生物基因库?围湖造田对于区域经济发展、湿地资源保护、汛期调蓄洪水有何利弊？根据洞庭湖与湖南"四水"、长江的关系，阐述湖区水运的重要意义。

七、协调思维

人地关系是指人与地理环境之间的相互作用和相互联系。这里的"人"指社会性的人，是在一定地理空间中从事生产活动和社会活动的人；这里的"地"是指与人类活动有着密切联系的地理环境。人地关系的基本内涵主要表现在以下方面：人类是地理环境发展到一定阶段的产物；地理环境为人类的生存与发展提供资源和场所。在不同的历史时期，地理环境对人类社会的发展有着不同程度的制约作用。在长期的发展过程中，人类一方面逐渐适应地理环境的变化，不断提高其生存发展的能力；另一方面又在越来越广泛地开发、利用和改造自然环境，使其更加适合于人类的生存与发展。人类活动使原始的自然环境发生了巨大变化，形成了自然与人文相融合的地理环境。

针对具体问题，思维方式可能完全不同。例如，2005 年重庆市高考作文题为《筷子》。让地理教师回答，可能会说："以前我们用木头做筷子，成本低，制作也很方便，不足之处是要砍伐大量森林。日本每年都要从中国大量进口一次性使用的木筷，用完后收集起来制造新闻纸再出口到中国，结果反而赚取了大量外汇。日本的森林覆盖率比中国要高得多，之所以出现这样的情形，主要还是因为中国经济相对落后，需要出口劳动密集型和资源密集型产品赚取急需的外汇。这也说明中国的产业层次要比日本的低。"让文科教师回答这个问题，他们可能会站在文化的角度来评论"筷子"，如"筷子代表了中国的传统文化，筷子是一种夹取食物的工具，它由两根木棍组成，需要两根木棍和五个手指有机配合，才能够把食物夹起来,这就意味着协调发展。"

根据我国基本国情,协调人地关系可从以下途径进行:一是控制人口规模。不但控制人口的数量,还要提高人口的质量;二是转变发展模式。现阶段重点发展循环经济,构建节约型社会;三是协调人地关系。主要是协调经济社会发展与资源环境保护的关系,协调眼前利益与长远发展的关系。

对于"我国城市的发展规模",有如下三种看法。一是城市规模越大越好,如上海、北京、广州属于全国性的中心城市,在国际上也具有重要影响。大城市的交通运输、文化氛围、教育科技水平、基础设施建设都是小城镇难以比拟的。二是城市的规模越大,市中心区的环境污染、生态破坏、交通阻塞、人口拥挤就越突出,"城市病"就越严重。小城镇环境幽雅,贴近自然,适宜人们生活。因此,要严格限制大城市的规模,积极发展小城镇。三是要坚持大、中、小城市协调发展。从城市发展的要求看,大城市、中等城市和小城镇的功能不同。大城市的经济辐射范围甚广,中等城市带动所在区域发展,小城镇的功能则是服务广大农村。大、中、小城市有各自的服务功能,且不能相互替代。

针对上述看法,可让学生展开探究:三种看法中,哪一种更有道理? 从现在起到 2020 年,我国城市化水平平均每年要提高 1.2%,即每年将有 1 500 万乡村人口要转变为城市人口。你能否设计一个方案,研究每年进城的 1 500 万人中,有多少人进入大城市,有多少人进入中等城市,还有多少要由小城镇来解决,为什么? 针对一些有争议的问题,不必给出唯一答案,可引导学生深入探讨。

目前,我国已经成为石油进口国,进口石油要占到全国石油总消费量的 40%左右。到 2010 年,我国石油进口量达到 2 亿吨;到 2020 年,石油年进口量可能会突破 3 亿吨。针对 2020 年国家石油消费状况,可提出四个问题让同学们讨论:一是世界石油市场每年能否给我国稳定地提供 3 亿吨石油? 二是石油价格可能会明显上涨,届时我国是否拥有足够的购买石油的外汇? 三是很大一部分石油需要从波斯湾甚至南美洲进口,我国能否确保漫长的石油运输线路的安全? 四是倘若我国每年燃烧 5 亿~6 亿吨石油,生态环境将面临严重灾难,尤其是许多工业中心城市还能否维持下去?

可持续发展逐渐成为全人类的共识和必然选择。我国可持续发展的核心可概括为"代内公平,代际公平,人地协调",即必须采取一系列行之有效的措施,确保当代人之间、当代人与子孙后代之间的公平发展,确保人与地理环境之间的协调发展。我国可持续发展将要跨越三大"零增长"台阶。第一个台阶:在 2030 年实现人口总量的零增长,全国人口要控制在 16 亿以内,人口质量不断提高。第二个台阶:在 2040 年实现资源和能源消耗总量的零增长,同时实现社会财富的极大增长。第三个台阶:在 2050 年实现环境生态破坏总量的零增长,生态质量明显改善,生态安全确有保障。为了确保这些目标的顺利实现,我国必须实行最严厉的耕地保护政策,实行严厉的环境生态保护政策和水资源保护政策。我国将要建设全面的高效率的可持续发展体系,包括资源节约型的经济体系、发展公平型的社会体系、提升竞争力的科技体系、人地关系协调的生态体系、人地协调发展的环境体系、全面提高国民整体素质的人口体系。

第五章　实践创新与思维创新

第一节　课堂教学模式的发展趋势及启示

我国对地理课堂教学模式的研究探索始于 20 世纪 80 年代,涉及的问题很多,研究的范围很广,研究取得了显著的成果。纵观我国地理课堂教学模式的发展趋势,总结其教学经验,不仅有利于推进当前地理新课程改革的进行,还为提高地理课堂教学质量和地理教学效率打下了坚实的基础。

一、地理课堂教学模式的界定及类型

(一)地理课堂教学模式的界定

随着地理教学模式研究的进一步深入,地理教学模式概念的界定也逐渐清晰。从静态来看,地理教学模式就是地理教学结构的模式。从动态来看,地理教学模式是地理教学活动过程的模式。具体来说,地理教学模式就是正确反映地理教学客观规律,指出教学目标,规范师生双边活动,将教学原则、教学程序、教学方法、教学手段、教学组织形式融为一体的策略体系。简言之,地理教学模式就是教师在课堂上针对学生学习而使用的教学方法,相当于孔子说的"因材施教",教师在不同课堂对待不同学生而采取不同课堂教学模式会取得更好的效果。

(二)地理课堂教学模式的类型

在教学实践中,有意识地构建具有地理特色的教学模式,已经成为地理教学改革和发展的一个突出特点。当前,已经形成了一些比较定型的、有特色的地理教学模式,在此仅列举几个以供参考。

1.传递—接受式教学模式

传递—接受式教学模式就是人们通常所说的讲授式教学模式,是在我国应用最广泛适合各科教学的一种教学模式,以教师的课堂讲授为主要特征,以传授系统知识、培养基本技能为主要目标,将教学视为在教师的组织和指导下学生进行的认识活动。这一模式的操作程序是根据学生的认识规律,把教学程序划分为五个环节:激发学习动机,复习旧课,讲授新课,运用总结、巩固运用,检查评价。虽然这种教学模式也有一些缺陷,如由于过分强调教师的"教",容易出现满堂灌、一言堂的现象,不利于充分发挥学生的主动性和主体作用。但是,由于地理学科的某些特性以及模式的某些优势,传递—接受式教学模式将是适用于地理教学的一种基本的教学模式。

2.情境—复现式教学模式

情境—复现式教学模式主要是通过对情境再造、复现、模拟等方式,让学生近距离感受事物,进行观察和思考,从而掌握知识和发展能力的一种教学模式。这种教学模式以创设情境为主要特征,根据学生的认知特征和知识的具体特点,把教学程序分为四个环节:制订目标,创设情境,共同探究,归纳总结。在地理教学中,地理教师通过创设一定的地理情境,让学生近距离感受地理事物,激发他们学习地理的兴趣,引发他们进行观察和思考,从而掌握地理知识和发展能力。随着多媒体网络技术的快速发展,这种教学模式越来越受到广大地理教师的喜爱。

3.问题—探究式教学模式

问题—探究式教学模式是依据布鲁纳的发现学习理论、建构主义和人本主义学习理论,并结合我国一些教育工作者的教学成果归纳而成的一种教学模式。这一教学模式的主要目标是通过对问题的探究提高学生的科学思维能力。这种教学模式的操作程序分为五个环节:提出问题,形成假设,验证假设,展开讨论,总结提高。由于地理中有很多问题是以案例的形式来呈现的,在地理课堂上就经常会用到问题—探究式教学模式。通过对地理问题的探究和研讨,学生可以掌握正确认识地理问题的方法,提高分析和解决地理问题的能力,从而提高地理知识应用的能力。在探讨问题时,教师与学生、学生与学生之间的地位是平等的,有利于建立团结、合作和民主的新型师生关系,所以它是地理教学中较为常用的一种教学模式。

二、地理课堂教学模式的发展趋势

我国地理课堂教学模式是在借鉴国内外一般教学模式理论、地理课程改革成果、地理教学传统经验后,在不断改革的基础上形成和发展的。纵观我国地理课堂教学模式的发展,有助于人们借鉴传统,加深对当代各种新教学模式的理解,不断深化我国地理课程改革,从而更好地为教学服务。

(一)由以"教"为主向以"学"为主的教学模式发展

传统的地理教学模式主要是从教师如何教这个角度来进行阐述的,主要目标是实现地理知识的传授,但忽略了学生如何学这个问题。而现代地理教学模式则很重视学生的主体地位,强调学生在教学过程中的主动性和创造性,根据教学的需要合理设计"教"与"学"的活动,使教学活动更加科学化、合理化。这种转变,其实质是由以"教"为主的教学模式向以"学"为主的教学模式的发展。这种转变主要体现在三个方面:①在教学指导思想上,由重知识轻能力转变为强调学生全面发展,由重教轻学转变为教学并重,提倡学生学会学习、学会生存、学会发展。②在教学角色关系上,由以教师为中心转变为以学生为中心,使学生的主体地位和能动作用充分发挥。③在教学策略上,从注重学习的内容转变为注重学习的过程,从注重知识的识记转变为注重知识的理解运用,从注重教师的教授转变为注重教与学方法的结合,尤其是注重学生的学习方法,以满足学生不同的地理学习需要。

(二)由单一的教学模式向多样化的教学模式发展

20世纪80年代及以前,在我国地理课堂上一直占主导地位的是讲授式的教学模式,形式比较单一。在这个时期,虽然已经开始引进国外先进教学模式的研究成果,但由于当时国内教育背景和教育科学研究的局限,这些国外先进教学模式被翻译成"教学法",并未在地理课堂上得到合理运用。20世纪80年代以后,开始把国外一些先进的教学模式与我国的地理教学实践相结合,在地理课堂上尝试运用,于是出现了多种多样的教学模式,如自学—辅导教学模式、引导—发现教学模式。多样化的教学模式,一方面为教学实践提供了选择余地,另一方面又促进了教学模式的不断变化发展。

(三)由归纳型向演绎型教学模式发展

归纳型教学模式就是从教学实践出发,对课堂教学实践的经验进行分析、概括和提炼,并在教学理论的指导下构建形成的一种教学模式。它的起点是经验,形成思维的过程是归纳。我国地理课堂教学运用最广泛的传递—接受模式就是用归纳法构建的教学模式。演绎型教学模式指的是以一定的教学思想和理论为指导,从一种科学理论假设出发,推演出一种教学模式,然后用严密的实验来验证其效用,再经过完善和发展,最后形成相对稳定的一种教学模式。它的起点是科学理论假设,形成模式的思维过程是演绎,如网络条件下的互动教学模式就是演绎法建构的典型教学模式。

近年来,随着地理科学的发展以及对地理教学模式研究的深入,归纳型教学模式的弊端越来越突出,主要是由于归纳型教学模式来自于对教学实践及经验的总结,不免有些不确定性,有些地方不能自圆其说。而演绎型教学模式有一定的理论基础,有自己完备的体系,所以地理教学模式就由归纳法向演绎法发展,符合地理教学的需要。

(四)教学模式的日益现代化

随着现代科学技术的发展,当代地理教学模式的研究越来越重视引进现代科学技术的新理论、新成果,并将其与地理课堂教学实践相结合,从而形成新的教学模式,如多媒体辅助地理教学模式。

三、地理课堂教学模式的启示

纵观我国地理课堂教学模式的发展趋势,总结其得与失,不仅有利于深化对地理课堂教学模式的研究,还对今天的地理教学有一定的启迪。

(一)重视"教"与"学"相结合

教学过程就是教师的"教"和学生的"学"相结合的一个过程,二者缺一不可。教师在地理教学中,不能只强调其中一方的作用,必须把二者有机结合才能搞好教学。传统的地理教学模式强调教师的"教",突出了教师的主导作用,但忽略了学生在课堂上的地位。而现代的某些地理教学模式则过分突出了学生的"学",虽有利于发挥学生在课堂的主体性和积极性,但也存在一定的弊端,不能很好地发挥教师对课堂的主导作用。因此,现在的地理课堂必须把这两种教学模式相结合,"教"与"学"并重,取长补短,从而更好地促进地理教学发展。

(二)注重多样化教学模式的综合运用

随着现代地理学的发展以及中学地理课程改革的深入,现代地理教科书的形式越来越多样,地理教材的内容也越来越丰富多彩,除了简单的文字叙述外,图片、案例、活动及问题研究等也成了地理教材内容的一部分。地理教材的这种变化在客观上对地理教学模式的要求越来越高,所以单一的教学模式很难适应现代地理教学的发展,地理教师必须要根据具体的教学内容选择多样化的地理教学模式。只有把多种教学模式结合起来才能搞好地理教学,不断促进地理教学模式的发展与更新,从而更好地为地理教学服务。

(三)注意归纳型和演绎型教学模式的相互融合

从方法论的角度来看,建构教学模式的方法主要是归纳法和演绎法,这就决定了教学模式的两种类型:归纳型和演绎型。归纳型教学模式主要是从一定教学经验出发总结而形成的,缺乏理论上的指导,存在一定的不确定性,所以地理教学不能采用单一的归纳型教学模式。而演绎型的教学模式则是在一定教学理论和思想指导下形成的,刚好弥补了归纳型教学模式的不足。因此,必须把这两种类型的教学模式结合起来才能搞好地理教学。此外,地理科学人文与自然并重的特性,也决定了地理教师不能单纯地以某一种类型的教学模式来组织实施地理教学,所以只有把归纳型和演绎型地理教学模式紧密结合才有益于促进地理教学的发展,也对深化地理教学模式的研究有一定的意义。

(四)运用现代化手段辅助教学模式

随着社会的发展以及科学技术的进步,地理学科对现代技术的要求也越来越多,所以教师要重视运用现代科学技术的新理论、新成果来为地理教学服务。义务教育地理新课程的理念之一是"构建基于现代信息技术的地理课程",普通高中地理新课程理念之一是"强调信息技术在地理学习中的应用",无论是初中还是高中都对信息技术提出了相应的要求。由此可见,信息技术对地理教学的发展很重要。在地理课堂上,地理教师可以运用现代化手段来辅助地理教学,从而使教学模式更有效,更好地帮助学生学习地理知识。

在地理教学中,没有哪一种教学模式是绝对的主导模式,也没有哪一种模式是一成不变的,教师要密切关注教学中各种因素的变化,及时采取应对措施,灵活运用地理教学模式并不断创新,从而促进地理教学的不断发展,以推进我国地理新课程改革的不断深化。

第二节　教学风格的形成

每一门学科的课堂教学,其教学内容和教学形式诸因素的具体表现各不相同,使之具有独自的特点。一节中学地理课堂教学相当完整,它从教学内容到教学形式的有机体现,即形成中学地理课堂教学风格。换句话说,中学地理课堂教学的风格是源于中学地理的教学内容而表现的教学形式,是在艺术上获得相当成就的一个标志。

地理学科文理相通,既有形象直观的地理表象,又有抽象枯燥的地理规律。地理教学风格的形成,对于优化地理教学、提高地理教学艺术、获得最佳教学效益具有重要的作用。

一、风格是教师教学风貌的整体反映

地理教学风格是由各种教学成分组成的,它表现在教学内容、教学方法、教学语言、板书设计、作业布置、辅导考试等方面。但地理教学风格并不是指某个教学成分,如语言风格或板书风格,也不是各教学成分的简单总和。因为仅从教学的某个成分去规定风格的内涵是不够科学的,现代的科学方法论要求教师运用"整体大于部分之和"的原理,从教学过程的各成分的整体结构关系中去探寻风格的本质,所以地理教学风格作为一种教学风貌,是完全独立于这些教学环节的全新整体。有些具有独特地理教学风格的地理教师会将自己的教学技巧、教学艺术及教学个性渗透进教学的各个环节,如一篇完美新颖的教案、一幅巧妙构思的板书、一套灵活而富有创造性的教法设计,都可以反映出教师独特的教学风貌。影响地理教学风格的因素是复杂的,主要包括教师的思想修养、知识结构、思维方式、个性特征等。由于这些因素是千差万别的,所以地理教学风格也各有差别、绚丽多彩,反映出来的整体教学风貌也必然是千姿百态的。以类型而言,在相对意义上可将地理教学风格归结为两大类:严谨型和活泼型。

(一)严谨型

具有严谨型教学风格的地理教师,表现为地理知识的系统性强、逻辑性强,善于概括和推理;能处理好教材的指导思想;分析异同,挖掘精妙,抓住关键,突破难点;教学讲究方法,讲精、讲透,注意知识的广度、深度和容量；教学语言严谨、清晰，环环相扣；板书设计既简洁、条理化，又有内在逻辑性，能让学生根据板书结构"顺藤摸瓜"，理清知识点，掌握重点；开展的地理课外活动注重科学化和系列化。

(二)活泼型

具有活泼型教学风格的地理教师，表现为运用感性材料比较多，善于分析和阐发；思维敏捷、机智；能根据教材内容的重点、难点和特色，根据学生的实际，激发学生兴趣，集中学生的注意，培养学生各种能力；擅长启发式，教法灵活，注意师生间的情感交流；教学语言富有激情、优美生动，具有形象性和感染力；板书设计提纲挈领、新鲜醒目、语精字妙，一个箭头、一个图例都会引起学生对教材内容的丰富联想；开展地理课外活动注重趣味化和生动性。

两类风格的教师在备课、教课及课外活动中都各具特色。即使是同样的地理教材，如高中地理"中国的可持续发展道路"一节，不同风格的教师的教法设计也迥然不同。严谨型风格的教师，往往先讲述我国走可持续发展道路的必然性，再讲应采取哪些措施，旁征博引，有条理、有层次地讲清、讲透，学生往往学得扎实。活泼型风格的教师，往往提出由浅入深、前后衔接的一些问题，如"请对我国的资源和环境进行评价""你对这些问题持乐观态度，还是悲观态度""请想个有趣的办法记住它"，让学生借助课本和自己所掌握的最新信息展开自由讨论，逐个解决问题，学生往往学得生动活泼。

二、风格是教师创造才能的充分展示

地理教学风格是在长期而艰苦的教学实践过程中形成的，地理教师只有不断地追求地理教学艺术，不断地创新，不断地突破常规，不断地突破自己,才能形成自己成熟的地理教学风格。而成熟的地理教学风格的最重要标志、最本质的特色是它的独特性。独特是风格的生命,而这种独特性充分展示了教师的创造才能和智慧。例如,高中地理"大气的垂直分层"这一知识点,文字简单,但意义深远。教师可采取"绘图释文法",让学生先自学看书,归纳大气的垂直分层,再想象、创造,以图像的形式来回答。这种方法可以训练学生从纷繁的地理事物中抓住本质,不仅检查了学生的知识质量和对教材的理解程度,还培养了学生的想象力和创造力。即使是地理考核设计也可创新,如在高中人文地理考核中,有时可采用"允许查阅考核法",即考核时允许学生带一张只有 5 厘米 × 20 厘米见方的小纸条,上面可以写满考试有关的内容,做题时可以拿出来参考,不算作弊。这种考核方法,一方面减轻了学生的机械记忆负担;另一方面,学生为了充分发挥小纸条的作用,不得不翻书、归纳、整理、比较、精选,然后慎重地写在纸条上。这种方法在无形中迫使学生非常"自愿"地复习了课本,效果良好。

三、风格是教师个性特征的全面折射

每个教师都有不同的兴趣、爱好、能力、性格、气质及风度仪表,所以必然以不同的个性、不同的面貌活跃在讲台上。这种教师个性的独特性也决定了教学风格的独特性,所以说"风格即人"。

有的地理教师个性活泼、兴趣广泛,性格属外倾型,在教学中,往往不会墨守成规,他们巧于设疑,善于激趣,教风生动活泼。有的地理教师性格内倾,稳重踏实,在教学中往往善"点",发幽探微,教风严谨。有的地理教师爱好文学,有丰富的审美情趣,他们在教学中往往会结合情境吟诵诗词,渲染意境,使学生获得美的享受。例如,在讲"桂林山水"时,引用"江作清罗带,山如碧玉簪"的诗句。在诗情画意中,学生深受感染,获得了极大

的美学享受。学生会感到上地理课，就像是漫步在景色宜人的山道上那样目不暇接、美不胜收。

有的地理教师情感丰富，在教学中往往很注意情绪背景，善于用自己对所教知识的情感来煽起学生的情绪体验，从而激发学生的学习动机和兴趣。在这样的课堂上，会有疑问、惊讶、争论，也会有笑声，学生情绪高昂、兴趣浓厚。这些教师在讲祖国的一山一水、一草一木时，总是以饱含感情的语言，自然流露出对祖国的挚爱之情，从而以情动人、以情激情，感染和激起学生的爱国主义热情。

四、风格是教师思想修养的具体表现

教师个人的心理由于受一定社会关系的制约，具有社会意义。因此，教学风格从来就不是单纯的教师个人心理的表现，它必然是社会的产物，浸润着社会思潮。一个厌恶地理教学的教师即使满腹经纶、技巧高超，也难以形成自己的地理教学风格。作为地理教师，只有对教育事业无比热忱，对地理专业无比热爱，对教育改革十分积极，对学生十分挚爱，才有可能成为地理教学艺术家。因此，地理教学风格可以具体表现出教师的思想修养。创造一种教学风格也是在教学艺术的园地里栽培一株新树。地理教学风格形成不易，一旦形成，就具有相对的稳定性。一个形成了独特的教学风格的地理教师，不论是在不同年级上课，还是教学不同的教材，都表现出他在教学思想、教学作风、教学技巧等方面的特色，给人以特殊的魅力。教师在形成一种地理教学风格后，应该继续博采众长，探索创造，稳中求变，使自己的地理教学风格充满活力，不断发展。

第三节　地理教学反思

在现代教学中,笔者体验最深的是改变满堂灌的教学模式,尝试创新教育理论,做到教、学、做合一的教学,重视对学生知识的传授,更要重视对学生能力的培养。教师教育观念的更新、学生学习方式的转变是课程改革在实施过程中的标志性体现。改变课程实施过于强调接受学习、死记硬背、机械训练的情况,倡导学生主动参与、乐于探究、勤于动手,培养学生搜集和处理信息的能力、获取新知识的能力、分析和解决问题的能力、交流与合作的能力。下面仅从地理教学方式上进行反思。

一、注重双方交流沟通

新课程强调,教学是教与学的交往、互动,师生双方相互交流、相互沟通、相互启发、相互补充,在这个过程中教师与学生分享彼此的思考、经验和知识,交流彼此的情感、体验与观念,丰富教学内容,求得新的发现,从而达成共识、共享、共进,实现教学相长和共同发展。在地理课堂教学中,改变传统意义上的教师教和学生学,不断让位于师生互教互学,彼此形成一个真正的学习共同体,师生共同对整个成长负责。对教学而言,交流意味着人人参与,意味着平等对话,意味着合作性意义建构,它不仅是一种认识活动过程,更是一种人与人之间平等的精神交流。对学生而言,交流意味着主体性的凸显、个性的表现、创造性的解放。对教师而言,交流意味着上课不仅是传授知识,还是一起分享和理解;上课不仅是单向的付出,还是生命活动、专业成长和自我实现的过程。

二、启发学生"多问"

学习的兴趣和愿望，在很大程度上决定着学生的学习态度和学习成绩。学生具有好奇心，这正是追求知识的原始动力，是求知欲的嫩芽。他们在日常的生活中往往会对某一事物特别感兴趣，并由兴趣发展为热爱，由热爱进一步发展为对真理的探索和追求，也由此会提出各种各样看似无稽实有深意的问题。这时，教师应顺应学生的心理，正确地引导他们养成多问的习惯，教师可做饶有风趣的讲解，并以丰富的感情色彩去组织学生的探索活动，切不可因学生提出的问题不符合自己的意图或自己一时难以解答而置之不理，甚至加以压制。

三、引导学生"好动"

九年制义务教育教学大纲提出的"变应试教育为素质教育"，其实就是让学生动手"做"科学，而不是让学生"听"科学。片面追求升学率，追求高分，把学生当成知识的容器，只能束缚学生的行动。即使有高分，但不能在实际中加以应用和发展，这样的"人才"又能有多大的创造力呢？身为人师，切莫把"好动"视为缺点，应将学生从"静"中解放出来，并热情鼓励，耐心引导他们动手，使他们在"动"中增长知识，从而形成能力。

四、反思是否具备新课程的教育教学理念

作为一名地理教师，应想一想自己是否正在提高自身的业务理论水平，是否已在研究学生心理动态的发展，是否想探究构建适应新课程的地理教学方式和学习方式，等等。

近年来，中学地理与其他课程一样实施了新教材，笔者作为一名从教近 20 年的地理教师，非常关心新教材的内容，拿到教材后，深感教材的难度明显降低，但趣味性和实用性明显提高。新教材要求体现学生的主动学

习,而新课程标准要求教师不仅要关注那些理性的共同的知识,更要关注学生个性的差异,关注学生能力的发展。因此,笔者经过认真地反思,认为新课程的核心理念是为了每一个学生的发展。这就要求在地理教学中应从有利于学生生活再现和终身发展入手,建立充分调动学生积极性、发挥学生主体性的多样化的学习方式,促进学生主动地、富有个性地学习。教师应与时俱进,放弃以灌输为主的教学方式,为学生改变学习方式创造条件。以"34个省级行政区"(《地理》人教版八年级上册)的教学为例,该教材如果采用传统教学法中的讲述法来组织教学则效果不佳,为激发学生学习兴趣,笔者尝试采用快乐教学中的巧用游戏法,运用多媒体技术制成中国政区拼图,引导学生开展拼图竞赛活动,寓教于乐,既提高了学生学习的兴趣,又活化了课堂教学。教师在教学中也应鼓励学生通过网络、报纸杂志及其他媒体获取地理信息,并适时交流,给学生以施展才华的机会,同时在交流信息的过程中给予及时指导和表扬,激发学生的学习兴趣,体现学生学习的主动性。

五、反思教学中如何进一步强化地图教学

翻开地理新教材,发现文字篇幅有所减少,各种地理图表占了近一半的篇幅,如地形图、政区图、气候图、人口分布图、照片,还有各种统计图表。这些图表不仅具有形象、直观、信息量大、空间性突出等特点,还可以形象、直观、准确、充满趣味地表现地理事物及其相互关系。面对课本里种类繁多的地图,在地理教学中应怎样充分发挥这些地图的作用? 又如何循序渐进地指导学生读图、析图、描图、绘图? 怎样将地图变成学生学习地理不可缺少的工具? 怎样培养学生查阅地图、获取地理信息、分析解决地理问题的能力? 这些是地理教师不可忽视、不可避免的问题。

鉴于这些问题，教师可以通过现代教学手段（如多媒体）和传统教学方法（如挂图）相结合的方式，有意识地将地图展示给学生。从地图的"三要素"入手，教学生认识地图，获取地图信息，帮助学生掌握观察地理事物的基本方法，使他们提高看图的兴趣，从而养成看图的习惯。例如，在进行"中国的疆域和行政区划"的教学时，首先出示"中国的地理位置图"，然后提出问题："从东西半球或南北半球看，我国分别位于哪个半球，从纬度位置和海陆位置看，中国的疆域对我国发展的作用？"要求学生从图中找出答案，再看一看自己的分析与教材是否一致。又如，在教学俄罗斯时，请学生看一看俄罗斯地跨哪两个大洲、以什么地形为主、有什么特点、纬度位置怎样，并思考什么是影响俄罗斯农业的主要原因，使学生通过看图分析俄罗斯人口少却要进口粮食的原因，从而养成读图的良好习惯。

在教学中，地理教师一定要有用图的意识，用图导入、深入，用图突破教材重点，解析教材难点，给学生以直观易懂的印象。

第四节　地理思维

一、假设思维法

假设思维法就是人们常说的科学假说。由于受科学水平和技术条件的限制，人们在实践过程中对某些现象不能确切了解其产生和发展规律，往往借助猜测，做出假定说明。

二、发散思维法

发散思维又叫扩散思维，是指当遇到一个问题，以解决这一问题为目标，进行多方向、多角度、多层次的智力活动，寻求多种答案的思维。例如，针对"植树造林有什么作用"这一问题,用发散思维法就可回答为森林可以提供木材,净化空气,吸烟滞尘,涵养水源,保持水土,美化环境。

三、聚合思维法

聚合思维法是指从不同来源、不同方向探索一个正确答案的思维方法。例如,我国气象学家竺可桢通过长期对气温、气压、风向和湿度等气候要素的观察,并仔细观察冰的初冻、融化现象以及物候现象等,得出了我国近五千年以来的气候变化规律。

四、逆向思维法

逆向思维法是以背道常规现象、由结论推原因或条件的思维方式。例如,近年来在青藏高原发现了岩溶地形,这一反常现象怎样解释? 按青藏高原现在的自然条件,不能形成岩溶地貌。但若反过来由果索因,从青藏高原的发展历史来探寻答案,问题就解决了。

五、形象思维法

形象思维法就是人们利用自然形象进行思维的方法。例如,在进行地图教学时,地图能够引起学生形象思维的三种因素:一是空间关系,如地图的范围、经纬度;二是地理形象,如山脉、河流、岛屿;三是图例符号,如地图上的颜色、等高线、表示城市的圆圈。地图会从这三方面引起学生的形象思维活动,有利于学生形成对各种地理事物的空间想象,有利于地理知识的理解和记忆。

六、联想思维法

联想思维法是从已知的地理概念出发,将有关的其他地理概念和其联系起来的思维过程。联想有纵比和横比两种发散形式。纵比是从地理事物的各个发展阶段进行比较,如地壳的演化史,可比较古生代、中生代、新生代生物的演化阶段的不同。横比是将此地理事物与彼地理事物进行比较，如马达加斯加岛的自然带与我国台湾自然带的比较。

七、类比思维法

类比思维是通过联想、分析和比较，综合归纳，把已经熟知的地理知识、地理规律、思维经验与所研究的地理现象、过程相联系，找出它们的相似性，并用类似方法分析、处理问题的思维方法。例如，讲到等深线、等降水量线、等压线时，教师只要提示学生与等高线相对比，就可解决这些概念。

八、演绎思维法

演绎思维法是由一般地理原理推断个别地理事物的分布和发展的思维方法。例如，地中海式气候的特征是夏季炎热干燥，冬季温和多雨。非洲大陆西南角属地中海式气候，所以这里必是夏季炎热干燥，冬季温和多雨。

九、归纳思维法

归纳思维法是由一系列具体地理事实材料概括出一般地理原理，或者是由一些特殊地理事物推导出一般地理原理的思维方法。例如，我国北方的黄河、海河、辽河等河流，除了它们各自的特性以外，都具有含沙量大、水位变化大、冬季结冰等特点，将这些特点加以归纳，即可得出中国北方河流水文的一般特征。

十、选言排除法

选言排除法是指为了找到正确答案，根据现有材料做出一系列的假定，然后通过验证，逐一排除那些站不住脚的假定，余下的一种就是正确答案。例如，世界上地势最低的国家是芬兰、瑞士、冰岛、荷兰中的哪一个？

用选言排除法,可以确定答案为荷兰。

第五节　地理思维能力的培养

在地理教学中,能力就是对地理事物和现象及其规律的认识。一般来说包括观察能力、注意能力、思维能力、实际应用能力等,其中思维能力是核心,最为重要。中学生的思维活动,主要使用具体形象思维和抽象逻辑思维两种方式。在教学过程中培养思维能力时,教师要有一个全盘考虑,循序渐进,统筹安排,既要注意形象思维训练,又要加强逻辑思维训练,从而培养创造性思维能力。

一、地理教学中形象思维训练

(一)形象思维向抽象思维的过渡

形象思维是凭借事物的具体形象或表象进行联想的思维。首先要有一定的地理表象,然后进一步通过联想进行思维。例如,在讲解五种地形时,利用五幅直观图突出相对高度、绝对高度、地表的起伏和坡度的陡缓,经过大脑加工概括出平原、高原、山地、丘陵、盆地的本质特征。其中,高原是指绝对高度大于 500 米,相对高度小的广阔地区,联想我国四大高原各自的特征:青藏高原的边缘有雄伟的大山脉,内部各山脉分割出许多宽谷、盆地,山顶上雪山连绵、冰川广布;内蒙古高原是一望无际、一马平川的,成群牛羊奔驰,如果可能的话,汽车可任意行驶而不受阻;黄土高原覆盖着分布最广、最深厚的疏松黄土层,并且被水冲刷得千沟万壑;云贵高原起伏较大,崎岖不平,有许多盆地。这样在高原表象的基础上联想具体的高原,就形成关于高原的一般特征。这种依据地理表象的联想进行思维使教学效果有所提高,同时有助于中学生由形象思维向抽象思维的过渡,使抽象思维逐渐处于主导地位。

(二)运用直观教学培养形象思维能力

直观教学是学生感知地理事物、获取感性材料、认识地理表象的有效途径。野外观察、识看标本、实际测量、演示实验、参观访问等可使学生直接接触或观察实际地理事物,观看反映地理实物的图片、幻灯片和电视录像也是形成地理表象的有效方法。例如,电视录像能突破时间和地域上的限制,使学生如临其境地看到千里之外的地理事物,对重点内容还能仔细观察,反复品味。又如,利用课本上的插图(安徽省的黄山迎客松,雪峰耸立的喜马拉雅山)以及画报上与教学有关的彩色图片等进行小型展览供学生参观,不仅使学生印象深刻,还有助于激发学生学习地理的兴趣,调动学生学习的积极性。

(三)运用地图教学培养形象思维能力

地图是学习地理最重要的工具,是教师不可缺少的直观教具,也是形成地理表象进行形象思维的有效手段。培养学生运用地图的能力,一是让学生掌握必要的地图知识;二是随着课程的进展,坚持长期的反复细致的训练,学生就会掌握地图的各项要求,养成用图习惯。识图侧重于形成地理表象、获得感性事实材料,而分析图则在形成地理表象的基础上进行联想,进一步从理论上进行分析综合。例如,在地图上读出非洲在南北纬32°之间,赤道在中部横穿,联想气压带风带的纬度分布规律,总结出非洲的气候带呈南北对称分布。又如,在中国地图上读出各主要地形区的分布,然后经过分析,归纳出我国山区面积广大、地势西高东低呈阶梯状分布、地形排列形成网格分布三大特征。在读图和分析图的教学过程中,从读图的感性认识到分析图的理性认识是培养学生进行地理思维的一个重要手段。

(四)运用比较法培养形象思维能力

借用比较法可以区分地理事物的共性与差异,帮助学生认识和理解地理事物,特别是根据已知的地理知识去类比未知的地理知识,可以获得新的地理知识,从而发展学生的形象思维。例如,运用乡土地理知识对比别区或别图的地理事物,学生在掌握乡土地理的情况下再比较学习黄河中下游的自然地理环境和人文地理环境,就容易理解、掌握和运用了。又如,在学完黄河中下游地区后,比较地理环境的各要素的异同点来学习长江中下游地区,无论是横向比较还是纵向比较,学生都能更好地掌握长江中下游的地理环境。学生不仅巩固了旧知识,学习了新知识,使学到的知识得到迁移,还发展了形象思维,提高了分析综合能力。

二、地理教学中逻辑思维的特点及其训练

(一)逻辑思维在地理教学中的作用

逻辑思维是正确掌握概念并运用概念组成恰当的判断,使判断合乎逻辑的思维形式。它是先掌握准确、完整的概念后,用概念进行判断与推理的活动。例如,在讲季风气候时,先树立季风概念,即一年中随季节的不同有规律地转变风向的风;再建气候概念,即一个地区长时期天气变化的规律,主要包括气温、降水两要素。那么,季风气候就是在一年内随风向的转变,气温和降水有明显季节变化的气候。在学生掌握了季风气候概念的基础上进一步学习我国的季风气候有关知识,学生学得明白,掌握得也扎实。因此,在地理教学中需要对学生进行逻辑思维训练。

(二)正确掌握地理概念

地理概念是对地理事物和现象一般的本质属性的概括。它是地理知识的重要组成部分,也是正确地进行判断、推理等思维活动的基础。在教学中引导学生形成并掌握地理概念是一个从感性认识到理性认识上的飞跃,是通过分析、综合、比较、抽象等思维过程对地理事实材料进行加工改造来实现的。例如,在讲太阳辐射概念时,学生首先要了解太阳是由炽热的气体构成的天体(恒星),然后弄清楚自然界中的物体都以电磁波的形式不停地向外传递能量,将这方面的认识进行综合得出总认识,最后用科学的语言进行概括,形成太阳辐射的概念。

掌握概念时要使学生明确概念的内涵是什么,外延又包括哪些,如上述的太阳辐射就是内涵,而太阳辐射(波长 0.15~4 微米)进一步分成紫外线(小于 0.4 微米的波长)、红外线(大于 0.76 微米的波长),太阳辐射的总能量的 20 亿分之一到达地球,是地球上最重要的能量源泉等,就是太阳辐射的外延部分。只有明确概念的内涵与外延,才能真正理解、掌握、区分和运用概念。教学中还要对学生容易错的地理概念及时进行纠正,通过去伪存真、去粗取精的练习,让学生准确地掌握地理概念,从而抓住事物的本质。例如,讲解地形雨时,让学生把中国地形图和中国年降水量图进行对照,比较秦岭、台湾山脉两侧的降水量情况,然后分析地形雨的成因,着重强调两个条件:一是气流性质必须是暖湿的,二是地点必须在迎风坡上,二者缺一不可。通过正反实例,消除学生对地形雨理解的片面性,即不管气流性质如何,凡迎风坡都降地形雨的错误认识。总之,在地理概念教学中,教师必须完整、准确地认识概念的内涵和外延,明白从外延对象中取哪些实例有利于学生认识内涵属性,知道采取什么手段引导学生掌握内涵属性,要求学生能用完整准确的语言表达概念,还要运用一定的方法检查学生对概念理解的程度。

(三)在地理教学中培养学生的地理判断能力和推理能力

地理学不是地理概念和事实材料的罗列,而是掌握地理基本原理去认识和改造客观世界。在地理基本原理中,地理因果关系是非常重要的内容,引导学生掌握地理因果关系需要进行恰当的判断和合乎逻辑的推理。地理因果关系是复杂多样的,有一因一果、一因多果、多因一果和多因多果。例如,不同地点的地方时不同,是地球自转引起的,为一因一果现象。又如,地球上海拔最高的青藏高原,有独特的高原气候;高原上终年积雪,冰川广布,冰雪融水形成江湖的补给或大河的发源地;高原上空气稀薄,透明度好,而日照强烈;适应高原环境的特有的动物是牦牛,这些是一因多果现象。再如,某些地区的气候特征由纬度、大气环流、地形、洋流等因素影响而成,是多因一果现象。至于多因多果现象则更为普遍。掌握地理因果关系可采用如下方法:①直接分析推理。例如,昼夜的产生是因为地球是个不透明体,昼夜更替的原因是地球自转的结果。②间接地推理。例如,一天中最高气温出现在午后2点。因为地面温度达到最高值之后还有一个过程气温才达到最高值,地面达到最高温度是地球热量由盈余转为亏损的时刻,地面热量是太阳辐射的热量在地面储存而来。太阳辐射最强在正午12点,地面温度最高在午后1点,气温最高值在午后2点左右。

三、在地理教学中培养学生的创造性思维

(一)授之以趣,激发学生的学习动机

心理学研究表明,兴趣是一种由于机体需要而产生的稳定的内驱力,

是构成动机的最现实、最活跃的成分，是学习入门和获得成功之间的"牵引力"与"黏合剂"。如果地理教师善于寓教于乐，使教学活泼生动、情趣横生，培养和激发学生的"痴"情"迷"劲，使学生乐于探索，那么不仅大大有益于提高当前地理教学效果，还可能在学生心中埋下终生为之探索的种子。在地理教学中，教师不能满足于对学生一讲就懂，更应善于提出新颖的引起认知冲突的问题，使学生产生浓厚的学习兴趣。例如，初中地理教材涉及的"时区和日界线"内容，学生接受起来有一定的困难，教师不妨在上课之初，首先向全班学生展示两个小问题：①"小东得知到日本东京访问的爸爸，今天就要回到上海了，他了解到飞机从东京起飞的时间为早上8点，按照飞机飞行2小时15分钟计算，到达上海的时间应为10点15分。他准备到机场迎接爸爸。可是还没有动身呢，爸爸就到家了。这是怎么一回事呢？"②"一对孪生姐妹，姐姐先出生，但年龄小一岁，妹妹后出生，年龄却比姐姐大一岁。你知道出现这种奇妙情况的原因吗？"这样一来，学生就会带着强烈的好奇心来听教师讲课，并把这种兴趣转化为内在的学习动力。

(二)创设问题情境，提倡探究教学

所谓设置问题情境，就是在教材内容与学生求知心理之间创造一种"不协调"，把学生引入一种与问题有关的情境中的过程，这个过程也就是不协调—探究—发现—解决问题的过程。

在地理教学中，教师不要急于把现成的知识灌输给学生，而要善于启发学生，帮助他们提高分析问题和解决问题的能力。要善于联系新旧知识的相似点和不同点，引导学生充分利用已学知识探求新的知识。要根据教材内容和学生的认识水平，尽可能地创造条件，使学生通过观察、分析、总结,形成自己的概念。例如,在讲述北美气候部分时,首先要求学生阅读教材插图,然后设问:"北美与欧洲西部纬度相当,欧洲西部的气候表现了海洋性的特征,而北美却普遍有大陆性特征,为什么?"学生只有通过比较、综合,才能得出确切的回答。当然,教师的提问不要过于频繁,如果把"弦"绷得过紧,而不让学生有思考回旋的余地,急于点"将",让学生仓促上阵,很可能就会"卡壳",从而影响学生的学习情绪。另外,应当强调的是,在地理教学中还要充分地显示教师和学生思维活动的全过程。学生的创造性思维无疑是通过教师的激励(讲述)来显示的,而学生的思维过程又是通过对教师提问的回答来显示的。因此,关键的问题是教师应该讲什么。例如,教师提出这么一道问题:"我国某大河流域,五月初曾连续多天降雨,引起河水猛涨,使流域内两个省区的水稻、甘蔗的丰产受到威胁,请你想一想,某大河指的是哪一条?降水属于哪一种形式?"在学生做出正确回答之后,教师可进一步追问:"这个问题你是怎么推导出来的?请你给大家讲一讲。"当学生的思维活动遇到了障碍,教师可问:"你卡在什么地方?"然后通过教师和其他学生的分析、回答来予以解决。这种教法,形式上只问一个学生,但对其他学生的创造性思维同样产生了激励作用。

(三)打破思维定式,鼓励学生标新立异

在地理教学中,教师如果把学生的思维束缚在教科书的框框内,不准他们越雷池一步,那么只能使学生的思维活动处于一种"休眠"状态,会扼杀学生的首创精神。如果要使学生认真学好前人的知识,既不受其拘束,敢于另辟蹊径,又能言之有理,持之有故,就必须鼓励学生标新立异,打破思维定式,从而发现新问题,提出新设想。但是教师应该注意到,对学生的问题要推迟判断,避免武断。过早地下结论或向学生预示解决方法,不利于学生创造思维的培养。即使学生把答案搞错了,也不必大惊小怪,要善于区分笨拙的错误和创造性的错误,后者往往是成功的先导,应当引起教师的重视。教师应促使学生形成一种特殊的求异心理状态,鼓励学生深刻回味,大胆设疑,细心思考,据理力争。

在地理教学中,教师还要充分运用变式教学,克服学生孤立思考问题的习惯和消极定式的影响,即对同一事物要善于从不同角度用不同方法进行揭示。教师所提问题也要有较大的内涵,要多提需要从不同思路去考虑的问题,以利于学生进行扩散性思维,使学生产生尽可能新的、尽可能多的想法、解法和见解。例如,"假如采用人工融冰化雪的方法促使天山冰川大规模消融以解决新疆的干旱问题,采用大规模的南水北调方法解决华北地区的缺水问题,这将对人类的环境产生哪些影响?""假如地球自转的方向是自东向西的,那么恒星日和太阳日哪个大?""假若黄赤交角为零,地球上将会产生哪些地理现象?"所提问题的用意均是促进学生广开思路,突破"常规",形成创见。

(四)授人以渔,培养学生自学能力

我国古代早有"授人以鱼,只供一饭之需。授人以渔,则终生受用无穷"的至理名言,这就告诫教师,教师不仅要使学生掌握教学大纲规定的基础知识和基本技能,还要教给学生独立探求、索取知识的方法。学习地理,掌握内容是其一,掌握方法触类旁通是其二,后者就是一种能力。有了这种能力,学生就会善于从教师的讲解中捕捉瞬息即逝的问题,就会变被动接受为主动探索,去掉教师的"拐棍"也能够"走路"。因此,在地理课的课堂教学中,教师要有目的、有计划地将分析、综合、比较、概括、归纳、演绎等方法传授给学生,并在教学中做出示范,让学生根据课题要求自己读书读图,独立做笔记,并展开对事实材料的分析、整理,做出新的判断和推论,从而发展创造性思维。与此同时,教师应当告诉学生,任何学习上的成功都不是信手拈来的,实现任何一类问题的创造性解决,都与他们平时扎实地掌握基本知识和技能有关。教师应要求学生具备持久的学习热情和不断探索的自学精神,坚持主见,知难而进,"只有不畏劳苦沿着陡峭山路攀登的人,才有希望到达光辉的顶点"。

第六节　发展趋势及研究进展

地理学是一门研究地球表层自然要素与人文要素相互作用及其时空变化规律的科学,它广泛运用现代科学技术手段,具有跨越自然科学与社会科学的性质。面对当前全球变化和可持续发展的世界性科学问题,地理学家根据学科特点和领域优势,抓住机遇、迎接挑战。目前的地理学主要研究地球表层系统各界面间的物理、化学、生物及人文过程,探讨多种过程的相互作用机理,探求人类活动与资源环境间相互协调、可持续发展的规律,地理学以格局—结构—过程—机理的研究思路贯穿始终。随着新技术、新方法的使用以及观测资料的不断积累,当今地理学的研究在空间尺度上同时向微观、宏观两个方向扩展,已具备现代科学的主要特征。总体上,地理学研究具有鲜明的区域性和综合性。地理学的主要研究方向对解决当前世界性的人口、资源、环境与可持续发展问题具有重要作用。

探讨地球表层系统的演变及其动态机制是地理学的中心任务。围绕"人地关系地域系统"探讨人类活动与环境变化的关系是地理学的核心科学问题。研究人口、资源、环境与发展的关系并寻求解决其中关键问题的途径,为区域整治提供理论基础和决策依据,是地理学服务社会的重要功能。综合的观点和学科交叉的方式是地理学研究的特色。在不同尺度上探究人地关系地域系统的关键环节是地理学解析科学问题的独到手段。围绕不同尺度的地域综合体,探讨地貌、水文、土壤、生物、气候、人文多种因素及过程的相互作用机制,表述相互作用的模型以及定量模拟与预测,是地理学的主攻方向。

一、地理学的学科战略地位

就科学意义而言,地理学是地球系统科学的重要组成部分。地理学主要关注空间区域——陆地表层,这是岩石圈、大气圈、水圈、生物圈和人类圈共同作用的区域。了解、认识和解释地球各环境要素在陆地表层的作用过程是发展地球系统科学的关键。地理学关注的核心是百年、十年尺度的自然环境变化以及人地相互作用过程,着力认识地球表层系统在自然、社会和经济共同作用下的变化规律,实现地质环境过程和现代环境过程的关键环节的联系和对接,从而科学地认识地球各圈层间物质迁移和能量转化以及对人类社会产生的影响。

就社会意义而言,地理学研究主要面向当前世界性的人口、资源、环境与可持续发展问题。地理学所关注的科学问题直接指向今天决策者的紧迫需求。地理学通过对自然资源利用、灾害防御与风险综合管理、环境变化与影响、人类的适应性、人口与城市化、经济与产业布局、区域发展与规划、技术服务与信息传递等问题的研究,为地方、区域、国家、全球的不同尺度问题的预测、规划、决策和优化做出了贡献。

地理学的影响力和应用价值在社会上迅速扩展和加强。地理学增进了对科学知识的贡献,同时科学界将更加了解和认同地理学在科学体系中的重要地位和作用。

二、地理学的发展概况

今天的地理学是以实验为主要手段,以机理探讨为主要目的,以数学模型表达为主要特色的现代科学。

在实验数据采集方面,从监测、分析、模拟三个角度,加强了数据的科学性和可验证性。利用化学分析技术,加强物质迁移转化过程和机理的研究;应用物理实验,了解地表物质的物理结构及物质运动的动力学特征;利用遥感对地观测系统和典型地理单元长期定位、半定位观测网络,加强典型地区地理要素、地理格局和过程的变化研究;利用室内外模拟实验,简化地理环境的复杂性,加强不同要素作用方式和过程的识别研究。

在研究尺度方面,在物质尺度和空间尺度两方面都有所扩展。研究的物质从某些无机元素扩展到分子、无机物、有机物;研究的重点从单一元素的空间分布扩展到多种污染物在水、土、气、生物界面及不同介质中的迁移转化;研究的地理环境格局从区域尺度向全球和地方两个尺度方向扩展。同时研究的时间分辨率有所提高。总体而言,物质特性在空间尺度上的变化研究可以分为以下三个层面。

第一,区域尺度变化。关注地球表层常量物质变化,在空间遥感技术支持下,从全球、区域气候变化及人为活动影响的角度加以解释。

第二,种群、群落、生态系统变化。关注陆地表层生源要素及生命系统的变化,在定位及半定位观测的基础上,从土壤、水分、生物和气候相互作用的角度加以解释。

第三,分子及元素水平的变化。关注自然有害物质和人为污染物质的空间过程及环境效应,在化学分析的基础上,从微观地理背景加以解释。

地理学在融入现代科学体系的过程中，模型研究备受重视。目前以建立经验模型为主，概念模型和物理模型涉及不多。为了兼顾基于假设的过程解释和对未来的有效预测，增强模型的连续统一性，经验模型与物理模型并行发展是准确刻画地理真实的重要途径。

当今地理学的发展，突出表现为部门地理研究深化，区域综合研究加强。无论是自然地理还是人文地理分支学科研究，都取得了重要进展。这些进展概括起来，表现在：①基于观测模拟实验基础之上的过程研究；②基于动力驱动过程的效应研究；③基于多环境要素相互作用的过程研究；④基于对过程理解和定量阐释的模型研究。区域综合研究的特点主要体现在：①强调多空间尺度的综合研究；②强调空间区域上多自然环境要素相互关系的耦合研究；③强调区域中自然和人文要素相互作用的研究；④强调区域内和区域间相互联系的关系研究。

三、地理学的发展趋势

就整体发展而言，地理学已经从经验科学走向实验科学，从对宏观格局的研究走向微观过程和机理与宏观格局相结合的研究，从要素和过程的分离研究走向综合集成研究。为了逐步提高地理学研究水平，推动地理学的发展，各国地理学家都在努力探索。从近期的发展看，现代地理学有以下一些明显的动态和趋势。

(一)重视新技术的引入，促进研究手段的现代化

发挥计算机技术、应用数学方法、空间信息科学与技术在地理学海量数据获取与处理中的重要作用，不断提高地理研究的效率和精度；借鉴化学、物理学、生物学先进的测试、分析与模拟技术，深入识别和甄别地理要素在环境变化中的作用方式和强度。

(二)重视相邻学科理论和方法的借鉴、渗透与融合

重视相邻学科理论和方法的借鉴、渗透与融合，发现新的学科生长点，发展地理学理论。借鉴生态学理论，深入研究陆地表层地域系统的结构功能及动态演变过程。重视科学思想在解决交叉性问题中的作用，产生新的学科生长点，如生态水文学。借鉴系统论、协同论，加强地理学的整体观念，从理论假设出发进行演绎，使归纳与演绎相互补充。

(三)地理过程研究的微观化

注重物质迁移过程的物理、化学、生物学和人文机理等研究，注重物质在多界面转化和传输过程的研究。从不同的物质尺度，对地形发育、径流形成、环境演变、污染物迁移、土壤发生形成、植被演替、土地退化、城市化等地理过程进行深入的研究。

(四)地理过程研究的综合化

注重自然环境演变过程与人文过程的耦合研究，突出以人的需求为驱动的地理过程综合研究；深化自然环境演变过程中多种自然地理要素相互作用研究，突出多种自然地理过程耦合研究；注意再现地理过程、预测未来情景的模拟研究，重视模型在综合研究中的作用；针对综合性地理科学问题，解析物质尺度、空间尺度和时间尺度，发展尺度转化的方法。

(五)区域研究层次化

注重开展全球、区域、地方各种空间层次的研究，并且针对每个层次突出的科学问题设计研究思路，围绕解释不同层次地球表层过程发生的机理展开。同时深入开展层次间关联与综合的方法论研究，突出刻画系统的整体性。

（六）结合实践，拓宽应用研究领域

地理学为社会服务的应用研究领域更趋多元化，从传统上主要为农业服务，逐渐向城市建设、旅游业、交通运输、防灾减灾、公共安全、生态保育和环境保护等方面扩展；研究内容也更多样化；比较重视发展应用地理学理论。各国地理学家在这方面的研究相当活跃。

四、我国自然地理学和人文地理学研究进展

中国地理学发展有着深厚的文化底蕴，对世界地理学发展做出过重大贡献。长期以来，中国地理学在地貌、水文、土壤等部门自然地理研究方面发展较快，自然地理的综合研究也有一定的进展。人文地理学的发展具有明显的时代印迹，以经济地理研究为主导，以地区产业结构和城市研究为核心，与区域发展研究密切结合。在自然地理的综合研究中，地表自然过程研究、城市与区域发展研究以及面向社会现实的应用基础研究等方面取得了较好进展。

（一）自然地理的综合研究

在自然地理学的综合研究的三个主要领域，即自然区划、区域自然地理和土地系统，都有不同程度的进展。综合自然区划是自然地理学的传统研究方向。在国外自然地带学说的基础上，1959年完成的中国综合自然区划揭示出中国自然地域分异的特点和地带性规律，在理论方法上有明显创新，成为各部门研究和应用的重要依据。其后的中国农业区划、中国自然地理系列专著等成果，均具有世界意义。20世纪90年代中期，拟订了中国生态地理区划，建立了以生物地理学为基础的气候—植被分类系统，并考虑了人类活动的影响。多年来，区域自然地理的研究是自然地理学关注的重要方面。对重要自然地域单元的自然地理学研究，如青藏高原、黄土高原、黄河流域,在表达区域的异质性,分析和评价区域资源、灾害问题,为区域规划提供依据等方面做出了重要贡献。

20世纪90年代以来,区域定量研究不仅注重自然地理要素的研究,同时更加强调各环境要素的综合研究。在选择研究区域时以中小流域为主,开展更加深入的地理过程(生态过程)研究。土地系统是自然地理学综合研究的理论基础。在20世纪七八十年代,围绕土地分类、土地评价开展了大量的工作,服务于农业。20世纪90年代以后,我国紧跟国际全球变化研究的潮流,开展了大量的土地利用和土地覆盖变化研究,为国际大的科学计划开展及区域对比研究提供了丰富的案例。

(二)地表自然过程研究

我国学者提出自然地理学要研究地表物理、化学和生物的自然过程,突出了对水、土、气、生物的要素变化过程与机制的观测实验研究。部门自然地理取得长足的进步。一些交叉学科逐渐分化出来,形成新的学科生长点;有些学科的交叉与融合,使原来的学科体系更加丰富,理论更加深化。物理过程研究进展主要表现在:①对土壤侵蚀的监测、模拟与建模;②泥石流与主河相互作用的实验与实测;③风沙边界层动力过程与风沙地貌演化;④冻土路基结构设计及冻土环境保护;⑤土壤—植物—大气连续体水分运行及节水调控实验;⑥内陆河流域山区分布式水文模型。化学过程研究进展主要表现在:①地方病;②与人体健康有关的环境生命元素平衡和环境保护;③污染物在水—土—气—生物界面的迁移转化;④农业土壤中微量有机物的活性和生物有效性。生物过程研究进展主要表现在:①作物水分胁迫与反冲机制;②污染物高富集植物的筛选与培育;③环境内分泌干扰物质对生物多样性的危害。自然历史过程研究进展主要表现在：①通过黄土、冰芯、湖芯、树轮及历史文献资料深入研究古地理及历史气候与环境变化；②在青藏高原冰芯记录与全球变化、河西地区环境演变与人地关系，我国北方历史时期人地关系相互作用机制方面的成果为世界所公认。

(三)城市与区域发展研究

回顾我国地理学的发展过程，人文地理学无疑是地理学众多分支学科中发展最快、变化最大的分支学科，城市与区域发展的研究已经成为人文地理学研究的核心范畴。对城市的研究在城市群(带)的形成、城市内部空间结构特征、城市化等方面进行较为全面的探讨。其主要进展包括①中国城市实体地域的概念，都市区和都市连绵区的界定标准；②城市空间过程集聚与扩散的规律和机制，我国城镇化发展水平及郊区化的空间趋势；③城镇体系规划与城市发展战略规划的理论与方法。城市社会地理学研究主要围绕城市社会空间形成与演化机制展开，在城市社会区与城市社会空间分异，新城市富裕阶层及城市社会极化，城市非主体社会群体与异质社区等方面取得一定进展。对区域发展的研究在主导因素和综合集成两方面都有不同尺度的进展，主要表现在：①结合公司和企业地理、产业链、产业集群的研究，探讨区域产业生命周期与产业结构的演进规律；②重视经济全球化的区域响应研究，通过产业转移和国际贸易的分析，阐释经济要素的空间流动机理及其相互作用的基本特征；③采用区域发展差异性及其格局变动的跟踪研究方式，揭示我国区域发展空间结构的形成与变化的驱动机制；④以实现区域研究的应用价值为导向，开始建立支撑区域政策和区域规划的人文地理学理论基础；⑤影响区域发展的新因素的研究；⑥对"地学要素—区域发展"系统的整体性研究；⑦不同时期不同空间尺度发展因素与发展格局之间关系的研究。

(四)面向社会现实的应用基础研究

在我国典型区域自然灾害形成机制与规律、区域自然灾害系统、自然灾害风险评估方法等方面进行了研究,有关研究结果在国家减灾报告、国家减灾战略及减灾规划中得到应用;在旅游资源评价、旅游开发与规划、旅游产业布局等方面开展了大量研究,为中国的旅游业发展做出了巨大贡献;在区位、城市空间结构、城市与区域发展的关系等方面开展了大量研究,为我国城市规划、区域规划及各级政府实施可持续发展战略提供了科学基础。

第七节　新课程改革下的地理教学

自地理课程改革以来,笔者通过长时间的教学实践、摸索,无论是对新教材的认识,还是在教学方法的探索研究及学习评价方面,都有很深的感受,现从以下五个方面谈谈自己的一些体会。

一、地理新教材的特点

(一)重视读图启发式在地理教学中的应用

据统计,无论七年级还是八年级的地理,都通过大量的图表来吸引学生的注意,以激发学生的学习兴趣和求知欲;使学生学会从图中获取地理信息,分析和了解地理事物的内在联系与规律,形成地理知识学习的技能。例如,教材中关于经纬度的定义、特点、规律的学习,就要求学生通过读图活动自己归纳总结来完成。旧地理教材是将定义、特点和盘托出,再配上一些图,这就让一些不爱动脑筋的学生忽视了读图思考,而只是死记硬背各个知识点。

(二)较好地体现了地理课程标准的基本理念

教材采用先进的结构模式(知识与能力、过程与方法、情感态度与价值观三位一体),对以往的注入式、自学式、启发式、人物式、讨论式、探究式等诸多模式优化组合,并十分突出了探究性学习。这有利于构建开放式的地理课堂,让每个学生都自主学习,充分发展其想象能力、创新意识和动手能力。例如,教材设计了让学生补充地理资料、对地理现象的片段描写、动手制作各种模型、搜集各方面的地理事实材料等内容,教师可通过分组讨论、辩论、游戏、表演等形式,让学生自由思维,给教学保留足够的思维和创作空间。新教材还吸收和应用了现代技术手段,如地球卫星照片、喜马拉雅山电子影像图。遥感图像、天气预报制作过程组图、全球定位系统、国际互联网气象网站查询等,极大地丰富了地理教学的内容,开阔了学生的视野,富有时代气息。

(三)加强了实践和探究活动,构建了开放式课堂教学模式

新教材重视培养学生的创新精神和实践能力。新教材主要由文字系统、图像系统和活动内容三大部分构成。而活动是教学内容的重要组成部分,其功能已从复习巩固课堂知识转变为承担一部分新知识的教学。通过活动这种方式,切切实实地让学生参与到教学活动中,启发学生在观察、思考、分析问题中灵活运用地理知识,让学生体验解决问题的过程,逐步学会分析问题、解决问题的方法。教材的这种编排摒弃了注入式的教学方法,有助于使学生真正成为课堂学习的主体,体现了师生平等、共同发展的教育理念。

二、地理教学教法

新课程标准要求把课堂还给学生,让学生成为课堂的主人,要让学生自主探索和学习。在这种模式下,要求教师在组织整个课堂教学时,做到以下三个方面。

(一)提出有效问题,营造一种充满诱惑的问题情境

教师作为教学活动的主体,应使学生成为学习活动的主体,使教师与学生成为互动的统一体,这也是教学活动的崇高境界。那么,教师如何调动学生参与课堂教学活动? 伟大的教育家孔子说:"弗思何以行,弗思何以得。"因此,教师要研究学生的行为爱好,研究教材,研究课程资源,找准时机,通过提出有效问题来营造一种充满诱惑的问题情境,使学生乐学、乐动、乐于探究,从而达到和谐的师生互动和教学共振。

(二)教育要回归生活,与生活联系起来

要将教学内容纳入学生与自然、学生与社会、学生与自我、学生与文化的关系中。皮亚杰的知识结构理论指出,学生在自己生活经验的基础上,在主动的活动中建构自己的知识。也就是说,走进教室的学生并不是一无所知的,而是在日常生活、学习和交往活动中已经逐步形成了自己的一定的经验和观点。新课程强调教育要回归生活,要将教学内容纳入学生与自然、学生与社会、学生与自我以及学生与文化的关系中。地理学科植根于生活,回归生活是新课程改革中地理学科追求的目标,也应该是地理学科的重要特色。例如,对地形和气候这两个内容,要联系当地地形特点和气候特征展开教学活动,以吸引学生。

(三)建立民主、平等、和谐的师生关系

师生关系是学校环境中最基本的人际关系,对学生心理素养、思想品

质和社会能力的形成,对教师工作的心情与成败得失,对实现预期的教学过程和教学效果等有着很大的影响。新课程改革要求建立民主、平等、和谐的师生关系，利用融洽的师生关系与和谐的心理气氛来促进教学的顺利进行。

三、新课程标准关于课程总目标的阐述

课程目标是指学科课程对学生在培养与发展方面所期望达到的程度。为了体现目标的层次性,课程标准除了课程总目标外,还包括知识与技能、过程与方法、情感态度与价值观三个领域的分目标。修订后的新课程标准,在课程目标的阐述方面有哪些改动呢?

第一,文字更加简练,从原来的 114 个字减少为 54 个字。

第二,不再具体列出地理知识的内容范畴,而是概括为掌握基础的地理知识。因为在三维目标的分目标中还会对知识内容一一阐述。

第三,"获得基本的地理技能和方法"表述中的"方法"取代了原来的"地理学习能力"的提法。"方法"更为具体,它包含地理思维方法、地理学习方法及各种解决地理问题的方法,如地理观察、实验、调查、计算。

第四,"增强爱国主义情感"中的"增强"行为动词代替了原来的"养成"一词。这样的表述更加准确,它表示在原来基础上的升华。

第五,删除了原来"具有初步的地理科学素养与人文素养"的要求。适当降低目标,符合初中生的年龄特点与发展水平,也体现了初、高中地理课程目标的不同层次。

四、课程总目标解析

(一)掌握基础的地理知识

从其知识范畴而言,基础的地理知识包括地球与地图、世界地理、中

国地理与乡土地理的知识;从学科特质而言,基础的地理知识包括空间分布、空间联系、空间差异、空间演化的知识;从知识分类而言,基础的地理知识包括地理陈述性知识、地理程序性知识、地理策略性知识等方面。基础的地理知识是奠基的、主干的、具有生长点的地理知识,也是对生活有用、对学生终身发展有用的地理知识。掌握基础的地理知识,就要重视地理表象与地理概念的形成,而要形成表象与概念必须运用先行组织者策略,关注地理感知过程;就要循序渐进,从对地理事实的了解升华为对地理特征、地理成因、地理规律的认识;就要活化知识,不仅会学基础地理知识,而且会用基础地理知识。

(二)获得基本的地理技能和方法

知识与技能是一对孪生姐妹,它们相互依存,不可或缺。一个学生仅仅死记一些知识而缺乏技能,其知识结构是不健全的。地理技能和方法不仅有助于地理知识的学习,还有助于地理知识的应用。同时,获得基本的地理技能和方法,对于探究地理问题,提高学生的实践能力与创新精神,都是十分有益的。

(三)了解环境与发展问题

课程总目标要求地理课程能够让学生大致了解当代的环境与发展问题。目前人类所处的生存环境复杂而充满危机,自然环境中由全球气候变化引发的各种自然灾害接连不断,地震、火山频发、臭氧层空洞现象加重,生物多样性遭到威胁,水土流失与荒漠化日益扩大,自然资源严重短缺等问题层出不穷;人文环境面临人口"爆炸"、民族矛盾、地区冲突、癌症肆虐、污染加剧、交通事故、城市火灾、吸毒贩毒、食品不安全等问题。当今社会还存在各种发展问题,如区际经济差异悬殊、资源利用不合理、产业结构老化、城乡结构不合理、地区结构不平衡、地域文化流失、区域生态恶化均迫切需要解决。了解这些问题对于培养21世纪思想活跃且具负责精神的公民是十分重要的。

(四)增强爱国主义情感

如果说历史是按照时间线索来综述祖国的来龙去脉,从而培育学生爱国之心的话,那么地理就是根据空间特征来描绘祖国的风貌景观,从而激发学生的爱国之情的。地理课程要向学生展示一幅真实的中国地理画卷,既要深情介绍壮丽河山、富饶物产,又要坦诚揭示国情之殇、问题所在。例如,在讲述我国气候优越性时,也要讲季风气候的弊端;在歌颂三峡工程伟大成就的同时,要指出工程对生态造成的不利影响。不能认为讲问题有悖于爱国主义教育,实事求是地讲问题恰恰是对祖国的热爱与负责。

(五)初步形成全球意识和可持续发展观念

全球意识是一种将研究对象放到全球背景下考察的思维方式,具有将宏观思维与微观思维相结合的特点。可持续发展观念是科学发展观的核心观念之一。科学发展观是全面、协调、可持续的发展观,它强调统筹兼顾、人地和谐与资源环境的永续利用,反对为满足当代人需求而牺牲环境与后人利益的掠夺性行为。

五、新程课标准关于知识与技能目标的阐述

第一,掌握地球与地图的基础知识,能初步说明地形、气候等自然地理要素在地理环境形成中的作用以及对人类活动的影响;初步认识人口、经济和文化发展的区域差异。

第二,了解家乡、中国和世界的地理概貌,了解家乡与祖国、中国与世界的联系。

第三，了解人类所面临的人口、资源、环境和发展等重大问题，初步认识环境与人类活动的相互关系。

第四，掌握阅读和使用地球仪、地图的基本技能；掌握获取地理信息并利用文字、图像等形式表达地理信息的基本技能；掌握简单的地理观测、地理实验、地理调查等技能。

六、新程课标准关于过程与方法目标的阐述

第一，通过各种途径感知身边的地理事物，积累丰富的地理表象；初步学会根据收集到的地理信息，通过比较、分析、归纳等思维过程，形成地理概念，归纳地理特征，理解地理规律。

第二，运用已获得的地理基本概念和地理基本原理，对地理事物和现象进行分析，做出判断。

第三，具有创新意识和实践能力，善于发现地理问题，收集相关信息，运用有关知识和方法，提出解决问题的设想。

第四，运用适当的方式、方法，表达、交流地理学习的体会、想法和成果。

第八节　地理课堂创新的多角度

21世纪是创新的世纪，作为教育工作者，从事的是培养创新型人才的伟大事业。实行创新教育是新形势对教师的要求，是时代赋予教师的使命。在地理教学中，教师应进行创造性能力和创造性思维的培养和训练，以转变学生传统的思维模式。培养实事求是、独立思考、勇于创新的科学精神是素质教育的核心，是当前深化课堂教学改革，提高教育教学质量的主攻方向。地理课堂教学创新可采用以下四种形式。

一、指导学生自学,运用练习达标

运用这种方式的主要目的是发挥学生的主体作用,把学生被动接受知识变为主动地学习,同时培养学生独立思考的能力,使学生养成自觉学习的良好习惯。其教学过程有以下三个环节。

(一)展示学习目标和重点

地理教学目标主要包括地理知识目标、能力目标、德育目标、情感态度目标等。作为学生要明确的是知识目标和能力目标,至于德育目标,可在教师精讲中渗透。教师在给学生展示学习目标时,要做到以下四点:①要有导向性,适合学生的智力情况;②要有系统性,能反映课文的知识结构;③要有重点性,应突出学生要掌握的主要内容;④要有层次性,知识难易适中,以便有的放矢,教师在明确目标时还要给学生明确重点和难点。

(二)运用练习达标

在给学生明确学习目标和重点以后,教师布置恰当、适量的练习,指导学生自学课文,完成这些练习。这是地理课堂达标的一种行之有效的方法。通过这种方法,对于一般性的知识目标的内容学生可以自行解决。这样既能调动学生学习的积极性,使学生自主学习,又能使教师轻松地完成教学任务,得到较好的教学效果。

(三)归纳精析,质疑解难

在完成上面的教学环节以后,教师做精辟的归纳总结,解答学生共同感到困难的问题。例如,在讲"巴西"一节时,重点讲授巴西人口分布原因和首都巴西利亚。又如,在讲"南极洲"一章时,在学生完成练习之后,指导学生归纳南极洲的十大世界之最。

二、激发学生参与,运用讨论达标

这种教学模式也是一种引导学生自主学习并参与讨论,从而使学生掌握地理知识,形成能力的教学方式。这种方式可按下面四个环节进行教学。

(一)预习课文

对于地理教材中知识难度适中、易于接受和掌握的章节,学生可以先预习课文,然后教师指导学生根据框题讨论知识目标,再根据"想一想""练一练"讨论能力目标。

(二)交流、讨论

紧接上一环节,学生结合插图,自己讲析要掌握的知识要点。在这一环节中,要让学生畅所欲言,大胆发表意见,提出自己的见解。这一环节可以培养学生的发散思维。

(三)归纳总结

在学生广泛交流、讨论的基础上,教师指导学生进行归纳总结。在这一环节中,要做到:归纳学习目标;概括知识要点;指导读图方法;提示插图主要知识要点。这一环节可以培养学生的聚合思维。

(四)进行测评补救

在这一环节中,一是要考查学生对知识目标的掌握,突出重点,强化记忆;二是要对知识进行迁移运用;三是要检测对插图的理解。测评的方式:提几个问题让学生解答;结合插图让学生回答有关知识;采用判断题、选择题、填空题、填图题等形式进行测评。这一环节可以培养学生的记忆力和理解力,培养学生的创造性思维。

三、"问、读、讲、练"四段式教学

采用"问、读、讲、练"四段式教学,有利于发挥教师的主导作用和学生的主体作用,也会收到良好的教学效果。其中的"问、讲"侧重于教师的活动,"读、练"侧重于学生的活动,两方面有机结合就是教与学的双边活动。

(一)"问"要有科学性和艺术性

课堂上的"问"常有两种:一是利用学生强烈的好奇心,提出有兴趣和有思考价值及与生活相关的实际问题;二是教师通过设问,向学生交代导读提纲,指出本节课的学习目标,激发学生学习的动机和主动性,为下一阶段的学习创设前提条件。这一阶段包括新课导入和明确目标两项内容,时间3~5分钟。

(二)"读"要具有直观性和实效性

"读"主要是教师指导学生读课文、读插图、读资料,可采用根据导读提纲读、根据练习读、根据插图读等方式。导读提纲和练习主要由识记层次的问题或题目组成,内容要在课文中直接找到,使学生有重点地自学,能自己勾画重点和难点。指导学生读图,要教给学生读图的方法,指导他们分析、理解的思路。学生通过读书自学,养成自主学习的习惯,掌握基本的知识体系,形成基本的读图技能。这一阶段可控制在5~10分钟。

(三)"讲"要有精练性和扩展性

"讲"是教学的主要环节,主要是教师对地理知识的精讲,要力求做到四点:①将复杂的地理知识归纳成系统化、条理化的知识;②着重讲教材的重点、难点及关键点;③知识结构的内在联系多采用纲要图表法,要特别注意直观和简明;④配以教具和运用多媒体。这一阶段时间控制在20分钟以内。

(四)"练"要具有准确性和创造性

"练"是学生在教师指导下,准确地再现和创造性地运用所学的地理知识,解决、评价具体实际问题的过程。练的题目主要由应用型、创造型的较高层次的题目组成,重视读图、填图、绘图能力的培养。教师应根据一题多问、多思,敢于设想不同条件、不同情况下地理事物的发展与变化,对学生进行创造性思维能力的培养。这种创造性思维包括发散思维、推理思维、逆向思维、类比思维等。这一环节的时间控制在 10 分钟以内。

四、引进竞争机制,激活地理课堂

在课堂教学中,除了培养学生独立思考、自主学习的良好习惯外,还应引进一定的竞争机制,以此激活课堂。具体做法有以下四个方面。

(一)让学生分组活动,完成学习目标与任务

探索地理课堂教学的创新,首先要营造一种宽松、活跃的课堂氛围,调动每一个学生的主观能动性,使他们积极、愉快地学习。要做到这一点,可将学生进行分组,使其承担不同的学习任务,互相激励,共同完成学习目标。这样的课堂活动营造了一种活跃、宽松的课堂气氛,使学生兴趣盎然。

(二)让学生进行朗读、提问、讨论、回答问题的比赛

在课堂教学活动中,教师对每个项目都进行评比,评出优胜者及活动积极分子。在这样的机制下,看哪组读得最好,提问最多,回答问题最好。通过读和听,学生能从各框题课文中吸收知识信息;通过问和答,学生可以对知识加以理解,培养自身的创新能力。

(三)进行读图比赛

指导读图是地理教学的重点之一,是学生获取知识、形成能力的最重要的手段。地理教材中有各种地图和插图,教师在指导学生读图时,同样进行分组讨论和量化评比,看哪组读图认真、仔细,看哪组说出的地理事

物多,看哪组对图形分析得具体、准确。读图指导可以训练学生的观察能力,培养他们分析问题、解决问题和归纳总结的能力。

(四)进行归纳总结比赛

在完成读图、朗读课文、提问、讨论、回答、教师精讲等几项训练和教学过程以后,教师应指导学生进行归纳总结,弄请课文知识结构,明确重点记忆的内容,抓住关键,突破难点。同时要借助练习题进行答题比赛,使学生巩固、理解知识,能够对知识进行迁移运用。通过这样的教学过程,培养学生的创新能力。

综上所述,这四种课堂创新方式各有其特点和优势,教师可根据教材和学生心理、智力的实际,灵活选用恰当的形式。这几种教学创新形式的立足点是推行素质教育,充分发挥教师主导作用和学生主体作用。这四种教学创新形式也有利于学生的智力发展,有利于培养学生的创造性思维和能力。

第九节　创新地理教学的实践与应用

一、营造轻松的课堂气氛

课堂气氛通常是指在课堂上占优势地位的态度和情感的综合状态,是学习的重要社会心理环境。良好的课堂氛围主要是指感情融洽、平等合作的师生关系。心理学家认为,积极的情绪能增加学生的学习兴趣,使学生思维敏捷,从而更容易接受知识,迸发出智慧的火花,焕发出课堂的活力,进而开发智力,陶冶情操,优化教学效果。新课程标准也强调学生要在愉快中学习,教师由传授者转化为促进者,由管理者转化为引导者,创设轻松愉快的课堂氛围。为了营造积极的课堂氛围,在教学过程中教师应做到以下四个方面。

(一)建设和谐的课堂人际关系

真正适应学生发展的课堂气氛,来自于师生双方活跃的、积极的、畅通无阻的交流。罗杰斯曾说:"课堂气氛通常是指在课堂上占优势地位的态度和情感的综合状态,它是学习的重要社会心理环境。"成功的教育依赖于一种真诚理解和信任的师生关系,依赖于一种和谐的、安全的课堂气氛。作为教师与学生之间最经常、最有效的共同活动,课堂教学的本质就应当是有意义的、充满人与人之间活生生的情感和特殊形态的实践活动,教师应当注重每一个活动细节的设计,努力营造出师生平等、宽松融洽的课堂气氛,刺激学生主体创造力的发挥,使学生的思维迸发出创新的火花。

建设和谐的课堂人际关系是创设良好课堂氛围的基础。教师应当摒弃"师道尊然"的旧观念,要多考虑学生,设身处地地从学生的角度思考问题,适时地关注学生,善于和学生沟通、交流,彼此尊重、互相信赖、互相合作。在地理课堂中,课堂教学的时间是有限的,很难让全体学生在有限的时间内掌握全部的理论知识,学生经常会产生厌烦的心理。这个时候,教师要放下架子,多给学生展开想象的时间和空间,多给学生发表意见的机会和自由,多和学生互动、交流,帮助学生创设轻松愉快、活泼热情的心境,使学生努力进入最佳状态。

(二)灵活运用各种教学方法

精心进行教学设计,以教学内容激发学生学习兴趣。采用灵活多样的教学方法,有效育人。学生只有对教学内容感兴趣,才能积极参与学习活动,才能营造积极主动的课堂气氛。在教学中,教师应让学生置身于充满欢乐和富有情感色彩的课堂氛围中,教师不做过多的说教,更多地结合教学内容设置合适的教学情境,让学生自然而然地受到影响。教师应通过各种教学方法正确引导学生。例如,在学习"地球公转"时,可以借助辅助工具模拟演示,使学生直观形象地感受,这对具有强烈好奇心的学生来说具有极强的吸引力。善于运用多媒体教学是新课程标准对教师提出的新的要求。总之,灵活地运用各种教学方法,开启学生兴趣,吸引学生的注意,可以促进良好课堂气氛的营造。

(三)采用民主的评价管理方式

教学是由教师教和学生学共同组成的双边活动,是学生在头脑中建构知识的过程。因此,在教学中教师经常会通过各种方式对学生的学习进行评价,检测学生在某一时间段的学习成绩。每个人都渴望成功,学生也渴望成功,渴望得到教师的肯定。评价不是教学目的,而是一种教育学生积极向上的手段。评价的结果应有利于学生自信心和自我评价能力的提高。教师不恰当的评价会使学生产生畏惧心理或抵触情绪,不利于营造良好的地理学习氛围。因此,要使评价发挥应有的教育作用,引起学生的良好反响,就应注意:①让学生做好准备,接受评价。桑代克的准备率、练习率、效果率就很好地解释了这一点。给学生充足的准备时间,回答时适时地给学生提示,这样学生就会胸有成竹,良好的心理状态更能使他们发挥出正常水平。②把评价权利交给学生,如在复习之前学过的知识过程中让学生自己当评委,互相改正,教师担任指导者的角色。教师的充分信任必然会得到学生的回报,增进师生间的信任感,并能够使学生在轻松的环境下充分地展现自己,发挥出应有水平。

(四)要提高教师本身的教学艺术

教学艺术是教师达到最佳教学效果的方法、技巧和创造能力的综合表现,主要表现在教师对教学过程的把握和教学方法的运用上。在影响地理课堂气氛的诸因素中,教师的教学艺术是一个重要因素,教师首先要善于从思想和方法入手,积极培养学生的好奇心和探索欲。"学起于思,思源于疑",教师要鼓励学生独立思考,大胆质疑。地理课堂中要善于使用地图激发学生的兴趣,要善于让学生动手绘图,在轻松愉快的氛围中学习;教师要善于用自己的态度、语言和技巧创设一种宽松、和谐和进取的课堂气氛,使学生思维处于高度活跃状态。

在认真搞好教学工作的同时,要多用时间去听其他教师的课,学习他人好的教学方法和教学艺术,取长补短。认真思考其他教师的教学好在哪里、差在何处,以便教学时加以借鉴和避免。既要听同学科教师的课,又要听其他学科教师的课,从中可借鉴适合地理教学的课堂教学艺术,并将这些艺术用于自己的教学实践中。听完每一节课,要坚持在听课笔记后写好评语。在评课的过程中,会提高自己的教学理论水平,做到既会听课又善于评课。一旦有其他教师听自己的课,应主动请他们对自己的课做出评价,虚心听取他们的意见,从别人的评价中发现自己的不足,提高自我认识。

孔子云:"知之者不如好之者,好之者不如乐之者。"对于现在的学生来说兴趣也许是最好的教师,是人力求认识某种事物或活动的心理倾向,是引起和维持人的注意力的一个重要内部因素。一旦学生的兴趣被激发出来,教学就会取得事半功倍之效。

总之,努力营造良好的课堂氛围,构建新型的师生关系是时代发展的需要,是每一位教师应该努力的工作方向。良好的课堂气氛可以促进教师和学生的有效互动,让教师教和学生学都取得最大化的效果。对于生性活泼好动、注意力不持久的学生来说,创设良好的课堂气氛显得尤为重要。如果课堂气氛不适宜,呈现消极、沉闷的局面,学生的思维就会感到压抑,没有学习的热情。反之,学生的学习情绪就会高昂,智力活动呈最佳状态,能充分调动学生的学习积极性。营造良好课堂氛围的方法有很多,还需要教师在教学中不断地发现和总结,相信这样的教学能把学生引入学习的自由天地,让他们快乐地邀游在知识的海洋中。

二、地理教学的设计与创新

2001 年 6 月教育部颁布了《基础教育课程改革纲要(试行)》,教育部决定从 2001 年秋季开始,用 5 年左右的时间,在全国实行基础教育新的课程体系。新的课程理念、新的教材、新的课程评价观,强烈冲击着现有的教学教育体系,对基础教育和高等教育提出了更高的要求。基础教育地理课程新体系在课程功能、结构、内容、实施和评价等方面,都较原来的地理课程体系有了重大创新和突破。地理课程新体系的实施是我国基础地理教育的一次深刻变革。我国中学地理课程改革,提出了"学习对生活有用的地理""学习对终身发展有用的地理""培养现代公民必备的地理素养、满足学生不同的地理学习需要"的课程理念,构建了完整的中学地理课程新体系,现已逐步进入地理课程的实施阶段。地理课程实施就是地理教学过程,是实现课程改革目标的关键。因为无论地理课程体系多么完美,离开了地理课程实施,一切课程目标都只能成为空中楼阁,先进的教育思想只有通过地理课堂教学实践过程加以渗透、贯彻、体现才能落实。

地理课程实施是实现课程改革目标的关键,地理教学设计与创新是地理课程实施的基础。教学设计是围绕新的目标,对"教什么""怎样教""如何学"进行的规划。走进新课程,应设计符合每位学生发展的地理教学目标,提出地理教学目标的梯度式设计和激励式设计策略;走进新课程,应具有符合课程新理念的教学策略,设计交往的、开放的地理教学策略,设计韵律和谐的地理教学策略,设计引领学生学会学习的地理教学策略。

进行地理教学的设计与创新,应以先进的教育教学理念为指导,系统地安排和整合地理教学的相关因素。因为理论是人们对事物的本质及运动规律认识的结晶。理论的作用在于规范人们对事物的认识,指导人们的实践活动;教学理论的意义在于探索和揭示人类学习过程的本质和规律,指导人类的学习活动,特别是在指导教师进行地理教学目标的编制与地理教学策略的选择、设计时具有重要意义。

美国哈佛大学发展心理学家霍华德·加德纳提出的多元智力理论,对于指导和树立现代教学观、学生观,探究多元的地理教学目标和教学策略具有重要作用。布鲁姆的目标分类理论、巴班斯基的教学过程最优化理论、斯金纳的程序教学理论、布鲁纳的结构—发现教学理论、奥苏贝尔"先行组织者"的程序教学理论、加涅的信息加工理论、瓦根舍因的范例教学理论等阐明了学生学习过程的一般机理。应用学习理论进行地理目标、教学过程、教学策略的设计,对于发挥学生在地理学习过程中的主体性有重要作用。从学生在地理教学活动中的认识方式看,学生主要是通过听讲观摩、阅读课本、识图用图、形象感知、思维分析、计算操作、解题练习、质疑问难、情境探索、讨论交流、合作学习、探究学习等方式来理解和领悟地理科学知识与价值观念的。地理教学设计与创新就是要通过这些认识方式,结合学习内容,为学生积极主动的学习创设情境、提供条件。

三、设计符合学生发展的教学目标

"为了中华民族的振兴,为了每位学生的发展"的教育理念反映了我国基础教育改革的基本精神。"不让一个孩子掉队"的教学思想,揭示了现代教育的本质。教师应尊重学生的人格,关注个体差异,满足不同学生的需要。教师的目的应是为每个(类)学生提供平等的学习机会,为他们提供舒适和方便的、对进步和成功没有障碍的学习环境。

(一)怎样进行教学目标设计

教学目标设计是地理教学设计的起点。地理教师只有认真研究学生的主体性、差异性,科学地制订符合全体学生发展的教学目标,才能开展有效的"教"与"学"。长期以来,地理教师在进行地理教学目标设计时,往往是根据某一教学任务,设计出只有一个水平层次的教学目标,作为完成教学任务的基本标准,而忽视了学生之间客观存在的差异性或多样性。由于学生的学习背景与学习起点不同,原有的学习基础和经验不同,智力以及非智力因素存在差异。如果教师用一个水平层次的教学目标要求所有学生,"千人一面",教师的主观愿望与学生客观存在的差异性、多样性和不同需求明显不符,教师的教学目标就不可能实现。或者说,教师制订的教学目标只有部分学生或少数学生才能够实现,对其余学生或大多数学生来说是不能实现的,这些学生是在"没有教学目标"状态下进行学习的。如此往复,不少学生就渐渐地真正远离教学目标,成为所谓的后进生了。因此,地理教学目标的设计要体现准确性、全面性,应在分析学生学习背景和学习需要的基础上,承认差异、尊重差异、善待差异,依据课程标准和教学内容,结合学生实际设计教学目标。教学目标设计应具有差异性,差异性与学生的发展是并行不悖的。

教学目标是指教学活动结束后的预期行为结果。这就要求教学目标具有指向性,能成为引领每位学生发展的方向;教学目标具有选择性,教学过程中的方式、方法、媒体的选择要有利于教学目标的实现,为发挥每位学生主体参与教学过程提供条件与可能;教学目标具有整合性,参与教学活动的各个因素所发挥的作用都应服务和服从于教学目标;教学目标具有可量性,应对所有学生的行为结果都能进行测量,做出是否实现教学目标的价值判断。

(二)地理教学目标差异性设计的理论依据

建构主义学习理论认为,学生的主体性是天然具有的,而非外界赋予的,学生是自己知识的建构者;把新知识与已有的知识经验相结合,在已有的知识教育基础上形成新的知识结构;学习者不是被动地接受知识,而是对信息进行主动的选择和加工;学生不是从同一背景出发,而是从不同背景和角度出发。苏联教育家维果茨基提出了最近发展区的教学理念。这一理念把学生的发展水平分为两种:一种是学生的现有水平,指独立活动时所能达到的解决问题的水平;另一种是学生可能的发展水平,即通过教学所获得的潜力,二者之间的差异就是最近发展区。教学应着眼于学生的最近发展区,为学生提供带有难度的内容,调动学生的积极性,发挥其潜能,使学生超越其最近发展区而达到下一发展阶段的水平,然后在此基础上进行下一个发展区的发展。其教学要领包括①针对学生原有基础和智力水平层次的实际情况,提出不同的目标和相应的教学策略。这样可使水平较差的学生建立信心,使成绩好的学生更加努力。②在课堂上有步骤、分层次地向学生展示知识结构,设置思考题,引起学生的求知欲望,让学生经过一番努力找到正确答案。建构主义的学习理论和最近发展区的教学理念为教学目标差异性设计提供了指导。

(三)教学目标差异性设计的基本策略

1.梯度式设计策略

梯度式设计策略就是在进行教学目标设计时,根据地理教学大纲和新课程标准,结合学生的差异特征和认知发展规律,按照教学内容由低到高、由易到难的顺序,设计具有不同要求、不同层次的地理教学目标,以促进不同智力结构的学生发展。例如,在进行高中地理"海洋的基本特征"教学目标设计时,传统的设计包括①知识目标,使学生了解影响海水温度和盐度的主要因素,掌握海水温度和盐度的分布规律;②能力目标,利用课本图表信息说明海洋对人类生存发展的影响;③德育目标,通过对"海洋环境和人类相互关系"的讨论,激发学生爱护海洋的责任感和探索海洋的科学精神。按照梯度式设计策略的基本思想,其教学目标可做如下设计:①知识目标。学生能列出影响海水温度和盐度的主要因素,说出海水温度随纬度增加而降低、盐度由副热带地区向高、低纬度地区降低的原因;学生能说明影响海水温度和盐度的主要因素,阐明海水温度和盐度的分布规律。②能力目标。学生能运用课本中某一图表信息,说出海洋对人类生存发展的影响;学生能获取课本图表信息,概括说明海洋对人类生存发展的影响。③德育目标。学生能举例说明海洋环境与人类相互作用的关系,初步树立爱护海洋的责任感;学生能概括海洋环境与人类的相互关系,树立爱护海洋的责任感和具有探索海洋的科学精神。可见,这种梯度式设计策略,能将原有的教学目标细化、层次化,把每个教学目标设计为由较低到较高两个层次的教学目标。根据学生实际,还可以进一步设计为三个层次,以至四个层次,以符合学生学习背景,为每个(类)学生的发展引领方向。

2.激励式设计策略

在地理教学中告知教学目标(学习目标)往往是地理教学过程的一个基本环节。传统的地理教学目标的表述,多使用以下的方式,如"使学生了解……""使学生掌握……""使学生学会……""使学生懂得……"。这种表述将学生置于一种非自主性的被动客体地位,难以激发学习热情,调动学习积极性。激励式设计策略在进行地理教学目标设计表述时,注意使用以学生为主体的第一人称方式,从人文关怀的角度,多运用充满情感、激励性的语言,激发学生的自信心,调动学习的积极性,如"通过学习,我们能列出……""通过学习,我们能说明……""通过努力,我们能概括……""通过学习,我们能应用……""通过学习,我们应该树立……""我们将形成……"。

据国内外研究,学生课堂学习的主要动机集中反映在成就动机上。这种成就动机又主要由认知内驱力、自我提高的内驱力和附属内驱力三个方面构成。认知内驱力是学生想理解要掌握的知识、要阐明与解决的问题时所产生的以求知为目标的动机因素,是指向学习任务本身的动机。把学生因自己的胜任能力和工作成就而赢得相应地位的需要称为自我提高的内驱力。附属内驱力是指学生为了获得教师和家长的赞许与认可而产生的学习动力。地理学习是一个智力活动过程,也是一种生命过程,一种学习情感发生和发展的过程。教学目标设计的激励式策略,对于激发学生的成就动机,尤其是增强认知内驱力,具有重要意义。对宜于较低教学目标学习的学生,通过运用激励式策略,在较强的成就动机的作用下完成较高教学目标的要求,是完全可能的。

四、设计符合课程新理念的地理教学策略

地理教学策略是指建立在一定理论基础之上，为实现地理教学目标而制订的教学实施的总体方案。地理教学策略的设计与创新，就是要以课程新理念为指导，以有效教学为核心，选择与设计充满生命活力的教学策略；选择与设计交往的、开放的教学策略；选择与设计韵律和谐的地理教学策略；选择与设计引领学生学会学习的教学策略。

（一）设计充满生命活力的地理教学策略

学生是教学认识的主体。如何发挥学生在地理教学活动中的主体性，是地理教学策略选择与设计的重点。在地理教学中，学生作为一种活生生的力量，带着自己的知识、经验、思考、灵感、兴致参与地理课堂活动，能极大地丰富教学过程的生动性、有效性。发挥学生在地理教学活动中的主体性，就是要构建充满生命活力的地理教学策略，为学生而设计教学，体现为学生发展而教。充满生命活力的地理教学策略，在过程与方法上，要高度重视和充分引导学生参与多样化的学习，既包括有意义的接受性学习，又包括合作式学习和探究式学习。有意义的接受性学习是学习地理的一种重要方式。在接受性学习中，地理知识是以定论的形式直接呈现出来的，学生进行地理学习的心理机制是同化，学生是地理知识学习的接受者。接受性学习对于学习以地理事实、地理材料、地理名称、地理数据、地理分布、地理景观为内容的地理陈述性知识来说是一种有效学习。传统的地理教学也多运用接受性学习的教学策略，但不是有意义的接受性学习，其弊端是灌输—接受，学生完全处于一种被动接受状态，教师注重的是如何把地理知识、结论讲清楚，把学生作为接受知识的"容器"，要求学生完完全全地记下来。这种教学方法的学习有效性非常差。新课程要求将这种

被动的接受性学习改变为积极的有意义的接受性学习，正如奥苏贝尔所倡导的先行组织者教学模式,通过下位学习、上位学习、并列学习等方式,促进新旧知识的同化,形成学生自己的认知结构,以提高教学的有效性。

　　合作式学习是指学生在小组或班级中为了完成共同任务，有明确责任分工的互助性学习方式。地理教学过程不仅是一个认知过程,还应是一个交往与审美的过程。合作式学习有助于培养学生的交往意识、合作意识和竞争意识。新课程为开展合作式学习提供了有利条件,教师在教学设计中应充分利用。例如,初中地理教师在讲授"地区发展差异"时,可运用合作式学习方式,组织学生搜集能反映世界不同国家发展水平的资料,进行比较并开展讨论,通过板报、小报、宣讲等形式展示和交流;在讲授"乡土地理",认识自然条件对家乡社会、经济、生态、文化、生活等诸方面的影响,了解家乡的生态环境状况、存在的问题及改善措施时,可运用合作式学习,组织学生围绕家乡的环境与发展问题,开展地理调查,通过班级或小组讨论,就家乡某一方面的发展提出合理建议。又如,高中地理教师在讲授"区域地理环境与人类活动"时,可组织学生开展模拟活动,进行对话,交流看法;教师在讲授"城乡规划"时,应提供有关资料,进行城乡规划的模拟练习,把全班分成几个小组,分别提交规划方案,开展交流、评价。

　　探究式学习是指从课堂教学或现实生活中选择研究主题,在教学中创设一种类似于学术研究的情境,通过学生自主、独立地发现问题,实验、操作、调查、搜集与处理信息以及表达与交流等活动,获得地理知识,促进地理技能、情感与态度等方面的发展,特别是探索精神和创造能力发展的学习过程。例如,高中教师在讲授"自然环境对人类活动的影响"时,应以本地自然资源开发利用的变化为主题,开展探究式学习;讲授"生产活动与地域联系"时,可联系本地实际,探究某一工业企业布局以及该企业原料供应与市场特点;在讲授有关天文观察、环境保护、土地利用、流域治理、灾害监测、地质考察、地貌形成与演化、"导游"体验、"购房选房"、乡土调查等内容时,可组织学生联系实际开展探究式学习。

(二)设计交往的、开放的地理教学策略

现代教学理论认为,教学的本质是交往。地理课堂的教学过程,就是师生之间、学生之间交往信息的过程。传统的教学把这种交往仅作为师传生受的过程。新课程的教学观要求把这种交往变革为师生间的平等对话。只有实现平等的对话,才能实现智慧的撞击,经验的共享,心灵的契合以及理性的升华。教学是教师教与学生学的统一,构建互动的师生关系是地理教学改革的重要任务。在教学过程中,师生间、学生间的信息交往,既包括地理需要、地理兴趣、地理知识、地理情感态度和价值观等方面,又包括生活经验、行为规范等方面,通过这种广泛的信息交往,实现师生互动,在沟通与对话中实现师生共同发展。

加强教材知识与生活世界的相互联系是设计开放的地理教学策略的基本途径。实际上,生活的世界中蕴藏着巨大的甚至可以说是无穷无尽的地理教育资源。在学习对生活有用的地理、学习对终身发展有用的地理的过程中,一旦教师将生活中的地理教育资源与地理教材知识相融通,学生就会感受到书本知识学习的意义与作用,有可能会深深意识到自己学习的责任和价值,就有可能增强自己学习地理的兴趣和动机。地理课程中所涉及的饮食与地理、服饰与地理、住房与地理、出行与地理、商业与地理、城市与地理、民族与地理等知识,既是书本地理知识,又是生活中的地理。在教学中引导学生从书本的世界走向生活的世界,不但体现了教学过程的开放性,有利于促进学生对地理知识的理解,而且可以激发联想、生成创意。

(三)设计韵律和谐的地理教学策略

课堂教学是师生共同活动的舞台,教学过程就是师生协奏曲。只有选择与设计韵律和谐的地理教学策略,才能奏出美妙的乐章。从时间进程看,地理课堂教学的过程,一般应有序幕、情境进入、展开、高潮和尾声等环节。情境的预演以及呈现材料、融入经验的体验是设计韵律和谐的教学过程的基本策略。情境的预演就是创设进入学习课题的环境氛围。例如,有的教师在讲"黄河"时,先播放有配乐的《黄河颂》,激起学生对母亲河的热爱和关注,这就是很好的预演策略。在地理教学中,许多教师有一种相同的感受,即观摩一节优秀的地理课是一种美的享受。好的地理课,韵律和谐,环环紧扣,行云流水,水乳交融,激情跌宕,师生共鸣。在教学过程中,亲和度强体现为教师的教学智慧和情感明显地激发了学生的求知欲、调动了学生学习的积极性;参与度大体现为学生活动积极,发言踊跃;整合度高体现为学生地理能力培养、地理技能的掌握、地理情感态度价值观的形成融合在地理知识的学习过程之中。

(四)选择与设计引领学生学会学习的地理教学策略

过程与方法是新课程目标的重要组成部分。选择与设计引领学生学会学习的方法也是地理教学策略的重要组成部分。既要学会,又要会学。学会,重在接受知识,积累知识,以提高解决当前问题的能力,是一种适应性的学习;会学,重在掌握方法,主动探求知识,目的在于发现新知识、新信息以及提出新问题,是一种创新性学习。方法是一种知识,而且是一种比知识更重要的知识。

地理学习方法就是地理策略性知识。地理策略性知识既包括学生对学习内容的领会和记忆策略,还包括一些辅助性策略,即学生为了维持学习活动的正常进行而采取的学习时间的计划和安排、学习过程的自我监控等策略。经历过程与记忆结论同样重要。实践说明,当要求学生对地理学习内容进行自由回忆时,善于学习的学生运用地理知识分类(编码)的策略对学习材料进行梳理,而有学习问题的学生往往继续机械重复学习内容。学习过程的编码方式在一定程度上能反映学习的策略。编码是学习中的信息流由短时记忆进入长时记忆的重要过程, 其策略是构建知识点间的联系方式。在地理教学过程中,帮助学生掌握类比法、比喻法、联想法、韵律法、情境法、质疑法、拓展法等方法都是很好的编码策略。记忆是有效识记、保持的过程,浓缩法、谐音法、图式法、联想法、表象法、口诀法等方法是记忆地理知识的有效方法。辅助性学习策略的使用与个体的元认知能力有关。元认知是指对自身认知活动的认知,它一方面使个体了解自己信息加工的过程和能力,另一方面又使个体懂得如何采取措施以调节和控制自己的信息加工过程。地理教师应注意引导学生经常进行反思性学习,这是帮助学生掌握辅助性学习策略的基本途径之一。

第六章 传统的地理教育方法

第一节 提高地理课堂教学质量

21世纪是一个充满挑战与创新机遇的世纪。培养全面发展的、具有创新精神的一代新人是时代赋予教育工作者的责任,教师应不辜负时代的重托,积极研究、探索和改革课堂教学,提高课堂教学效果,为学生的健康成长做出应有的贡献。

学校是培养人才的基地,教学质量是学校的生命线,也是衡量教师工作的基本标准之一,保证和提高教育教学质量是学校永恒的主题。而提高课堂教学质量是培养人才的关键中的关键,也是教师的最根本工作。作为一名地理学科教师,要履行好教书育人的职责,就必须扎扎实实地抓好教学过程中课前、课中、课后这三个阶段,以课堂教学为中心,超前准备,延续拓展,规范课堂教学行为,努力提高教学质量。

一、课前认真备课,书写教案,充分做好教学准备

(一)制订地理教学目标,突出重点,明确难点

教学目标是课堂教学活动的出发点和归宿,也是教师和学生进行教学活动的根据。制订课堂教学目标对于教师有效地实施教学过程,客观地评价课堂教学效果以及调控教学活动等有着积极的作用。急学生所急,想学生所想,自觉地依据学生的认知结构和知识水平来制订贴近学生、切合

实际的课堂教学目标。在刚开始上课时，教师不妨根据目标重点和难点列出本节课要解决的问题，并告诉学生哪个问题是重点，哪个问题是难点。例如，关于"气旋与反气旋"的概念。在北半球，气旋与低气压相对应，反气旋与高气压对应，对于这种对应关系的原因，在中学阶段并不要求深入学习，只要求学生建立起感性的认识。因此，学生很容易混淆这两对对应关系，把气旋误与高气压相联系，所以该部分是教学中难于处理的重点。对此，教师就可以让学生自己阅读课文，并试着解决这个问题。这样一来，既可以锻炼学生的自学能力，又可以让学生带着问题听课，更有目的性，可以提高听课的效率。

(二)分析和研究学生，优选地理课堂的教学方法

学生是教学活动的主体，也是教学活动的核心因素。教学目标的实现，教学任务的完成，依赖于教师对学生情况的掌握程度。所以，备课首先要"备学生"，了解学生的学习准备状况，清楚学生的生理和心理的特点，根据不同的教学对象来选择适合的教学方法。地理课堂教学方法类型繁多，灵活多样，其中既有传统经典的教学方法，又有在当今知识经济社会背景下的现代教学方法和教学手段。在中学地理教学过程中主要采取以学生自学探究、实际训练为主的方法，鼓励学生独立操作、主动获得知识。

此外，还可以结合课堂内容，灵活地采用谈话、读书指导、作业、练习等多种教学方法。有时，在一堂课上可以同时使用多种教学方法。只要能激发学生的学习兴趣，提高学生的学习积极性，有助于学生思维能力的培养，有利于所学知识的掌握和运用，就都是好的教学方法。

(三)编制地理课堂教学方案

地理教案是地理课堂教学活动的实施方案，是教师备课的直接产物

和表现形式,是教师教学过程中的思路设计、教学艺术、教学思想、教学风格的体现,是教师进行地理课堂教学的具体依据。它对于教师恰当地分配教学时间、准确把握教学进度及合理使用地理教学手段和教具等具有重要的意义。

二、贴近生活,课堂教学精彩呈现

(一)精心设计导入情境,有效提高课堂教学质量

在每节课开讲之前,教师应注意激趣,开动脑筋设计好每节课的开讲内容,把学生引入无比瑰丽的知识世界。针对学生天性好奇、喜欢新鲜这一心理特点,在每节课开讲时,或用几句精练贴切、富有诱发性的语言拉开序幕,或向学生提几个问题,用问号打开新课的大门,或出示挂图、幻灯,或是在黑板上勾勒出几笔板图、板画吸引学生,做到课伊始,趣已生。例如,在讲"地球的结构"时,笔者用鸡蛋的分层结构导入。笔者拿出一个半熟的鸡蛋问:"大家平时吃鸡蛋的时候有没有注意到鸡蛋结构中有几个层次呢?"学生们一个个踊跃地回答:"三层、四层。"笔者拿出一把水果刀,小心翼翼地切开一个煮熟的鸡蛋,让同学们仔细观察鸡蛋的分层,并表扬了同学们对生活的仔细观察。接着问:"有哪位同学知道我们地球的内部结构可以分为几层呢?"这时,学生们一个个都愣在那里,一副茫然的样子,笔者就趁机对他们说:"学习了今天的新课,我们就可以轻松地解答这个问题。"由此激起了学生的求知欲,提高了课堂教学效果。

(二)灵活应对课堂教学突发状况,有效利用课堂教学时间

课堂上,经常都会发生一些特殊事件。针对学生的"责难性"提问、"攻击性"和"挑衅性"问题的刁难时,教师可以根据学生的发难方式,幽默地、体面地、不伤大雅地予以还击,在笑声中揭示其行为或言论的实质。有的

时候,课堂难免会发生一些偶发事件引起学生的注意,教师想要让学生的
注意力重新集中于原定的教学内容十分困难。这时,教师就可以转而发掘
事件中的积极因素,将与课堂教学无关的偶发事件引导到课堂教学上来。
这样既完成了课堂教学任务,又激起了学生的学习兴趣,还有效地提高了
课堂的 45 分钟效率。

(三)规范课堂教学语言,提高课堂教学效率

孔子云:"言之无文,行而不远。"意思是,说话如果没有文采,不讲艺
术性,就不能打动人,因而也不能广泛、长远地流传。由此可见,中国古代
的教育家对教师语言颇为重视。教师的语言对学生有着潜移默化的影响,
其语言的优劣直接关系着课堂教学的好坏,制约着教学效率的高低。正如
苏霍姆林斯基所言:"教师的语言素养在极大程度上决定着学生在课堂上
脑力劳动的效率。"所以教师的语言不仅要讲求科学性、规范性,还要讲求
艺术性。

对于地理教学语言的准确性要求,首先体现在音准上。对地理教师的
音准要求,除了与其他学科一样要求用普通话教学,力争做到读音准确、
标准外,还应十分注意地名读音的准确性。许多地名的读音不同于常用读
音,如中朝界河鸭绿(lù)江、安徽茶乡六(lù)安、大禹治水的会(kuài)稽山、
广东珠江三角洲上的番(pān)禺、洋流中的秘(bì)鲁寒流都是易读错音的,
地理教师要勤查字典,千万不能想当然,以免降低自己的威信。地理教学
语言的准确性要求,还体现在一词一字用法的贴切上。例如,讲天气现象
中的锋面时,暖锋是暖气团"爬升"到冷气团之上,显示出暖气团是主动的
一方;冷锋是暖气团被"抬升"到冷气团之上,显示暖气团是被动的一方。
这种用词的讲究,正是地理学科科学性的体现,尤其地理概念、地理原理

需要地理教师用精确的语言进行表述,让学生获得准确的信息。

在课堂教学过程中,教学语言还需要一些幽默感。与一个富有幽默感的教师相处,会使学生轻松愉快,并且极易迸发智慧的火花。如果在课堂教学用语中有意无意地渗入一些幽默的成分,不仅能调节气氛,还能活跃学习,促进教学。例如,在下午上课时,特别是下午第一节课时,学生经常会打瞌睡,教师见状,也眯起眼睛佯装打瞌睡,然后梦呓般地絮絮轻语:"暖风吹得师生醉,直把教室当卧房。"一番话抑扬顿挫,把学生们都逗笑了,睡意在笑声中被驱散得无影无踪。由此可见,教师的语言表达能力直接影响着教学的效果。

三、课后延续拓展,巩固课堂教学知识,提高课堂教学质量

为了巩固课堂教学效果,教师还应带领学生到现实生活中去感受、目睹生活实例,这有利于学生更好地理解课堂所学内容。例如,在学习"地壳的物质组成"时,可以带同学们到野外找一些岩石,让他们观察、了解岩石的成分及其分类;在讲"人类活动对环境的影响"时,带学生去看看学校周围的河流,观察河流受污染的情况,再分析是什么原因导致河流的污染。这样既有利于学生掌握课堂教学知识,又培养了学生热爱自然、保护自然的意识,树立人地关系和谐发展的思想。

总之,教学有法但无定法,教学的创新和改革是无止境的。在课堂上促进学生思维的发展和学生的健康成长是教师的责任,增加课堂教学的影响力,提高课堂教学效果是永恒的话题,每一位教师都应注意不断地改进教学方法,探索有利于学生全面发展的新手段。

第二节　论传统地理简图

地理简图就是用简单的线条去勾画地图图形。教学实践中用最简单的笔画在短时间内迅速而准确地画出课堂教学所需要的示意图、简图、板画，或是结合教材边讲边画，就能激发学生的学习兴趣，提高课堂教学的有效性，避免对多媒体设备的过度依赖和片面使用，使学生的注意力集中于教师所要引导的问题上。

"地理者，空间之问题也。"毛泽东一语中的，道破了地理学的本质特点。地理教学中应充分应用地图，强化空间概念的培养，这是学生学习好地理的基础，提高学习能力的阶梯。地图既是地理教学的直观教具，又是地理教学的有机组成部分，也就是说，它既有教具的作用，又起教材的作用。而实际教学中又存在很多问题，一方面，限于学校实际，很多学校不能为地理教师配备实用的挂图设备，且很多挂图陈旧，难以适应现代地理；另一方面，随着现代教育技术的发展，很多地理教师，特别是年轻教师选择丢弃地理简图，一味地追求现代多媒体技术的使用，过多地利用多媒体教学，给地理课堂教学带来很多问题。

地理简图是一种方便、有效的地理课堂教学手段，是一种生动、直观、实用、易行的好方法，它应该是每个地理教师所必备的一项基本功。地理教学主要以示意图的方式，揭示出地理事物的现象、本质及发展演变过程。在课堂上边讲边绘，讲绘结合，既密切配合教材内容，又能补充地图册、挂图、课本插图等的不足。运用图表教学，能活跃课堂气氛，激发学生学习地理的兴趣，使学生乐于学习地理，主动掌握地理知识。笔者的地理课堂教学就非常注重板图、板画与其他教学方法、教学手段的结合,做到有效教学。鉴于学校地理挂图资源的有限以及与教材的不配套,加之地理教师多、资源少,在世界地理部分的讲授中笔者几乎每堂课都使用黑板简图。

一、地理简图的优势

(一)直观、生动

直观性原则是教学法的基本原则之一,兴趣则是最好的教师。当堂画图在这两方面都有比较突出的效果。地理简图是随讲课内容的需要而当堂画出的,就笔者教学的实际情况看,应该说这是很突出、很直观的。它变静为动,变死为活,各部分的先后可因实际情况而变化,图幅中的内容可随教学需要而增减。这就必然会引起学生的极大兴趣,使他们始终处于高度兴奋状态,进而在轻松愉快的气氛中学到应掌握的知识。

(二)易行

地理简图还有一个相当突出的优点,就是易行,即容易实行、推广,对此,笔者认为有两个方面的含义:第一,它几乎不受任何外界条件的限制,只需要黑板一块、粉笔数根。请不要小看这个优点,办教育历来就是既神圣又艰难的事,财力不足、决策者的认识偏差等,都足以使好的想法成为泡影。第二,要掌握这项基本功的确也不能算是很难,最低也比曾经遇到的很多事情要好办得多。地理教师是从事地理教学工作的,讲好每一节课是教师不能推却的最高职责。要讲好地理,教师自己不会画图更不行。明确了这样一个关系,事情就好办了。精心设计,反复练习,熟能生巧,只要持之以恒,就会逐渐摸索出规律,掌握相关位置法、山川控制法、模拟图形法等。做到心中有数,胸有成图,在实践中逐步形成具有自己特色的教学风格,开创出教师教的省力、学生学的主动的新局面。

(三)节约语言

地图是最丰富的地理语言。各种地理事物和现象的分布、规律、联系及成因等都可以在地图上得到比较完整的体现。要把这些系统的知识教给学生,画图讲解比口头讲述的效果要好得多,而且它节省了大量的语言和时间,从而为进一步的复习、巩固和提高提供了保障。

有效课堂要求教师精讲和多练,实际上精讲和多练是不可分割的两个方面,是一个对立统一的整体。知识没有讲透,练得再多也练不到点子上;讲得再明白,没有高质量的足够的练习,学生也很难将教师所讲的内容真正变成自己的东西。所以笔者认为,教学艺术就在于教师能用较少的时间讲透重点内容,用大量的时间让学生将这些内容完全消化、真正吸收。当堂画图在这一点上有其重要作用。

(四)便于开展启发式教学

启发式教学是现代教学理论的核心。是否调动学生积极思维,激发他们的求知欲望,是教学能否成功的关键。当堂画图可根据教学的实际需要,不断提出一个个疑问,充分调动学生的积极主动精神,引导他们自己去得出正确的结论。这就使学生在掌握了知识的同时,获得了更重要的东西——学习的方法。方法是开启知识宝库的金钥匙,是成才的根本保证。正确方法的形成和能力的培养,是从应试教育向素质教育转变的一个重要方面。

(五)有助于培养学生的基本技能

看图、填图、分析图是学生必须掌握的基本技能。这些基本技能的建立,不仅要靠教师讲,更主要的是要靠学生做。身教胜于言教,教师对学生潜移默化的作用是不可低估的。教师在讲课过程中,始终离不开地图,如果能随时随地画出教学所需要的板图,学生的思维就会始终围绕着地图这一主线。久而久之,这项基本功就能比较容易地建立起来。

(六)有利于建立教师的良好形象

从教育管理的角度看,良好形象也是地理教师所不可缺少的。众所周知,教师在学生心目中的地位,除了公正、师德、爱心以外,一个相当重要的方面就是学识水平。这是教师获得学生信任和爱戴的前提,也是师生感情融洽的关键。

二、地理简图的课堂教学作用

(一)课上教师可以边讲边绘,培养学生的读图、绘图能力

在中国地理教学中采用地理简图来进行"全国主要铁路干线"的教学。教师边讲边在黑板左上角用圆圈绘出铁路干线交汇点,然后用直线条连接成为铁路干线。地形雨和冷暖锋的形成等也可以采用这种方法。

(二)利用地理简图总结课题,培养学生的说图能力

说图是指学生运用地图语言来形象地表述地理事物。学生动眼、动口、动脑地集中参与,并经过地理思维用地理语言表达出来,实现图与文的转换。因此,地图是培养地理思维的最好方式。说图不仅要说出应思考理解的内容(概念、形状、分布和特点等),还要说出地理事物的规律性、内在联系性(规律、原理和成因等),而且要在地图上善于分析、发现新的地理问题,获取新的地理知识。

三、使用地理简图应注意的问题

(一)绘图的准确性

地理简图要求教师有较深的功底,对所画区域、所画地理事物一定要

熟知,做到所表达的地理事物准确无误,特别是地理事物的位置,如河流的流向、山脉的走向、一般城市与行政中心城市的符号区别。地理教师应准确把握、认真领会地理要点,苦练基本功。

(二)颜色的合理搭配

地理简图使用的是粉笔这一简单的教学工具,合理使用不同颜色的粉笔并进行搭配,绘制的简图效果将大有不同。例如,绘制南亚地区季风气候示意图时,冬季风和夏季风就可以用不同颜色的粉笔来区分,让学生一目了然。

(三)层次清晰

同一幅简图可以有不同的层次。例如,讲解美国地理时,可以把美国的自然地理和工业区划分、农业带放到一幅简图里完成。这时就要求有清晰的层次,不要画得多、繁、杂,从而影响学生读图以及对图的理解。将不同的内容用不同的颜色表达出层次来,也是绘图的技巧。

总之,在现代教育技术不断发展更新的时代,科技赋予了地理教学更多的生命,但传统地理简图的魅力依然使之紧随时代步伐,为地理教学发展贡献力量。

四、激发地理课兴趣教学的尝试

心理学认为,兴趣是诱发学习积极性和自觉性的内部动因。兴趣是指一个人力求认识、掌握某种事物,力求参与某项活动,并具有积极情绪色彩的心理倾向。学习兴趣就是学生在心理上对学习活动产生爱好、追求和向往的倾向。兴趣是点燃智慧的火花,是探索知识的动力,是开发智力的钥匙,是学习的挚友,是学习的一种原动力。爱因斯坦说:"兴趣是最好的教师,真正有价值的东西,并非仅仅从责任感中产生,而是从对客观事物的爱与热忱中产生。"可见,学生的学习兴趣直接关系到学习成绩的好坏,关系到教学效果的好坏。如果教学方法得当,学生对地理课的内容发生兴趣时,他们的思想就会活跃起来,记忆和思维的效果就会大大提高,学习成绩就会很好,教学效果也会随之提高。经过近几年的教学尝试,证明培养学生学习地理课的兴趣,进行地理课兴趣教学的尝试是很有成效的。

五、激发学生学习兴趣的基本途径

(一)建立良好的师生关系

教育心理学认为:相容的师生关系直接影响着学生的学习情绪,师生心理相容能提高教学效果。学生喜欢这位教师,就相信教师讲授的道理,愿意学习教师讲授的知识,自然就对教师讲的课表现出浓厚的兴趣;学生如果不喜欢,甚至害怕这位教师,要想他们对这位教师所讲的课感兴趣就很困难。可见,激发学生的学习兴趣,必须在教学中培养学生对教师的亲切感,创造一种师生相容的良好环境。教师要做学生的知心朋友,建立起相互信任、尊重、帮助、团结、友爱、共同进步的良好关系,不要让学生感觉到自己像在和上司说话,生怕说错一句。这也应验了这样的一句话:"学生亲其师,才能信其道,乐其道。"

(二)培养学生的自信心

学习信心不足,自卑心强,怀疑自己的学习潜力,这样不可能产生学习兴趣。对于信心不足的学生,教师要善于发现和利用他们的闪光点,及时表扬和鼓励他们,以增强其信心。学习上有困难的学生,相对于其他学生来说,在学习中体验成功的机会要少些,这也是造成他们学习兴趣较差的一个原因,教师应特别注意发现、珍惜和爱护他们的学习兴趣。第一,鼓励他们积极参加各种活动;第二,只要发现他们在学习上的一点进步,就在全班公开表扬;第三,尽量不在班上批评这些同学,这样可以增加他们享受成功的机会,减少他们因学习中的挫折而产生的苦恼。这种爱的教育对他们学习兴趣的培养是非常有益的,可避免把爱心放在优等生身上的片面性。学生经常受到表扬、鼓舞会产生肯定性、愉悦性的心理体验,从而激发学生的学习兴趣。

(三)运用知识的效果激励学生

教育心理学研究表明:兴趣发端于动机,伴随着行动过程,落实在行动结果的满足上。这就是说,学生学习有愿望、有行动,但行动结果没有满足感,也难以产生兴趣。学到了真本领,他们会觉得学了有用、有效果、有成就感,就会极大地增强学生的兴趣和热情。美国心理学家阿特金森认为,在学习过程中,反映倾向的强度决定了可能获得一定的结果。因此,教学时教师要把有用的结果告诉学生,用学科知识的结果去激励他们,在学习过程中,要让学生得到喜悦感,体验成功的快乐,获得满足感。学生的内部诱因得到了正强化,会增强学生的学习兴趣,长久坚持,学生就会从"为用而学"发展到"越学越有用""越有用越想学"的境界。

(四)提高教师的素质

教师的素质包括教师的思想道德素质和教师的科学文化素质。人民教师是学生学习的楷模,教师的一言一行直接影响着学生。首先,教师的人品是决定学生是否愿意学习他所讲授的课程的重要因素。如果这位教师为人正直,让学生佩服,学生一定愿意接受他的知识。然后,教师的知识层次是决定学生是否愿意学习他所讲授的课程的关键因素。教师的知识素养高,经验丰富,上课时精神饱满,能回答学生提出的任何问题,学生就会因为喜欢这位教师而喜欢这门课程,从而激发学生学习该门课程的兴趣。

(五)适当提高教学内容的难度

传统的教学以学生现有的水平为前提,从发展意义上来说,这样的教学是消极的,它不利于学生的发展。维果茨基的最近发展区理论认为,除了最低的教学界限(现有水平)外,还存在着最高的教学界限(潜在水平),它们之间的最近发展区为教学发展的最高界限。这个理论为教学时适当提高教学难度提供了科学的依据。教学时难度增加可以刺激智力的发展,刺激是大脑发展的营养,新的刺激物在学生大脑中产生不协调和冲突,可以增加学生的智力负荷,驱使学生开动脑筋,从而激发学习兴趣。

(六)增加教具的数量,提高教具的质量

教具是教师进行教学的直接手段,教具的数量和质量直接关系到教学效果的好坏,也关系到学生的学习兴趣。如果教具种类齐全、性能优良,学生就能够获得直观感受,就会对这节课充满期盼,从而对这门课程感兴趣;相反,如果没有任何教具,或者有一些教具但功能差,就会打消学生学习的积极性,从而丧失学习兴趣。

(七)创造学生乐学的情境

创设学生乐学的情境可以激发学生的学习兴趣。教育心理学认为,情境教学注意激发学生无意识的心理活动的参与,并与有意识的心理活动相统一,能减轻和消除学生的心理压力,发挥学生的内在潜能,使学生进入学习的最佳心理状态。现代心理学研究表明:人处于乐观的情境中可以产生愉快的情感、愉快的心情,兴趣会油然而生。乐观情境的创设要求教师提供最佳的教学场所,为学生提供一种良好的学习氛围。

第三节　地理教学设计框架

一、传统的地理备课

在传统教学中,教师也在进行着教学设计,那就是为上课所进行的一系列课前准备工作,即备课。一般把备课概括成"三备三写"。"三备"是备教材、备学生、备教法;"三写"是写学期教学进度、写课题(或单元)教学计划、写课时计划(教案)。地理教师的备课与上课是教学工作中两个最重要的环节。但是,这种备课往往会使教师成为"作坊中的工匠",为课堂教学设置各种"模型"和"框子",课堂上的教学操作往往是照"教案剧"的剧本上演的。这种单凭"个人经验"的"教案剧"有诸多的弊端:其一,很难能将先进的教学理念有效地转换为教学实践,难以提高教学效率;其二,把"运动的地理教学系统"静态化,与学生"作为一种活生生的力量,带着自己的知识、经验、思考、灵感、兴致参与课堂活动,并成为课堂教学不可分割的一部分,从而使课堂教学呈现出丰富性、多变性和复杂性"的联系不够。传统地理备课的特征:以教师为中心、以知识为本位、以静态教案为载体、以结果性评价为准绳。

地理课堂情境是极为复杂的,从不同的角度透视课堂,可以看到地理课堂实际上展现的是不同的场景。从学习内容看,是对地理事物和现象以及人地关系的说明和论述过程;从社会学角度看,课堂呈现的是人际交往的画面,包括师生交往、生生交往;从文化学的角度看,课堂呈现的是以教师为代表的成人文化与以学生为代表的儿童文化相互沟通、整合的画面;从心理学角度看,地理课堂呈现的是教师与学生心理不断调适、冲突的画面,学生学习的过程是不断同化的心理活动过程。

二、地理教学设计的构架

新课程的地理教学设计在很大程度上摆脱了传统教学思想的束缚,树立了新的教学理念,以学生为中心,突出学习者在学习过程中的主体地位,从"学"出发和"为了每一个学生的发展"进行教学设计。

(一)地理教学设计要素

完整的地理教学设计包括五大要素项目,即背景分析(包括课标要求与分析、教科书分析、学情分析、设计理念四大项目)、教学目标设计、教学方法设计、教学媒体设计、教学过程设计。在进行教学过程设计之前,必须对地理课程标准要求、教材、学习者等背景进行认真细致及全面深透的分析,只有在分析的基础上才能设计出理想的实施方案。

课标分析是指设计者对"标准"中相应条目的理解与说明。教学目标设计是在对"课标"分析的基础上,进一步将课程目标细化,转化为具体的、具有更强可操作性的教学目标。

教科书分析包括教学内容体系分析、重点与难点分析等内容。其中,教学内容的体系分析是重点。它不仅要说明教科书内容体系,还要说明为什么选择这些内容以及如何组织这些内容,最后要对教科书内容选择与组织进行评价。如果教科书对课标没有完全表达清楚,那么设计者还要对相应单元(节次)的内容进行补充。

学情分析是分析学生现在的学习水平、学习能力、班级学习风气、性格、生活体验、生理和心理特点等。分析学情是教学设计的基础,同时是实施教学的依据之一。

设计理念特指教学设计者所追求的教学信念,体现出经过努力即可实现的那种对教学的期待。

教学方法设计主要是针对教学内容的性质选择不同的教学方法进行组合；教学媒体设计是根据教学内容的需要、学校教学条件和学生的特点选择教学媒体；教学过程设计是教学设计的主体，其主要内容是关于教学的实施过程。

(二)地理教学设计流程

地理教学设计是一个系统工程，在教学设计过程模式中紧紧围绕课标、教材、学生、目标、方法等教学因子，着手于发现和解决课堂教学过程中出现的问题，经过分析、设计、评价和修改四个基本阶段进行教学设计和反馈修正，最后达到改进教学、解决教学问题的目的。

第四节　地理新课程教学设计的理论基础

地理新课程教学设计作为教学设计的分支，其理论来源于教学设计，同时它应有不同于其他学科教学设计的理论基础与特性。

教学设计深受系统理论、学习理论、教学理论和传播理论的影响。这些理论不仅为教学设计提供了理论基础，还为教学设计提供了方法和技术。

一、应用系统理论，整合地理教学因素

系统是相互作用的诸要素的复合体。系统论认为，世界上一切事物都是作为各种各样的系统而存在的。系统理论把教学设计也视为一个系统，为教学设计提供了系统分析方法论。地理教学系统是由教学目标、学生、教师、教材、教学方法、教学环境、教学媒体、教学过程及教学评价等诸多

因素构成的复合运动系统。在地理教学设计中应用系统科学的整体原理、有序原理和反馈原理,能为有效整合地理教学因素提供指导,发挥教学系统的整体功能。

(一)整体原理及对地理新课程教学设计的指导作用

整体原理认为,任何系统只有通过相互联系形成整体结构才能发挥整体功能。运用整体原理指导新课程下的地理教学设计,要树立全局、整体观念,从地理教学目标的制订到地理教学过程的设计,既要做到明确每个教学因子在教学进程中的作用,又要能为每个因子发挥作用提供时间、条件或机会。

(二)有序原理及对地理新课程教学设计的指导作用

有序原理认为,自然界中的任何物质只有遵循从简单到复杂、由低级到高级的顺序,才能顺利发展。设计教学过程既要符合学生认知的顺序、心理发展的顺序,又要遵循学科内部逻辑的顺序、教学规律的顺序,如地理感性知识是地理理性知识掌握的基础,陈述性知识是程序性知识掌握的前提。学习能力的培养和发展都应遵循由简单到复杂的顺序。

(三)反馈原理及对地理新课程教学设计的指导作用

任何系统只有进行反馈才能实现有效控制,只有注意教学中的反馈设计,才能更好地完成教学任务,实现教学目标。地理新课程下的教学设计可以通过提问、练习、判图、实验模拟、制图、绘图进行知识与技能的反馈;通过设计研究学习、探究学习、搜集、整理、分析信息进行过程与方法的反馈;通过学生协作能力、对地理事物和现象认识的态度进行情感态度与价值观的反馈。

二、广采学习理论,达成地理学与教的变革

学习理论是对学习规律和学习条件的系统阐述,是课程与教学理论的基础,与教学设计有着千丝万缕的联系。地理新课程教学设计是地理教学理论与实践的桥梁,其主要任务是提供地理教学问题的解决方法和寻找解决方法的方法。学习理论则为地理新课程教学设计提供了解答问题的方式。另外,随着学习理论的发展变化,它又促进了教学设计研究方式的转变。由于众多心理学家从不同视野,用不同研究方法,探析学习现象的新方式,形成了各种学习理论流派,这些不同的流派都不同程度地对目前地理新课程教学设计有着指导作用。

布卢姆的目标分类理论能指导教学目标设计;布鲁纳的发现学习理论为发现法教学提供理论支撑;皮亚杰的建构主义学习理论有助于联系生活地理,帮助学生自己构建知识;加涅的信息加工理论能指导教师正确安排教学过程和事件;罗杰斯的人本主义学习理论能够体现"以学生为主体"学习,并衍生出讨论式、角色扮演式、探究式等多种教学模式;霍华德·加德纳的多元智能理论为地理新课程"采用适应学生个别差异的教学方式""为了每一个学生的发展"提供了理论依据。

(一)新行为派学习理论

新行为派学习理论代表人物是斯金纳,他经过斯金纳箱实验提出了操作性条件反射的强化学习理论,认为学习过程是有机体在某种情境中由于反应的结果得到强化而形成的情境与行为的联系。新行为派学习理论把环境看作刺激,把伴随而来的有机体行为看作反应,把学习最终看作刺激—反应间建立的连结,因而环境在个体学习中占有重要地位。

该理论指导地理教师在教学过程设计中创设一种环境或情境,尽可能在最大程度上强化学生的合适行为,对习得的知识予以巩固。例如,在利用 Flash 动画作为刺激环境讲解锋面系统原理之后,再对江淮一带梅雨天气现象进行及时提问刺激,使学生的高级神经迅速形成联结,利用锋面知识回答成因,教师对正确的回答进行肯定评价,即很好地对学生的行为进行正强化。

(二)认知派学习理论

认知派学习理论研究的是个体处理其环境刺激时的内部过程,而不是外显的刺激与反应,即探讨学习者内部心理结构的性质以及它们是如何变化的,学习的基础是学习者内部心理结构的形成与改组。其代表人物和模式有布鲁纳的发现学习、瓦根舍因的范例教学、奥苏贝尔的同化学习理论、加涅的信息加工学习理论等。认知学习理论启迪教师在进行地理课堂教学设计时,应根据学生已有的心理结构,设计适当的问题情境,使学生在解决问题过程中掌握一般的原理,以便能把所学内容用于解决新的问题。例如,利用奥苏贝尔的同化学习理论能有效提高学生驾驭地理知识体系的能力,即在学习海陆热力差异知识时可以设计学生认知结构中原有的关于一盆水和一盆沙子热力差异的对比试验,用来同化海陆热力性质差异的知识。

(三)人本主义学习理论

人本主义学习理论的代表人物是罗杰斯,其理论的核心思想是关心学生整体人格的发展,把教学目标看作学生人格、自我的健全发展,把教学重心由教师的教转移到学生的学,教师在非指导性教学中作为促进者,把教学过程的本质规定为学生内在经验的形成及生长。它强调以人为本,充分尊重学习者的尊严、价值,让学生在自由的环境中交流学习体会,实现自我。

地理新课程强调教师要尊重每一位学生做人的尊严和价值,进行赏识教育,鼓励自信心,发现闪光点,在教学关系上强调教师的帮助和引导作用。这些理念都蕴涵着人本主义教育思想,为地理教学设计提供理论支撑。教师在进行新课程地理教学设计时,要因时制宜地把课堂和自然还给学生,特别是针对不同地理知识属性和主题有选择性地设计讨论式教学、研究性学习等课堂教学方式。

(四)建构主义学习理论

20 世纪 90 年代以来,建构主义学习理论广泛应用于各国课堂教学。建构主义学习理论强调以学为中心,认为学生是认知的主体,是知识意义的主动建构者。注重情境、认知、协作、学习环境、信息资源对学习的支撑作用。教师的任务不再是传递与灌输知识,而是更多地关注学生如何以原有的经验、心理结构、信念等建构知识,强调学习的主动性、社会性、情境性,倡导合作教学、交互教学。建构主义学习理论为学生创造性学习提供了强有力的支持,指导教师进行地理教学设计时首先尽量为学生搭建知识框架,将学生引入问题情境;然后采用真实或逼真的教学情境,培养学生解决真实问题的能力;最后改变传统讲授式教学,设计协作学习的情境。

(五)多元智能理论

多元智能理论由霍华德·加德纳于 1983 年在《智力的结构》一书中系统提出。他认为每一个个体都有着相对独立的九种智能,即言语智能、逻辑数学智能、视觉—空间智能、肢体—动觉智能、音乐—节奏智能、人际智能、内省智能、自然观察者智能和存在智能。九种智能不同的组合方式,使得世界上并不存在谁聪明谁不聪明的问题, 只存在哪一方面聪明及怎样聪明问题。对学校教育而言,学校里没有差生。

三、融合地理教学理论,促进学生智慧成长

学习理论是描述式的,它描述学习的结果、过程和影响学习的内外因素,但它没有直接告诉教师如何教。因此,在学习理论基础上发展形成了能指导教师如何教的教学论,即研究教学过程特点、教学规律、原理、结构、模式、方法等。

地理教学理论既衍生于通识教学论,又注入了地理学科特性的新鲜血液,是地理教学实践经验的总结和系统反映,成为地理教学设计最直接的理论来源,教学设计吸收地理教学理论,能促进学生地理智慧成长。

四、借助传播理论,提高地理教学效率

教学过程是一个教育信息传播的过程,这个传播过程有其内在的规律性和理论,所以教学设计以传播理论为基础。传播理论研究的是信息的传播过程、信息的结构和形式、信息通道、信息的效果和功能等问题。它包括四个基本要素:信息发送者、信号、信息通道、信息接受者。

(一)信号的形式及结构与地理新课程教学设计

信号的形式和结构影响信息的接收。具有有序结构、图式丰富、相互之间密切联系的信号易于记忆和提取,而无序的信号由于缺乏结构而常常被人遗忘;对信号的控制程度越高,传播的效果越好;信号越能引起接受者注意,则信息越易传播和接受。因此,在地理教学过程中必须对信号精心设计,排除影响接受者注意的那些刺激信号,选择恰当的教学媒体。

(二)信息数量与地理新课程教学设计

信息的多与少也影响教学效果。过多的信息会造成信息冗余,没有意义;而信息量不足,又会滞后学生的智力发展,对学生不利。教学信息的数

量是目前在地理教学中受到较大关注却又难以量化的因素，关于这方面的问题尚待进一步的研究。但在教学设计中应当明确两个问题：一是地理教学需要多少信息作为背景；二是在课程构建中需要多大的地理流通信息量。

  总之，地理新课程设计只有以上述四大理论为基础，才能减少和克服地理教学活动的盲目性、随意性，增强和提高地理教学活动的有效性和可控性，从而提高教学质量。

第七章　在继承中发展

第一节　促进地理学习方式的变革

新课程理念明确指出："要改变以学科为中心的思想,逐渐突出人的中心地位,以'人的发展'为中心。"因此,作为教师要从学科的理念中跳出来,要以"一切为了学生的发展"为中心。在新课程改革的大背景下,对学生学习地理方式的研究显得十分重要。教师在实际的地理教学中,应摒弃传统教学方式中不好的方面,继承优秀的传统教学手段,同时勇于开创好的、先进的教学手段和方式,充分地发掘学生的能力,达到知识与技能的双提升。在地理新课程改革内容实施之后,对于地理教学方式的研究也在逐步展开。地理教育工作者对于地理教学方式的见解各不相同,但都希望能够继承更多优秀的内容,开创出更高效、更符合学生发展需求的教学方式。

一、课题的提出原因

新课程标准针对我国中学地理教育发展的具体实际提出了以下基本理念:培养现代公民必备的地理素养;满足学生不同的地理学习需要;重视对地理问题的探究;强调信息技术在地理学习中的应用;注重学习过程与学习结果相结合的地理教学发展性评价。正是这些理念相互渗透以及有机地贯穿在相关内容中,构成了地理新课程标准的精髓。教师作为教育者应该在教学中以这一精髓为指导,要适应学生多样化发展,贴近社会实际和学生生活,形象地反映地理学科的特点,重视发展学生的创新精神和实践能力。

通过多媒体辅助教学手段能够更好地完成新课程标准的要求。中学地理教学内容丰富,时空跨度较大,既有美不胜收、风景迷人的自然地理内容,又有与人类活动密切相关的人文地理知识,还有抽象的空间天体模型和自然原理。多媒体能播放音像、动画,变静态为动态,形象地展现画面;能突破时空的限制,具有极强的表现力;能在说明概念、规律时,简明准确,省时省力,起到事半功倍的效果;还能为学生提供一种轻松的课堂学习环境,培养学生的学习兴趣,激发学生的学习热情。

二、课题研究的目标

第一,避免中学地理传统教学方法的局限性,将多媒体教学与传统教学相结合,发挥现代教学手段的优势,创设宽松愉快的学习氛围和环境,陶冶学生情操,培养学生的学习兴趣。

第二,运用多媒体教学手段的直观性,突破时空的限制,帮助学生突破难点、掌握重点,培养学生多方面的能力,保证地理教学目标的实现。

第三,运用多媒体教学手段的开放性,弥补教材滞后、陈旧的不足,拓展视野,加强课堂教学与社会和家庭的密切联系,满足学生学习的多样化需求,发展学生的个性。

第四,运用多媒体教学手段培养学生的读图能力,使学生学会读图、用图,培养学生的观察能力、理解能力及逻辑思维能力。这也是学生学好地理,真正会学地理的关键。

第五,运用多媒体辅助教学的可操作性,让学生感受创新实践的快乐,发展学生协作与活动的能力、分析与解决问题的能力、创新能力。

三、课题研究的基本内容和思路

(一)探究多媒体技术在地理教学中的合理运用,提高课堂效果

地理课堂教学是学生最主要、最经常、最大量地获得地理知识的途径,是实施素质教育的主要渠道。提高课堂效率是地理教师义不容辞的责任,所以在教学课堂上要经常合理使用多媒体辅助教学,达到提高课堂教学效果的目的。

(二)合理使用多媒体辅助教学,培养学生浓厚的学习兴趣

多媒体辅助教学具有极丰富的表现力,它可以把丰富的地理信息多层次、多渠道地向学生传递,扩大学生认知的时空,调动学生的多种感官,使学生处于积极的学习状态,使学生在课堂教学中得到生动、活泼、主动的发展。当今,高效的地理课堂教学已离不开多媒体技术的辅助作用。在多媒体技术与地理新课程整合中,教师应在新课程的理念指导下运用现代教育技术,使多媒体技术成为教学的新载体,增加课堂教学的趣味性、直观性,加大课堂的教学力度和广度,加深学生的记忆,延长学生注意的时间,培养学生的学习兴趣。

(三)探究多媒体辅助教学的合理使用,培养学生读图、析图的综合能力

地图是地理学科的第二语言,可以表示地理事象的分布和空间联系。学生阅读地理知识和地理图表时,不可能完全处于主动学习状态。通过多媒体动态课件设计、问题情境设计、学习策略设计等,可以提高学生的读图、析图能力。

第二节　合理运用信息技术

世界日新月异，人们在感叹世界变化快的时候，对教育的认识也在发生着质的飞跃。知识极度膨胀和快速更新，要求人们以新的眼光和视角去看待教育和学习。中国人历来把传道、受业、解惑视为教育的唯一宗旨，而受业即学习过程中的一种单纯继承性过程。以继承前人知识为中心的教育思想，渗透至教育教学的各个方面。然而在知识经济时代，如果教育继续履行"单纯继承"的使命，那么它所培养的人才必然会被时代所抛弃。传统的学习观已经无法适应知识经济时代的需要，取而代之的是特别注重学习活动的创造性学习。在此基础上，新课程改革应运而生。对受教育者来说，最重要的是学会学习、自然学习和边干边学，从而获得一种学习能力；而作为教育者的教师，在这场改革中更应把优化教学过程、提高教学效率、实现高效课堂作为始终追求的目标。现代教学手段的合理应用为实现这一目标提供了良好的物质和技术基础。

一、信息技术应用存在的问题

信息技术从应用于教育开始就与教育过程形成了紧密的联系，从传统地理教学中的很少应用到现代地理教学中的普遍应用，是地理教育工作者努力的结果。但在目前的地理现代化教学中，信息技术的应用并不都是完全合理有效的，笔者注意到信息技术在地理课堂应用中也存在问题。

（一）内容不够科学，过度使用

在多次听课过程中，笔者发现多媒体有些"喧宾夺主"，空有形式，而内容不够科学。大多数公开课或观摩课都会选择运用多媒体技术,有的课是根据课程需要设计,而有些课则纯粹为了赶时髦,好像不运用多媒体就会低人一等,结果一塌糊涂。信息技术在地理教学中应该发挥的是它的辅助作用,毫无选择地大量运用则会使课堂失去太多地理的味道,有时候竟像是一节信息技术课或者是欣赏课。起初,大多数人运用它的目的是为了提高学生的地理学习兴趣,可是如果节节课都在用它,就无兴趣可言了。笔者听了很多节展示课, 发现大多数教师都在利用多媒体进行教学,一些教师把握得住分寸,一些则为了用而用,使多媒体教学变成了花架子。

(二)课件的使用效果不佳

如果整堂课都在用多媒体,处理得不好就可能没有传统教学落实得扎实,使学生感觉像在看电影,虽然对整节课的情节都知道一些,却不太明确该重点掌握什么。优秀的地理多媒体课件应该是精良的教学工具,是精确的地理信息的集合。地理多媒体课件的使用过程也是学习过程,是学习者以计算机系统为工具,通过计算机程序提供的技术支持,对地理知识和地理技能等教学信息的一种认知和实践过程。它构建于地理学、教育心理学、计算机应用、艺术等学科的基础上,任何一个方面存在欠缺,都会使课件的使用效果受到影响。

二、信息技术如何应用得合理、有效

一节好的地理课在使用信息技术辅助地理教学时应合理、有效。如何让信息技术在新课程环境下的地理教学中应用得合理、有效,实现地理高效课堂? 笔者认为关键在于教师对信息技术应用的设计要合理。为此,笔者做了以下四个方面的尝试。

(一)利用动画演示突破地理教学重点和难点

地理学研究的对象是地球和整个宇宙，范围广大，又不断运动、变化。很多地理事物学生没有见过，有些也根本不可能见到。在地理教学中，教师通常利用各种地图、大量的图片和地理模型来辅助教学。这是地理教学突出的特点，但它们只是静态地反映地理事物，不可能表现出地理事物发展变化的过程。而多媒体教学恰好弥补了这一不足，将静态的地理事物还原成生动的动态变化过程，较好地突破了教学的重点和难点内容。例如，在"常见天气系统"一课中，冷暖空气相遇，形成锋面雨的过程较为抽象，冷锋和暖锋两种锋面系统不容易区分，利用课本"冷锋、暖锋示意图"进行讲解，学生还是比较模糊。这时借助多媒体制作动画，将冷锋、暖锋两种天气系统形成过程中冷暖空气的移动、暖空气的抬升、水汽遇冷凝结、成云致雨通过动画演示出来，把生活中不可能看到的天气变化过程展现在学生面前，把冷锋和暖锋两种天气系统形成过程的差别，形象生动地展示出来，清晰了然。又如，在"地球的运动"一课中，产生昼夜长短变化和太阳高度角变化的直接原因是直射点的回归运动，太阳直射点的回归运动比较抽象，但又是理解地球运动的地理意义的重点。此时，为了便于学生的理解和记忆，可将这一运动制作成动画，直观地反映太阳直射点移动的方向、位置，为更好地理解昼夜长短和正午太阳高度的变化规律打下基础。

(二)利用影像资料培养学生情感态度和价值观

新课程改革要求教师落实知识与技能、过程与方法、情感态度和价值观三维目标。在地理教学中使用影像资料，往往能激起学生的情感，使学生树立正确的价值观。例如，教师在讲授高中地理城市化的相关问题时，可借助现代信息技术的优势,播放城市化问题的相关视频,让学生迅速地进入本课的教学环境中,认识人们生活的环境目前存在的问题,从而激起学生对人类生存环境的感慨。又如,为学生播放地震的相关录像,使学生了解地震的发生、危害及破坏性,体会大自然对人类的影响。

(三)利用多种信息手段激发学生兴趣

兴趣是最好的教师。如果学生没有一定的好奇心和求知欲,即使他们掌握了一定的创新方法和技术,也很难将它转化为具有实际价值意义的创新行为。现代信息技术以其本身的特有功能而具备了趣味性的特点,对激发学生的学习动机有着极高的价值。教师可以利用信息技术的图像、解说、文字、音乐等多种信息,让学生通过电脑手段,观其境、闻其声、触景生情,充分调动学生的学习积极性、主动性,让学生更好、更快、更准、更深地把握教学中的重点、难点。例如,大多数学生对于旅游有一定的热情,所以旅游地理的内容有一定的吸引力,但课本中涉及的旅游景点不见得是学生曾经去过或熟知的景点,如果设计不当,反而会让学生失去学习兴趣。这时将教材中的旅游背景以信息技术手段加以呈现,用一段导游带领游客参观的视频或某旅游景观实地的风景照片等让学生身临其境,从而激发学生了解旅游、认识旅游的兴趣和走出去的愿望。

(四)利用信息技术设计学生活动

1.利用信息技术设计学生的探究活动

探究性学习是中学地理课程引入的一种新的学习方式,有助于学生初步了解地理概念和结论产生的过程,初步理解直观和严谨的关系;有助于培养学生勇于质疑和善于反思的习惯,培养学生发现、提出并解决地理问题的能力;有助于发展学生的创新意识和实践能力。事实上,这些也正是实现信息技术与课程深层次整合所需要的。利用信息技术设计地理探究性学习活动，其目的就是使学生能够获得某些没有技术支持或不可能获得的学习体验。例如，在教授"正午太阳高度角的变化"这个难点问题时，可选用学生可以自主学习的课件，课件要有逼真生动的模拟效果；由学生自己输入数据，求出任意时间、任意纬度的正午太阳高度角的大小；把学习的主动权交给学生，让学生自己设计实验方案，得出正午太阳高度角的变化规律。这样得出的结论，学生能够深刻理解并牢固记忆。学生对这样的学习过程饶有兴趣，可以培养学生的实践和创新能力。

2.利用信息技术设计学生反馈活动

在地理教学设计过程中，每一个教学步骤的决定都要以经验证据为依据，这些决定又成为下一步骤的"输入"，而且每一步骤要针对来自下一步骤的"反馈"证据予以检验，以提供该系统效度的指标。例如，在复习初中地理"中国政区"的内容时，教师可以通过信息技术设计拼图游戏，分组竞赛，记忆落实各省区的名称和位置，并根据学生掌握的情况设计下一步的教学内容。

实践证明，地理教学的学科特点决定了信息技术在地理教学中应用的必要性。而现代教学要求地理教学的有效性，合理地设计、使用信息技术是今后地理教学的关键。

第三节　中学地理教学中的思想教育

我国的教育方针明确规定:教育必须为无产阶级政治服务,为社会主义现代化建设服务,必须与生产劳动相结合,培养德、智、体、美全面发展的建设者和接班人。这一方针将德育(思想教育),包括思想政治与思想品德教育,放在培养全面发展的社会主义新人的首位。作为全面提高中华民族素质的首要内容, 它是实现我国社会主义现代化建设宏伟目标的重要保证。《中国教育改革和发展纲要》明确指出:"用马列主义、毛泽东思想和建设有中国特色的社会主义理论教育学生, 把坚定正确的政治方向摆在首位,培养有理想、有道德、有文化、有纪律的社会主义新人,是学校德育即思想政治和品德教育的根本任务。"中学地理是一门综合性很强和具有广泛联系的学科,中学地理课的科学内容蕴含着极其丰富的思想教育因素。中学地理教学可以使学生受到多方面的思想教育、道德教育和心理素质教育,有利于培养学生高度的社会主义觉悟、良好的道德情操以及文明健康的情趣。

一、中学地理教学中的思想教育内容

根据中学地理教学大纲的规定和中学地理的教学内容,结合中学生的思想实际,中学地理教学中的思想教育主要应包括三方面内容:爱国主义教育和国情教育、辩证唯物主义教育和科学世界观教育、国际主义和全球观念教育。

(一)爱国主义教育和国情教育

1.中国地理国情教育

我国有优越的自然环境,但也有多发性自然灾害;虽然我国资源较丰富,但对其的利用还不尽合理,人均资源少,人口与经济发展之间的矛盾突出。

2.民族团结教育

要发挥我国西部地区的资源优势和沿边地区的地缘优势,促进民族的共同繁荣;经济、文化较发达的地区或城市,有责任帮助目前经济、文化相对后进的地区和民族,走共同富裕的道路。

3.社会主义现代化建设成就教育

随着社会主义建设事业的不断发展,我国综合国力逐步增强,但仍然是一个发展中国家。要充分发挥地理环境的优势,发展经济,提高我国的国际地位。

4.党的基本路线教育

要进一步实行改革、扩大开放,增强我国的综合国力。要调整和优化产业结构,高度重视与发展农业,加快发展基础工业、基础设施建设和第三产业,扩大对外开放的领域,促进全国经济布局的合理化。

5.继承与发扬中华民族优秀文化传统教育

中华民族对人类文明做出了巨大贡献。要以祖国的繁荣昌盛为己任,致力于祖国和家乡建设。

(二)辩证唯物主义教育和科学世界观教育

1.辩证唯物主义基本观点教育

时间和空间是物质运动的基本形式。事物都是"一分为二"的,事物的发展都具有从量变到质变的过程,要遵循客观规律促进事物的发展。

2.辩证唯物主义的人地观、资源观、人口观、环境观和可持续发展观的教育

人既是生产者又是消费者。一方面要合理开发利用自然资源,以满足人们不断提高的物质与精神生活的需要;另一方面又要保护有限的资源,保护人类生存的环境,搞好国土整治,实现经济的可持续发展。

3.科学世界观教育

懂得科学技术是推动社会经济发展的根本动力,科学技术是第一生产力;要敢于抵制各种形式的封建迷信活动。

(三)国际主义和全球观念教育

1.国际主义教育

要在改革开放中发展我国同世界各国人民的友好关系,尤其是同周边国家的友好关系,为我国的现代化建设争取有利的国际环境;要坚持我国政府一贯倡导的和平共处五项原则,反对国与国之间的霸权主义,反对侵略战争,保卫世界和平。

2.全球观念教育

环境问题是人类的共同问题,要建立环境问题的全球观念,增强关心与保护世界资源及环境的责任感,为实现人类的可持续发展贡献力量。

综上所述,中学地理教学中思想教育的内容,大致可以包括以上三个部分,它们之间紧密联系、相互渗透,有时很难完全划分开来。

二、建立多层次目标体系

中学地理教学中思想教育的目标可从观念、情感、意志行为三个方面衡量,根据中学地理教学的内容和特点,中学地理新教材注重深化人地关

系,反映社会发展需要和对学生能力的培养。依据新大纲的要求,其目标可大致分为三个方面:以人地关系为主线进行国情教育;在分析地理事物和现象中,培养学生辩证唯物主义的思维方法;以传授知识为契机,培养学生理论联系实际的学风。

(一)以人地关系为主线进行国情教育

国情教育是向学生传授有关自己国家和民族的历史、地理、政治、经济、文化、教育、社会、人口等方面的最基本情况,并以此激发学生的爱国主义情感,促使其树立建设祖国的坚定信念和信心的教育。地理作为一门科学,提出问题、分析问题和解决问题都是从自然与人文等诸多地理要素所反映的客观事实出发,运用科学原理和方法进行论证。所以进行国情教育,要始终抓住人地关系这一主线。从地理角度认识国情,即认识我国的自然环境和人文环境以及我国人地关系的基本状况。在教学中,要始终反映人与环境的对立统一关系、良性循环与恶性循环的关系以及如何正确解决这些矛盾等问题。在国情教育中,除了要遵循科学性原则、针对性原则、渐进性原则外,坚持以知国、爱国、报国为教学目标的正面教育,讲清我国国情的优势(辽阔的国土、壮丽的山川、富饶的物产、多样的气候、优越的社会主义制度、日新月异的经济建设等),同时要实事求是地让学生认识到我国人口基数大、人均资源少、人口文化素质不高等国情劣势。既使学生明确国情优势,培养他们的爱国情感,又使他们了解国情劣势,激发他们的忧患意识和责任心。通过教育活动,逐步把学生的忧患意识与爱国情、责任感相结合,铸造他们的报国志。

(二)在分析地理事物和现象中,培养学生辩证唯物主义的思维方法

辩证唯物主义是科学的世界观和方法论,是研究自然科学的理论依

据。辩证唯物主义是地理思想教育的思想基础和方法,认识人类、资源、环境、社会与发展的辩证关系,能够更好地树立可持续发展观念。辩证唯物主义思想内容丰富、内涵深刻。在教学中,应加强以下观点的教育。

第一,物质观。教材中涉及的内容有"宇宙是物质的""大气的物质组成""陆地环境的物质组成""自然资源的物质属性"等。

第二,运动观。教材中涉及的内容有"地球的运动""大气的运动""海水的运动""陆地水的循环和转化""地壳物质循环""生物循环"等。

第三,联系观。教材中涉及的内容有"日、月、地三者的关系""地理环境的整体性""地理环境为人类提供资源""自然灾害及其防御""工业、农业、交通和商业的区位选择""人类活动的地域联系""全球性问题产生的原因及影响"等。

第四,发展观。教材中涉及的内容有"天体演化""气象、气候变化""海陆变迁和地表形态的变化""工业、农业、交通、商贸、旅游等的发展""城市聚落的形成""可持续发展思想的产生"等。

自然地理的各章节普遍贯穿了辩证唯物主义思想,这为教师挖掘教育点,抓住时机,画龙点睛,培养学生用唯物辩证法分析问题的能力和辩证思维的素质提供了良好的契机。

(三)以传授知识为契机,培养学生理论联系实际的学风

把所学的地理知识和掌握的基本规律,同生产、生活实际相结合,培养学生理论联系实际的观点和思想方法,是智能培养的需要,也是地理学科的重要内容。在教学中,教师应注意把所讲授的知识与学生的日常生活以及从电视、报纸等媒体中获取的有关自然现象和生产活动信息相结合。例如,教师可以要求学生每天都收看电视台的天气形势预报和天气预报,

记录本地一个月以来每天的天气预报内容,在讲天气时,就可以利用天气符号表示的天气图,让学生说出图中反映的天气状况,并说出天气与日常生活、农业生产、交通运输、商业活动的关系。在讲课时,从感性到理性,既激发了学生的兴趣,又增强了他们分析问题的能力,有助于培养学生良好的学风。

以上三个内容是中学地理思想教育的总体目标,在每节课的教学中如何进行具体操作,教师还有必要将其深化、细化为要素目标和课程目标,这样才能保证各部分知识在各级目标的控制下,发挥应有的教育功能。

三、中学地理教学中思想教育的途径与方法

在中学地理教学中进行思想教育,必须有正确的实施途径,采取多种多样行之有效的方法。

(一)端正教育思想,强化思想教育意识

加强中学地理教学中的思想教育,最根本的是教师要端正教育思想,彻底转变教育观念,强化思想教育意识。首先,教师要彻底转变过去那种"只教书,不教人"的传统教育观念,真正明确思想教育是中学地理教学的三项基本任务之一。作为一名中学地理教师,不仅要教给学生地理基础知识,培养他们的能力,发展其智力,还肩负着培养有理想、有道德、有纪律、有文化的社会主义新人的光荣责任。教师要彻底转变那种将思想教育游离于教学内容之外,搞所谓"油水分离""穿靴戴帽"、简单说教式的传统教育方法;要采取符合中学生心理发展过程的方法,在认识的基础上强调学生经过自身情感体验,将原有的思想认识转化为新的观念,并且通过实践逐步形成良好的道德行为习惯。

(二)以课堂教学为主渠道,做到课上与课下结合、校内与校外结合

学科思想教育同学校德育不同,它要求紧密结合教学内容进行思想教育。课堂教学是中学各学科教学的基本形式,通过课堂教学来进行思想教育,能够保证有充足的时间和完整的内容,也能够保证教师主导作用的发挥和各种教学手段的运用,既可以体现思想教育的科学性和有效性,又可以体现学科的特点。因此,课堂教学是中学地理学科思想教育的主渠道;地理教师要善于把思想教育同地理基础知识与基本技能的传授以及智能培养紧密结合起来,深入挖掘教材中的思想教育因素,恰当地选择思想教育结合点,适时适度、潜移默化地进行思想教育。

除了课堂教学以外,地理教师也要重视通过开展各种课外与校外地理实践活动对学生进行思想教育,如举办各种专题讲座、组织各种地理课外活动小组、出地理板报、搞地理知识竞赛、进行参观访问、做地理乡土调查、开展地理宣传活动。通过这些地理实践活动,启发学生进行积极的思考,自己得出结论并从中受到教育。这种思想教育活动,无论从内容到形式,都较课堂教学中教师的讲授更加生动活泼,效果也更为显著。

(三)充分运用现代化教学手段,完善从感性到理性的认识过程

充分运用现代化教学手段,完善从感性到理性的认识过程,促进观念的形成和情感的不断加深,是促进思想教育的有效途径。现代化的教学手段,特别是投影、录像、计算机等现代化电教手段,有着直观、生动、形象和感人至深等优点。它们不但有利于地理基础知识与基本技能的传授,有利于智能的培养,而且是对学生进行思想教育不可缺少的重要手段。特别是在今天强调课堂教学是主渠道的情况下,它可以解决学生不易"走出去"的难题。因此,充分运用现代化电教手段,开阔学生的视野,丰富他们的感

性知识,对于加速和完善从感性到理性的认识过程,促进学生正确的思想观念的形成和爱国主义情感的不断加深,都具有极其重要的作用。这种教学手段可以随堂进行,也可以专题进行。

四、新时期地理思想教育的特点

(一)时代性

随着社会的发展和科学技术的进步,人类在创造现代文明的同时,对环境造成了巨大的破坏。环境与发展成为当今人类社会面临的两大主题,人类从来没有像现在这样关注自己身边的环境。如何协调人地关系,以保证人口、资源、环境与社会可持续发展已成为如今这个时代的主旋律。这一时代背景正好为地理思想教育提供了最佳的时机和广阔的空间。因此,新时期地理思想教育应适应时代发展的潮流,表现出鲜明的时代特性。

(二)全球性

生态环境破坏、全球气候变化是世界各国共同关注的问题。因此,新时期地理思想教育也具有鲜明的全球性特点。第27届国际地理大会通过的《地理教育国际宪章》,把增强环境意识作为当今地理教育的最主要内容。许多国家在地理教科书中更加突出了环境教育的内容,并着手进行地理教育的国际合作。例如,目前正在实施的全球环境教育计划,旨在促进世界各国的青少年都来关心人类唯一的家园——地球,从我做起,从现在做起,保护地球环境。

(三)现实性

随着改革开放的深入,中华大地百业兴旺,社会经济持续、稳定地向前发展。因此,在结合地理教学进行思想教育时,就要不断更新和增加新内容,跟上时代发展的步伐,及时反映我国改革开放和经济建设所取得的巨大成就。此外,还应及时向学生宣传国家经济改革的措施和重大决策,增强学生的爱国意识和时代责任感。"十分珍惜和合理利用每寸土地,切实保护耕地"是我国的一项基本国策。1997 年 4 月 15 日,中共中央、国务院发出《关于进一步加强土地管理切实保耕地的通知》,要求把耕地问题作为关系到社会主义现代化建设全局的大事来抓。总之,突出教育内容现实性特点是地理思想教育的重要特色,在新的历史时期更有必要加强。

第四节　高考改革引起的地理学科教育变化

国家教育部最新提出的高校考试招生制度综合改革方案指出,近期主要致力于解决三个问题:一是增大学生、高校双向选择权;二是推进综合评价选拔,体现素质教育;三是弱化"一考定终身"现象。在这样的高考招生改革宗旨下,将由学生和高校选择考试科目,高考录取成绩将由高考必考科目与选考科目两部分成绩组成。同时, 实行高中基础学业水平考试,全科开考,一年两次,学生每科可自主选择参加两次考试,并选用其中一次成绩纳入高校录取总分。高考是一项牵涉全社会的大问题,涉及每一个家长和学生,高考改革对于学生的学习和教师的教学有着巨大影响,地理学科更是如此。在这样的社会大背景下,研究和探索高考改革对地理教学的影响具有十分重要的意义。

一、改革教学内容,体现素质教育

教学内容是培养学生学科素质的基础。随着教育改革的不断深入,中学地理教材不断完善,新教材开始关注学生生活经验及学习体验,开始引入图像系统、活动系统等,较旧教材而言有了明显进步,但仍存在一定不足。以高中地理教材为例,其更强调知识性、继承性,缺乏对学生创新能力的培养与发展;过于注重全面性、系统性,忽略学生的个性差异;反映现代地理学的研究新成果不足,不利于地理学科实用性和教育面向现代化目标的实现。因此,在高考改革背景下,中学地理必须改革教学内容,在发展地理学科特性的前提下,以素质教育为核心,坚持以学生发展为本,选择合理的教学内容。

首先,教学内容必须呈现知识与生活的联系,由课本知识向生活知识拓展,体现地理学科与生活紧密、广泛的联系,促使学生认识到地理学科的价值,引导学生思考社会问题,关注人类发展面临的问题。

其次,教学内容必须呈现知识与能力的联系,地理教学的目的不仅是引导学生认识科学、认识世界,还是发展学生空间定位能力、地理信息处理能力、地理观察方法、地理实验方法等的载体,对培养学生探究能力、实践能力等一般科学能力有着重要作用。地理教学必须重视实验课、实践课,注重学生地理素养、创新能力和综合素质的发展,更好地适应社会发展和高考需要。

最后,教学内容还必须呈现中学素质教育"发展个性,重视心理素质培养"的内涵,将以传统记忆地理资料、描述地理现象为主的教学内容,转变为以树立可持续发展观、有利于个体终身发展为主的教学内容,培养学生稳定的心理品格,树立正确的人生观、价值观、世界观。

二、地理教师要改进教学方法,优化教学方式

高考改革的目标之一就是减轻学生的学习负担和压力,实现提高学生学习能力的教学目标。传统的地理教学,往往只侧重对知识点的传授,而忽略知识的系统性和学习方法,导致教学效率不高。教育改革强调"以学生为本"。在地理教学过程中,要树立"生本思想",充分了解学生的知识和心理需求,尊重学生的个性差异,以生为本,以学定教,不断改进教学方法。转变传统的将学科全部知识一字不落地传授给学生的灌输式教学模式,把教学中心放在"学"上。通过创设一定的教学情境,围绕若干主题或案例进行教学,充分发挥学生的主体作用,体现教师的设计者、引导者、组织者地位。积极利用现代教育技术,利用"含而不露,指而不明,开而不达,引而不发"的方式,引导学生探究、思考,体验分析问题的方法和思维展开过程,让学生从自主学习、合作探究活动中发现问题并提出解决问题的方法,促使学生由"学会知识"转变为"会学知识",从而提高学生的认识水平,培养学生地理意识及地理科学能力。

三、地理教师要确实更新教育观念,提高素质

经过两轮高考改革,中学地理教育已出现一种趋势——实用化、实践化、智慧化、创新化。高素质教师是有效实施素质教育的重要保证,所以地理学科教育还需要进一步提高教师的综合素质。

第一,教师需要更新教育观念,以培养学生科学能力、促进学生全面发展为主要教学任务,不仅重视地理知识的全面准确传授,还要重视学生地理意识、地理素养的培养和科学方法的传授,使学生在掌握基础知识的同时,灵活运用科学方法分析知识、事物。

第二,教师应给自己一个正确的角色定位,明确新的教育改革下,教师是课堂设计的创造者、知识探索的引导者、地理学习的合作者、教育理论的研究者和学生发展的促进者。扮演好学生学习实践中的角色,为学生思维和个性发展提供平台和支架,挖掘学生潜力,促进学生能力提高,适应高考改革需要,实现地理教育的最终目标。

总之,中学地理教育面临新的挑战,地理教师要以饱满的热情、高度的责任感,全方位地对中学地理教学进行改革。

第五节 地理学科在中学素质教育中的功能和作用

在人类精神文明和物质文明高度发达的今天,科学技术日新月异,人类对大自然无休止的索取与掠夺造成环境、资源、能源、人口等问题。因此,地理教育的价值更加明显。

一、地理知识是人的社会文化科学素质的重要组成部分

中学地理教学的内容是向中学生普及地理科学知识,主要是指地理环境知识,包括自然地理方面的知识和人文地理方面的知识。这些知识对人的科学文化修养的提高以及人格的完善起着十分重要的作用。我国著名的地理学家竺可桢早在 1929 年就说过,"地理教学的主旨在于养成健全的国民,使学子能以世界眼光推论时事。"中小学生正处于身心全面发展的时期,他们不仅应当具有语言、数学、外语等工具类知识,还应当具有历史、地理及其他科学知识。历史知识有利于让学生了解人类的过去,从人类的历史经验中去丰富自己。地理知识则是从自然和社会两方面让学生科学地认识世界,让学生从家庭与学校的狭小空间中"走"出来,认识社区、村镇、城市、国家、世界、地球及宇宙环境,认识世界各地的自然风光、社会经济、民族文化、风土人情,使学生从我国及世界各国人民的经验中汲取营养,充实自己,学会做人、做事,学会与他人交往,学会生活。在现代社会里,一个缺乏地理环境科学知识,充满迷信思想和孤陋寡闻的人,一个对家乡、祖国、世界缺了解，缺乏情感的人，是很难适应科学技术高度发展、信息交流频繁、社会联系复杂、产业瞬息万变的社会的。

二、地理空间能力是人的基本能力之一

美国心理学家西莱辛格和格德曼认为，人类的三大能力是空间能力、计算能力和语言表达能力。地理空间能力是人的基本能力之一，因为人类的生存离不开环境，人类从茹毛饮血时代发展到今天的信息社会，总是在与环境进行能量与物质的交换中求得生存与发展。在这个过程中，人类文明得到进步，人的自身也得到进化和发展。空间和时间是物质及物质运动的存在方式，人类的活动总是在具体的时间、地点中进行的。所以，人类在与环境的接触中必须具有判断空间方位的能力，具有正确的空间观念。这样才能在世界上生存和发展。判断空间方位，确定事物之间的空间联系及结构是人的基本能力，也是人最基本的素质之一。

1996年6月30日，在法国学校委员会提交的报告《为了学校》中，一条核心观点是从入学的义务到必学的义务，提出学校保证全部学生掌握以下六个方面的基础知识：会读会写；能计算；能理解空间和时间；学会观察事物和有生命的实体，学会操作简单机械；体育和艺术教育；掌握公民的行为规则和价值观。在"能理解空间和时间"一项中这样写道："这是认识和分析客观世界必要的条件。学生通过学习历史、地理、自然、生命科学等知识，将来能确定其所处的空间和时间方位，掌握街区、城市、地区、国家、大洲、地球、原始时期、史前时期、古代、现代、距离比例尺、时间等概念的运用能力。"这些能力作为一个现代人是必须具备的。在生活中，无论是上街买菜、发信、存钱、看病、去商店、去学校、去工厂、去田地，还是访亲会友、旅游度假，都需要确定方向、位置和路线，选择交通工具，甚至自己开车前往。这些能力对许多部门的职业来说更是必不可少的,如交通、通信、航海、航空、军事、道路建设、旅游、城市规划设计、工业规划布局、市政建设和管理、农田水利建设。特别是在市场经济下,在全球经济一体化和区域经济集团化的形势下,企业的经营管理、市场营销经常在国家之间、区域之间进行,企业的经营者只有随时掌握各地的信息和动态,才能在激烈的竞争中保持不败。在信息时代,网络和信息高速公路的发展,已经使世界大大缩小,千里之遥,发一个电子邮件就能马上建立联系。但这绝不意味着不需要地理知识和能力了,电脑和便捷的通信提高了人们的工作效率,但操作电脑的人更需要极强的方位感,才能知道从哪里去获取这些信息,到哪里去建立联系。电脑能解放人的左脑,取代人的大脑需要完成的信息存储加工处理和逻辑推理计算等工作,但人的形象思维和空间想象能力电脑还难以代替,还要靠人的右脑来实现。经研究,人的右脑完成计算机所不能完成的工作——创造性活动,开发右脑将成为人类进入 21 世纪的伟大使命。地理教学培养学生的空间想象能力对开发学生的右脑将起到重要作用。

三、以人类的可持续发展、人类赖以生存发展的地理环境为基本内容

地理是中学各课程中唯一以人类的可持续发展、人类赖以生存发展的地理环境为基本内容的课程。人类与环境的相互依存的关系,越来越被人们所重视。1987 年,联合国世界环境与发展委员会(布伦特兰委员会)发表了《我们共同的未来》的报告,其中系统地阐述了可持续发展的战略:"可持续发展是既满足当代人的需求,又不对后代人满足其需求的能力构成危害的发展。"随后这一概念被国际社会和政策组织所接受并广为传播。1992 年 6 月在巴西里约热内卢召开了联合国环境与发展会议,可持续

发展成为大会的中心议题。1994年3月25日我国国务院通过了《中国21世纪议程》,即《中国21世纪人口、环境与发展白皮书》,其主体思想是实现人口、环境、经济和社会发展的协调,社会和经济的可持续发展。可持续发展是20世纪80年代提出的关系着人类生存与进步的重大课题,可持续发展思想在中小学各科教学中都要加以渗透。

地理是唯一以"可持续发展和人类生存的地理环境"为基本内容的学科,这是因为地理是一门综合性很强的学科,只有地理才从人口、环境、资源和经济诸方面综合起来探讨人与环境的协调发展问题。人类要在地理环境中求得生存和发展,就要掌握环境本身的发展规律,按科学规律办事。作为一个具有现代文明的人,必须具备地理环境方面的科学知识,具有正确的保护环境的观点及全球意识,了解人类面临的种种环境问题,按照正确的行为准则,自觉地参与改善环境的行动,而这些都是地理教育的重要内容。环境保护知识、环境意识、全球意识是现代人必须具备的素养,是人类精神文明的重要组成部分。中学地理教育就是从协调人地关系的角度出发让学生认识人类的地理环境的,地理环境包括地球的宇宙环境、地球本身的自然环境、中国和世界各国的自然环境与社会环境。让学生具有科学的保护环境的知识、环境意识和全球意识,形成"人类只有一个地球"的正确的态度和价值观。

21世纪中学地理教育的目的之一是使学生建立可持续发展的观点,让学生学会如何辩证地认识"人与自然"和"人与人"之间的关系,如何达到利己与利他、当代与后代、自律与互律、环境与发展的平衡,如何实现资源配置与区域协调发展并建立全球发展的伦理。

第六节　中学地理教学方法探究

地理是我国中学教育的基础学科之一。中学地理教师同其他学科教师共同肩负着实践和发展我国素质教育的重任。教师可以从前人的优秀教育思想中汲取精华,同时教师必须彻底摒弃传统教育思想中的糟粕部分,用全新的教育思想和教学理念指导教学实践,尝试科学的、行之有效的教学方法和教学手段。这既是素质教育对每个教师的要求,又应该成为教师的自觉行为。

一、学科间教学内容的兼容和渗透

目前,我国中学教学仍然实行分科教学。许多教育家对这种教学方式进行了理性评价,认为它有较强的逻辑性,有利于学生系统掌握文化知识;但同时认为,分科教学容易造成学生知识的割裂,忽视对知识本质的真正理解;认为将文化知识割裂成各种学科是不科学的,因为文化知识的整合性和人种起源的唯一性一样是客观存在的。

在课堂教学中,对教学内容进行学科间渗透是克服分科教学缺陷的有效方法,可以大大提升学生对知识本身的认知和掌握程度。例如,对唐代诗人王之涣的名句"羌笛何须怨杨柳,春风不度玉门关"的理解,从语文教学角度来说,记忆和理解这优美的诗句就够了。但如果学生问:"春风为什么不度玉门关呢？"教师就可以从地理方面回答:"我国在气候上可划成季风区和非季风区,地处西北的长城玉门关外属于非季风区,暖湿的东南季风不易到达。"又如,讲到氯氟烃对大气臭氧层的破坏以及可能造成的地球生态危机时, 地理教学只要求学生了解这一地理事实并得出相关结论。如果教师进一步告诉学生，一个氯氟烃分子可能导致十万个臭氧分子的破坏，学生不是认为骇人听闻就是满头雾水、不知所云。这时，教师可以尝试用化学分子结构模型来演示这一化学变化过程，给学生一个立体的、完整的知识结构，从而达到理想的教学效果。事实上，现有的教师均是高校专才教育的"产品"，而教学实践中往往要求教师应该是多学科的通才。无疑，教师的教学修养任重道远。

二、教学过程中的师生民主与合作

我国古代思想家韩愈在《师说》中指出："是故弟子不必不如师，师不必贤于弟子。"教师在教学过程中应与学生始终保持平等，以此来提高教学质量。现代社会越来越关注教育民主问题，而教育民主的核心是课堂教育过程中平等的师生关系，它要求新时代的教师摒弃把教师、教材置于核心地位的传统教学思想，确立以学生为主体的新教育思想。在课堂教学中建立平等合作的师生关系，对教师的师德修养和学识素质都有较高的要求，古人说的"学高为师，德高为范"就是这个意思。作为一名教师，自己板书笔走游龙、潦草歪扭，如何要求学生的书写清晰方正；自己讲一口方言俚语，如何要求学生讲规范的普通话。随着传播媒体的日益发展和多样化，学生获得知识、信息的渠道也变得丰富多彩。他们不时会冒出一些似乎"离经叛道"的语言，教师对此一味地叱责、恼怒是不妥的，可以尝试以平和的心态去感受、接纳这些可贵的思想火花。何况，学生们的意见大多数是有理有据的。例如，教师讲全球变暖是二氧化碳等温室气体导致的，一名学生举手发言："您的讲述不准确。"教师请她陈述自己的观点，她提出了两点反驳意见：其一，温室气体可能而不是肯定导致全球变暖；其二，中央电视台曾报道我国赴北极考察队否认了全球变暖的观点。教师表扬了该同学的科学求是精神,事后教师通过查阅相关资料,证实包括我国科学家在内的北极科考队根据采集的北极万年以上的冰芯样本,进行实验分析,基本推翻了全球变暖这一被大部分科学家接受的结论。

三、现代教育技术在教学中的应用

日新月异的科学技术为现代教育技术提供了强大的软、硬件支持,有利于营造宽松的自主学习的氛围。建构主义学派认为,自主学习实际上是元认知监控的学习,是学习者根据自己的学习能力、学习任务的要求,积极主动地调整自己的学习策略和努力程度的过程。自主学习除受学习者本身因素(认知结构、动机、情绪状态等)影响之外,还受到师生间的关系、集体的氛围等因素的影响。罗杰斯认为,一个人的创造力只有在他感到心理安全和心理自由的条件下,才能获得很大程度的表现和发展。人在压抑、恐惧、紧张的心理状态下是很难有所创新的。因而,营造宽松的教学氛围,建立民主、平等的师生交往和生生交往的新型关系,就成了地理教学中培养学生自主学习意识时应注意的一个重要问题。

从教师的角度讲,首先要以平等的身份参与学生的讨论,交换意见,提出建议;给学生发表见解的机会,鼓励他们大胆地发表自己的看法;学会倾听不同的意见,凡是学生正确的解答,特别是有创见的看法,都给予鼓励和赞赏;学生提出的问题不论多么肤浅或异想天开,都不要讽刺、挖苦,杜绝从言语上和行为上挫伤学生的积极性,尤其要以一颗真挚的爱心去对待那些后进生。要记住陶行知的名言:"你的教鞭下有瓦特,你的冷眼里有牛顿,你的讥笑中有爱迪生。"

从生生关系上看,处在一个团结互助的集体中,学生会互相激励,学习自主性较强。课堂上,同学们的嘲笑是学生最害怕的,所以他们往往用沉默来保护自己,或是对教师的提问不予回答,或是遇到学习问题畏手畏足,甚至产生自卑心理,更谈不上积极主动。因此,营造一种和谐友爱的生生关系是特别重要的,它有利于学生自信心的建立,有利于学生能力的培养。

第八章　地理教育的发展尝试和培养途径

第一节　新形势下全面发展中学地理教育

现今社会素质教育以发展学生的全面素质、培养适应社会主义现代化建设所需要的全面发展的人才为根本目的。地理素质是国民所具备的地理知识以及在行为活动中遵循地理法则的情感和能力，包括地理知识素质、地理品德素质和地理行为素质三个方面。地理素质教育对学生全面素质的形成和发展具有重要的促进作用。

一、全民地理素质亟待提高

1994 年秋季,中国科学技术协会和国家科学技术委员会组织了以"中国公众与科学技术"为题的全国性抽样调查。其中,与地理知识素质有关的题目及答对率:对温室效应清楚了解的占 51.3%;对"臭氧层变薄可能导致皮肤癌"判断正确的占 36.5%;认为宇宙中存在有生命的星球不只是地球的占 51.4%;列举科学技术带来的几个可能危害中,认为"滥用农药、化肥"的达 52.9%,认为"自然资源过度消耗"的占 23.3%。从统计数据可看出,我国公民整体的文化、科学素质还不高,作为科学常识部分的地理常识较欠缺,我国公民对"滥用农药、化肥""自然资源过度消耗"这些涉及人类可持续发展能力的弊端的认识尤为淡薄。由此可见，加强地理素质教育,提高民族素质势在必行。

随着人类文明的发展,人类创造了日益丰富的物质和精神文明,但由于人类在人地关系上的无知,缺乏自觉的环境意识,全球的生态环境日益恶化,人口、资源、环境和发展问题不断困扰着人类。环境问题和人类命运紧密相连。1972 年,联合国在斯德哥尔摩召开了人类环境会议,通过了《人类环境宣言》和《人类环境行动计划》,被认为是人类对资源和环境问题的一次觉醒。联合国通过的《人类环境宣言》指出:"保护和改善环境是关系全世界各国人民的幸福和经济发展的重要问题。"近几十年来,我国的环境状况日益恶化,如大气污染、酸雨肆虐、森林砍伐、草场退化、土地沙化问题严重制约着我国经济的持续稳定发展。面向 21 世纪,如何解决好保护环境与经济可持续发展这一问题, 是摆在我国未来建设者面前的重要任务。因此,从青少年抓起是提高全民地理素质的根本。

二、中学地理教学现状令人担忧

目前,我国的课程设置使初中地理与升学无缘,在应试教育的导向下,初中地理教学现状令人担忧。据初步调查可知,在广大农村,因社会衡量教育质量只看升学率,所以不少学校把初中教育搞成了升学教育,只重视升学考试的学科教学。在农村初中,90%的地理课由兼课教师担任,教学效果很少过问, 导致大多数兼课教师随意把地理课作为自己所教主科的复习课或练习课。向学生传授地理基础知识的时间难以得到保证,更谈不上地理素质教育。在城市学校,初中地理课基本由专职教师担任,地理教师掌握了教学阵地,而大多数学生却把地理科当作副科,甚至有的班主任鼓动学生弃学地理。因此,学生对地理课无兴趣,上课不专心,甚至有学生在地理课上记英语单词或做其他科的作业,在这种状态下进行地理教学的效果可想而知。

针对上述现状，各级教育行政部门、学校为全面实施好素质教育，重视和督导中学地理教学势在必行、刻不容缓。中学地理教师应努力提高自身素质，改变传统教育观念、教育方法，激发学生学习兴趣，提高地理素质教育的质量。

三、加强中学地理素质教育的途径

(一)转变教育观念，明确素质教育的要求

应试教育把教育目标任务更多地定位于知识传授、技能培养和考试技巧的训练，以升学考试为目的，对学生的全面发展不够重视。而素质教育则以丰富学生的科学文化知识，培养学生高尚的思想道德情操、良好的身心素质、较强的实践和动手能力为宗旨。因此，地理教学不仅要重视知识传授和能力培养，还要重视地理品德素质、行为素质的培养。教学中，可结合教材内容加强对学生进行辩证唯物主义教育、爱国主义教育、国情国策教育以及科学的人口观、环境观、可持续发展观教育。

(二)重视地理教师教学基本功训练

重视地理教师教学基本功训练是加强中学地理素质教育的重要前提。实施素质教育，首先要提高教师的素质。教师的素质主要体现在教学基本功上，地理教学基本功是地理教师为完成本学科教学任务所应具有的最基本的教学能力、教学技能和教学经验的一种综合体现，是反映地理教师队伍和地理教学水平的一个重要因素。地理教学基本功主要包括课堂教学能力、语言技能、板书技能、板图技能等要素。近年来，各级教育行政部门、学校举行的青年教师地理优质课竞赛、教研论文竞赛以及形式多样的教研活动，无疑对地理教师教学基本功的提高有着重要作用。

目前，在地理教学陷入困境的情况下，地理教师不应自暴自弃，而应使自己具备良好的心理素质;对地理教学投入深厚情感,精心敬业,开拓进取;努力提高自身的敏锐观察力和创意思维能力;苦练教学基本功,提高学科教学水平,从而真正发挥地理教学在素质教育中的重要作用。

(三)面向全体学生,全面提高学生的地理素质

素质教育是面向全体学生的教育,主张让学生主动发展,能够为学生学会学习、学会思维、学会创造、学会做人奠定扎实的基础。因此,在没有升学压力下的地理教师应面向全体学生,充分发挥学生的主观能动性,重视差生,充分信任和尊重后进生,给予后进生更多的鼓励和指导,使后进生产生学习兴趣,从而使他们在原有基础上得到较大的发展。

学会学习主要是使学生掌握科学的学习方法,培养学生的自学能力和良好的学习习惯。在地理教学中,首先让学生对某项地理事物想一想"是什么""在什么地方""是什么原因""该地理事物对人类的生产和生活有什么影响"等。然后,让学生掌握地图的顺序观察、整体与局部结合观察、抓住重点或特点观察等方法,让学生图文结合地学习,提高学生自学地理的能力。培养学生良好的学习习惯是一项长期的细致工作,严格训练法、指导法、竞争评比法、制约法、疏导法等,可以使学生养成专心听讲、认真完成作业、工整书写、自觉完成各项学习要求的良好学习习惯。

学会思维可以培养学生良好的思维方法,提高学生的思维能力。教学生独立思维是教育的重要目标之一。在地理教学中,训练学生思维的方法是多样的,南北取向法可以教会学生按照地图方位或线性方向展开思维,培养学生的空间想象能力。注意目标取向法是指教学生批判性、敏捷性地思维,让学生做选择题、读图的目的就在于此。因果综合法包括原因综合法和结果综合法,能培养学生的发散思维和聚合思维,如对工业布

局、厂址选择进行的多要素原因分析属原因综合法，而"由于温室效应，地球平均气温将升高，两极冰川融化，全球海平面上升，淹没沿海低地平原"则属于结果综合法。

学会创造就是使学生掌握一些基本的创造方法，培养学生强烈的创造意识和良好的创造个性。创造方法主要有智力激励法、类比启发法、联想法、形态组合法、信息交合法等。在地理教学中，除注意渗透这些方法外，还应让学生积极参加兴趣活动小组，把课堂学到的知识用于解决实际问题，吸收更多的知识信息。这样，学生掌握的知识信息愈多，产生创造的可能性愈大，获得创造成功的可能性就愈大。许多创造都说明了这一点，如魏格纳的大陆漂移学说、李四光的地质力学理论。

学会做人主要是指培养学生的社会责任感，增强环境意识和社会适应能力。中学地理教学目的要求：对学生进行环境意识和全球观念的教育，帮助学生形成科学的人口观、环境观、资源观和可持续发展的观点；深化学生对国情、国力以及国策的认识，培养学生热爱祖国的深厚感情以及对社会的责任感。由此可见，教学生学会做人是地理教学的主要目的之一。

因此，如何使学生具备较强的人类生存和可持续发展意识，培养学生自觉维护人类利益又不损害环境的地理行为素质，提高学生社会适应能力，是地理素质教育值得重视的问题。钱学森指出："地理科学是与社会经济各方面都具有密切联系的一大科学部门，是人类文明建设的基础理论。"21 世纪世界范围的经济竞争和综合国力竞争，实质上是科学技术的竞争和民族素质的竞争。现在教师面对的学生是参与 21 世纪国际竞争的主力军，为使我国在激烈的世纪竞争中处于战略主动地位，地理教师应深知自身肩负的神圣职责,在任何情况下都决不放松中学地理素质教育,圆满完成历史赋予的艰巨而光荣的任务。

第二节　提高中学地理教学效果的途径

一、研究背景

长期以来,由于应试教育存在很大的负面影响,地理教育功能丧失。单纯重知识,重结果,轻能力,轻过程,这种现象普遍存在于地理教学之中,导致学生只知死记硬背,学科素养不高,能力也相应较低。

长期以来,在人们的头脑中,基础教育阶段的地理课程已经被定性为一些"城市加物产,厂矿加铁路"之类的死记硬背的内容。而一门涵盖自然、人文、信息技术三大学科门类的综合性学科原有的教育功能已经在无形当中被否定。在传统地理教育中,受传统教学方式和教学理念的影响,教师并未对学生的全面发展做出贡献,只是片面地、单纯地追求成绩,追求升学率,教师的教育方式是填鸭式教学方法,学生的学习目标只是为了获得高分,学生采用的学习方法也只是死记硬背。而实际上,地理学真正研究的是人类生活的地球,涉及人口、环境、资源等方面,与人类生活息息相关,所以让学生学习对终身发展有用的地理知识是刻不容缓的,这也符合新课程改革的内涵。随着新课程改革的不断推进以及 21 世纪对人才的需求,许多国家已经将改革和创新教育作为科教兴国的基本任务,培养具有创新意识和探索能力的人才,以此作为未来国家最强的国际竞争力。地理改革也势在必行,让学生学习有用、有趣的地理知识,而不一味追求分数,是地理教学改革和发展的重要方向。

教师的教学观念、教学方法方式、学生的学习主动性、教材编排方式等直接影响着学生的学习效果。受地理学科地位不稳定的影响，中学地理教学过程中存在很多问题。

(一)教学观念落后

许多教师只强调"双基"，而忽视地理思维训练和地理学科观念的培养与渗透，忽视学生创新意识与能力的培养。科学知识的传授应与科学探索精神、科学价值观融为一体的思想尚未得到确立，认为大量单调重复性的习题、试卷是开发学生智力和培养学生能力的有效手段，注重发展学生个性的观念未得到确立。许多地理教师非常注重教学的程式化，如第一环节如何、第二步骤怎样，让学生被动适应这样单一的教学步骤与要求。在教学中不注重研究学生的心理需求、兴趣爱好、情感变化和意志倾向，而主要研究教材以及上课执行教案的过程，教师期待学生按照教案设想去从事学习活动、回答问题，教师的任务就是努力引导学生得出预定的答案。片面强调教师的主导作用，"教服从于学"的观念没有树立起来。教师满足于向学生提供现成的结论，把教师提问、学生回答误认为是体现学生能力的有效手段。另外，学校和教师不够重视地理，始终认为地理是一门副科，可有可无。这些都使得当今教学观念落后。

(二)教学组织形式单一

地理教学的很多内容是学生身边的自然环境和社会环境，教学的根本目的也是让学生认识它们。因此，适时地组织学生参加地理实践活动是必不可少的，也可以说，室外教学形式最能体现地理教学的特色。然而，我国中学地理教学的现状并非如此。

目前，我国中学地理教学普遍以课堂教学作为唯一的教学组织方式，面对教学内容和学生人数均多的情况,再加上教师要适时补充一些地理信息,往往在教学方法上以教师讲述为主,而现实中人们衡量一个地理教师水平的标准就是看他是否讲得有趣。体现地理教学特色的室外教学在我国几乎没有,只有为数极少的全国性重点中学以课外兴趣小组形式组织学生进行野外观察,以全班学生正规参加的室外教学几乎没有。软件和硬件的缺失,导致当前地理教学的组织形式单一,学生学习兴趣低下。从我国的教育环境来讲,上述课堂教学问题实际上并不是地理课堂教学所特有的。我国中小学教学改革时曾总结教师在课堂教学中有三个行为特征:教师备课的中心任务是钻研教材与设计教学过程,学生只是作为一个抽象群体来认识;课堂教学的中心或唯一目的是完成认识性任务;上课是执行教案的过程,教师的教和学生的学在课堂上最理想的进程是完成教案。"课堂成了演出'教案剧'的'舞台'"。但是由于地理学科地位低下以及课堂教学不能很好地体现地理学科特点,与中学其他学科比较而言,这样的课堂教学不能激发学生兴趣以及培养学生能力,学生普遍把地理课视作玩耍课和自习课也就不足为怪了。我国中学地理课堂教学的改革任重而道远。

(三)教学方法重归纳、轻演绎

物理学家杨振宁曾对中国与美国物理教育做过一个很有启发意义的比较:"中国的教育太注重演绎,而忽视归纳,即侧重理论到实验;而美国的教育则注重从观察、实验到理论。"一般认为,演绎式教学使学生具有较强的理论推导能力和重视理论的观念,但学生动手能力差,创造能力得不到充分发展;而归纳式教学则鼓励学生从现象中发现问题、提出问题,经过自己的独立探索得出结论,这有助于培养学生的创新能力。所以,许多教育家都极力倡导二者的有机结合。但在地理教学中,很多地理教师并没有将演绎和归纳相结合,只是一味重视归纳,忽视演绎,演绎教学依然是地理教学的主要模式。其表现为如下四个方面。

第一,在教学方法上很少采用有利于培养学生地理创造能力的探究法、讨论法。

第二,很少鼓励学生选用观察、调查、查阅资料等方法去搜集、整理、分析地理问题,从中获得知识,使能力得到发展,而是灌输现成答案,布置大量习题去强化学生的记忆。

第三,很少鼓励学生提出问题与质疑,习惯于让学生按教科书规定的答案回答问题。

第四,很少通过创设地理问题情境去激发学生的好奇心,地理学习兴趣培养未得到真正的重视。

二、提高地理教学效果的途径

结合地理教学存在的问题,笔者提出了以下几条有针对性的提高中学地理教学效果的途径, 主要包括①推广地图与数字技术在地理教学中的应用;②理论联系实际,学习对学生终身发展有用的地理知识;③激发学生学习地理的兴趣;④积极开展学生小组合作学习;⑤充分利用计算机技术、时事新闻等地理资源开拓学生视野。在实际的教学过程中,教师也应当掌握这些途径并适当运用于课堂,着力提高地理教学效果。

(一)推广地图与数字技术在地理教学中的应用

传统的地理教学形式单一,传统地理教学过程习惯于课本讲解,使得地理知识抽象,难以理解。推广地图与数字技术在地理教学中的应用可以丰富地理教学形式,是解决地理教学形式单一问题的重要方式。例如,在讲解"热力环流"时,地图是无时不在的,特别是在分析和讲解热力环流形成过程以及分析海陆风、山谷风、城市热岛环流等知识点时。知识点过于抽象,而中学生的认知水平和理解能力有限,借助地图进行形象分析,可以减少学生认知的难度,有助于学生更好地理解和掌握知识。这既不是死记硬背所能达到的效果,也有助于学生形成地理的认知思维。

在国外,许多研究者都采用实验比较研究法对地理教学进行研究,即通过对两种教学方法的实施观察其过程与教学效果,并进行对比研究,从中总结经验,最后得出规律。例如,斯洛文尼亚教育学家马加在研究地图教学的不同方式时就采用了这种方式。他对阅读地图教学法和绘制地图教学法两种教学方法进行了实践并观察研究,得出两种教学方法的有效性结果。研究表明,采用绘制地图的方法进行地图教学比仅通过阅读地理来进行地图教学的教学效果明显更好,理由是绘制地图可以锻炼学生的大脑,提高学生的动手能力。

地图也可以应用于地理教学游戏和地理学习游戏的软件中,即把地图当作是地理信息的承载者和传递者,通过游戏吸引学生的注意,并在游戏的过程中锻炼学生的动脑动手能力,寓学于乐。这可以提高学生的学习效率,使地理科学变得生动有趣、贴近生活。地理教材里也有许多地理旅游类的故事,教师可以由故事的主线展开,生动活泼地向学生描述各种场景。

(二)理论联系实际,学习对学生终身发展有用的地理知识

教学观念落后是地理教学的根本问题,所以在教学过程中要注重理论联系实际,学习对学生终身发展有用的地理知识,改变"地理无用"的落后观念。教师应该让学生懂得地理是取之于生活、服务于生活的,进一步

提升学生学习地理知识的兴趣。既然提倡学习对生活有用的地理、学习对终身发展有用的地理，就必须联系生活实际来进行地理教育。联系生活现象学习地理，有利于培养学生理论联系实际的学风。邓小平同志指出："我们说的做的究竟能不能解决问题，问题解决得是不是正确，关键在于我们是否能够理论联系实际，是否善于总结经验，针对客观现实，采取实事求是的态度，一切从实际出发。"由于生活中的地理问题，学生看得到、摸得着，所以联系生活实际学习地理，学生容易接受，便于理解。一方面，运用地理原理解释生活现象与问题，另一方面，生活实例也可能对理论提出质疑与挑战。李政道在复旦大学演讲时说过一句耐人寻味的话，即"中国古代讲究做'学问'，而现在的学生，却是在做'学答'。"

作为学生，应该好问、勤问，更要善问，新时代教学的目的之一就是要培养学生独立思考、综合分析的能力，提高学生分析问题、解决问题的能力。例如，地震可以预测，就会有学生问道："九江地震怎么没有听说被预测到呢？"其实，地震并非百分之百能够预测得出，但其实全世界预测地震成功的例子是很多的，而且地震主要靠监测，因为每分每秒，世界各地都有地震发生，只不过震感不强烈而已。鉴于学生缺乏生活技能的倾向，地理可以结合生活实际进行有关地理技能的操练，有效地帮助学生应对生活中的困难，解决生活中的问题，增强学生的生活能力，提高学生对未来生活的适应能力，更大程度地满足生存的需要。

(三)激发学生学习地理的兴趣，增加地理的趣味性

教师也应当形成自己独特的教学风格来激发学生的兴趣，并巧妙运用提问式教学方法。传统教学重视归纳，要求学生会考试，这也是地理教学存在的问题，这个问题使得学生对学习地理毫无兴趣，只知考试分数，

不知学习地理的奥妙。激发学生学习地理的兴趣是让学生学会主动学习的最有效方法。

增加地理的趣味性。五彩缤纷的生活景观,多种多样的社会生活现象与问题,会引起学生的好奇感和探究心理,从而激发他们学习地理的兴趣。只要教师在地理教学中经常将生活化的素材带入课堂,运用适当的教学技巧,学生的兴趣就会大大增强。例如,在讲"内蒙古"时,教师动情地歌唱:"蓝蓝的天上白云飘,白云下面马儿跑,挥动鞭儿响四方,百鸟齐歌唱。"学生情不自禁地就被带到内蒙古大草原上了。时间一长,学生们只要听说上地理课,兴趣就会大增,觉得既能学到知识,又是一种享受。久而久之,就会形成学习地理课的稳定的、强烈的兴趣,形成爱好地理的好学风。

某校教师曾采取"一新二问三小结"的教学方法,以激发学生的兴趣。其中最重要的"一新",主要指每节课开头要有新意,以各种新颖有趣的方法和手段使学生迅速把注意力集中到课堂上来,每节课有一个良好的开端。例如,在讲"世界人口"一节时,通过教材上的人口统计表了解世界每年、每天、每小时、每分钟、每秒钟的人口增长数,让学生算出一节课45分钟世界人口将增加6 885人,由此让学生形成人口增长的紧迫感。类似的这些做法取得了较好的效果,而这一切都归功于地理教学生活化,取材于生活,真实自然,记忆深刻。

(四)积极开展学生小组合作学习

小组合作能够改变传统课堂,传统课堂一贯采用教师讲学生听的填鸭式教学方式,学生非常被动。而小组合作学习使学生成为课堂的主人,变被动学习为主动学习,学习的知识也将更加深刻有意义。开展小组合作学习要选择合适的学习内容,如在学习热力环流时,海陆风、山谷风、城市热力环流这三个内容就非常适合分组探讨。在地理教学过程中,要把握最佳的课堂小组合作教学时机。在中学地理课堂小组合作活动教学中,要善于把握小组合作活动时机,针对不同教学内容选择不同小组合作活动教学形式,用心设置每一个小组合作活动问题,让每一位学生都参与其中。孔子说:"不愤不启,不悱不发。""愤""悱"之际就是合作学习的最佳时机,即学生在独立思考的基础上,求通而未得、口欲言而未能之际就是合作学习的最佳时机。

中学地理小组合作学习是课堂教学的一种重要方式,但不是唯一的方式。教师要根据教学内容、学生实际和教学环境条件等,精心选择适合地理课堂小组合作活动的内容,把握小组活动时机。一般来说,一堂地理课适合组织两到三次小组合作活动教学。而那些简单不适合小组合作的教学也不要照搬上去,不要为了开展小组合作而合作。

(五)充分利用计算机技术、时事新闻等开拓学生视野

充分利用计算机技术、时事新闻等地理资源开拓学生视野,增强地理知识的趣味性,这一途径也是解决地理教学过程单一问题的重要方式。计算机技术能够改变传统教学的落后方式,丰富课堂,使课堂生动有趣,进一步提升地理教学效果。例如,在讲热力环流时,虽然热力环流的教案中没有涉及时事新闻和信息技术这方面知识,但是教师可以予以补充说明。在教案的引入部分,教师可以收集相关新闻或生活实例作为导入,一方面可以提高学生学习兴趣,另一方面可以开拓学生视野。在讲解热力环流形成过程时,第一遍时教师可以通过画图加深理解,第二遍时则可以通过相关的教学动态视频和多媒体来展示,这样有助于学生形象地理解,把握知识。

教师可以运用现代信息技术为学生提供多样化的学习资源。首先,教师可以通过网络下载的各种地理图像、声像资料等直观地向学生展示一些地理事物、现象,化抽象的文字内容为生动活泼的具体形象。这不仅可以激发学生的地理学习兴趣,还能增长学生的见闻,开阔学生的视野,进一步引起学生的学习好奇心。例如,在学习自然灾害内容时,教师可以下载火山爆发、地震、泥石流等自然灾害发生的现场声像资料让学生观看,令学生身临其境,即使他们从未亲身经历过,也能对自然灾害造成的后果一目了然,易于理解。在地理教学中,人地关系一直都是研究的重点,要正确理解人类与周围环境的密切关系,就要学习一些身边的地理知识,学习生活环境中有用的地理知识。不论是举例说明问题,还是解释抽象的地理概念,都可以结合生活的地理环境进行教学,但由于地理教学的客观条件限制,教师往往不能带学生到实地去观看。如果教师利用多媒体手段事先把周围环境的地理事物和现象录制下来,在课堂上展示播放,则可以使学生感到亲切、自然、真实,从而更加关心周围的环境问题,对地理知识和地理现象理解得更加透彻,并产生强烈的热爱家乡、热爱祖国的情感。由此可见,学习地理不仅能丰富爱国情感,还能增加学习兴趣,一举两得。

在地理教学过程中,课堂的导入直接影响课堂内容的方向和学生的热情,适当地应用时事新闻,在符合学生认知水平的前提下创设情境,设置疑问,给一堂课创造一个良好的开端。例如,在学习全球气候变化时,由于全球气候的变化是一个长期积累变化的过程,学生很难亲身体会到短期内气候的变化,此时若用时事新闻导入效果会非常好。在阐释一些疑难的地理理论时,仅仅利用书本上的理论知识,可能很难让学生明白这些理论的意思。这时如果利用时事新闻来讲解这些理论,让学生了解其讲述的真正含义,再加上典型事例形象地解释地理理论,就会使学生更加清晰地认识到这些地理理论所讲述的内容。

第三节　自主学习的培养途径

新课程实施倡导"自主学习"这一新的学习方式,提倡运用能发挥学生主体性的多样化的学习方式,让学生成为学习的主人,使学生主体意识、能动性和创造性不断得到发展,以培养学生的创新精神和实践能力。在中学地理教学中如何让学生自主学习,如何让学生自我发现知识并独立地掌握知识,是当前地理教学全面推进素质教育、培养学生各种能力的迫切要求。

高中地理是一门理论性和实践性很强的综合学科。如何在高中地理课堂教学中培养学生自主学习能力呢? 笔者从自己实践中得到的一些基本途径进行了阐述,即培养学生学习地理的兴趣;引导学生分析课本内容;对学生进行学法指导;辅导学生进行知识体系的构建等。

一、自主学习的概念及任务

自主学习是与传统的接受学习相对应的一种现代化学习方式。顾名思义,自主学习以学生作为学习的主体,通过学生独立的分析、探索、实践、质疑、创造等方法来实现学习目标。《基础教育课程改革纲要(试行)》在论及基础教育课程改革的具体目标时指出:"改变课程实施过于强调接受学习、死记硬背、机械训练的现状,倡导学生主动参与、乐于探究、勤于动手,培养学生搜集和处理信息的能力、获取新知识的能力、分析和解决问题的能力以及交流与合作的能力。"应着眼于培养学生终身学习的愿望和能力,使学生愿意学、乐于学,使学生知道怎么样学习才能省时省力、效果好。在新的形势下,使受教育者掌握多样化的学习技能和方法,改变盲目学习的状况,是实现学生自主发展的重要任务之一。

二、培养学生自主学习地理的基本途径

高中地理是一门理论性和实践性很强的综合学科。新教材无论是从知识的编排上,还是从插图的设计、活动安排顺序及活动方式上,都体现出对学生能力培养、学法指导、自主探究精神的重视和推崇。如何在高中地理课堂教学中培养学生自主学习能力呢?

(一)培养兴趣,激发学习的主动性

兴趣是最好的教师。学习兴趣是学生对于学习活动的一种选择性态度,是学习活动的自觉动力,是鼓舞和推动学生探求新知识的巨大力量。所以要提高学生自主学习的能力,教师首先要激发学生的学习兴趣,让学习成为一个能动的过程。

培养兴趣有许多途径,如导课激趣、情境激趣、活动激趣。好的导课能够激发学生学习兴趣,提高一堂课的教学效果。例如,讲"洋流"时用影片《泰坦尼克号》的片段导入,学生就会兴趣大增。导言可采取的素材很多,如与地理教材有关的地理趣闻、地理之最、地理谜语、地理之谜、地球现象、地理诗歌、地理歌曲、地理漫画、新闻报刊。创设问题情境也是激发学生学习兴趣的有效途径,即根据学生已经学过或掌握的知识,以相应的问题为核心创设情境,引起学生的注意。学生参与活动的成功感也会进一步增加其对地理学习的兴趣,让地理知识走近学生,让学生切身感受地理学科的实际效用。例如,在讲完"产业转移"后笔者安排学生讨论佛山和清远的产业转移的双赢;讲完"地球的运动"一节后,让学生描述当天太阳直射点的大致位置与运动方向以及昼夜长短的情况与变化趋势。这项活动不仅活跃了课堂气氛,还使学生及时巩固了学习内容。在高中地理教学过程中,还有很多激发学生学习兴趣的途径和方法,这里就不一一赘述了。

(二)调整课本内容,充实课本内容

教师应调整课本内容,培养学生自主学习的能力,引导学生搜集相关资料,充实课本内容。许多教师在课堂教学中采用传统的教学方式——由教师直接引用课本例子或教师自己举例说明课本结论,很容易出现这样两种情况:一是教师所举的例证早已为学生所掌握,因而受到学生冷落;二是教师对课本内容的解释与学生认识不符,因而不为学生认同。要解决这些问题,可以换一种方法:由教师课前收集资料再在课堂上讲述,改为在课前由教师指导学生有目的地收集资料,让学生自己举例,来解释课本结论。这一点在信息化的今天对学生来说已不是什么难事,而且这样得来的例证,既能融入课本体系,又可丰富课本内容,还更具有时代性、鲜活性。又由于这些资料的收集来自学生自己,因而更容易为学生所认同。这样做的结果,不仅可以让学生深化理解课本内容,同时可以大大调动学生的学习积极性,使学生初步学会质疑式、探究式的学习方法。

另外,教师应引导学生参与社会调查和实践,讨论课本内容。地理离不开生活,要使学生学到活生生的地理知识,就必须在地理课堂上引用周边环境中鲜活的例证,最好的途径就是让学生参与社会调查,把调查结果拿到课堂上进行讨论,这样可以避免因教师"满堂灌"而使学生全盘被动接受的局面。

(三)剖析地理原理,指导自主学法

1.学会提炼规律

高中地理有关地理规律的内容很多,如正午太阳高度角的纬度分布规律,气候类型分布规律,我国气温和降水的日变化、季节变化和年际变化规律,我国降水的空间分布规律,洋流分布规律,陆地自然带的水平和垂直分布规律。如果能引导学生对地理事物进行空间分布、时间分布或演变方面的规律提炼,则有助于学生归纳能力的提高,也有助于学生思维水平的提高。

2.学会学法总结

要善于对习题进行归类分析,细心揣摩答题思路,精心总结解题规律,认真解剖思维障碍,从而得出关于每一类问题的思维方法和解题方法,使思维方式得到提升。

(四)整合知识,建立地理认知结构

地理是一门综合性很强的学科,点多、面广、内容杂。如何在较短的时间里理清头绪、把握脉络是摆在高中学生面前的一大难题。笔者在教学实践中探索了一条有利于帮助学生识记知识点的途径:巧妙地嵌入数字、文字,串联起知识点,理清脉络,方便记忆。这样做可以达到事半功倍的效果,使学生在自主学习中寻找规律,建立认知结构。例如,人教版必修一中"大规模的海水运动"是重点、难点,笔者在复习时用"1、2、3、4、5"五个数字概括归纳本节内容:1个概念、2个性质、3个成因、4个规律、5个影响。

(五)制作教具,提高学生的实践能力

今天对学生进行素质教育的一个重要目标就是培养学生的实践、动手能力。近年来,地理高考试题中出现的地理实验题就要求地理教师平时要注意学生实践、动手能力的培养。而笔者则要求学生上新课前认真预习、理解课本内容并分组动手制作相关教具。例如,在讲"地质构造"时,先让学生做好褶皱和断层两个模型作为课堂上的教具。在这个过程中,学生首先要认真预习课本内容,理解褶皱和断层两个概念,然后同组同学开始讨论方案,最后选取材料动手做。课堂上,笔者将几组学生所做的模型让学生来评分,从中挑选最好的作为这节课的教具。一学期下来,笔者把学生亲手做的教具都一一摆放到学校的地理陈列室里。其他教师看了之后惊叹于学生的创新思维、环保意识和动手能力;学生看了以后有一种成就感,更增强了他们主动参与课堂教学的意识,亦可以激发他们学习的积极性,课堂教学效果的提高更是有目共睹。

在新课程理念指导下,笔者深深体会到学生能自主学习是教学的最高境界,由被动学习到自主学习是学生学习品质的飞跃。新课程标准下的地理教学中学生自主学习的培养已初见成效,笔者将进行更深入的探索。

第四节　地理教学生活化的有效途径

对教材进行本土化处理,才能使地理课程具有乡土元素和地方特色,变得丰满而鲜活。这既有利于丰富学生的感性认识,为探究真理奠定基础,又可以大大激发学生探求真知的愿望和热情,从而使教学更加贴近学生的实际。如何对地理教材进行本土化处理呢?

一、替换

对地理教材进行本土化处理的一个重要的途径就是用学生身边的、

熟悉的地理要素、景观、事物等,优化教材,活化课堂,以达到教学过程的合理要求。例如,在讲关于"城市化"的内容时,教师可以利用所在城市或周边城市的用地面积变化的地图来导入新课,然后再以点带面,探究城市化之因、城市化之果及城市化的本质规律。这可以使学生热情高涨、精神专注,甚至还可能促使一些学生产生"利用课余时间到实地去访问、调查、考察,进一步了解所在城市发展变化的历史并展望未来(城市规划)"的冲动与行动,而这样的热情、专注、欲望、冲动和行动是非常宝贵的。与未替换相比,替换的效果更好,可以使学生的注意力高度集中,有利于探究学习。

二、参照

参照是地理教学联系学生生活实际的重要途径。在地理教学中,无论是教学自然地理内容,还是教学人文地理内容,都应经常将学生熟悉的学校所在地区的相应地理要素、地理景观、主要地理事物等内容与教材中的内容进行并立对比,发现异同。这样不但有利于学生对相关的地理事物和规律形成深刻而透彻的认识,而且有利于学生认识家乡,有利于学生热爱家乡情感的养成。

三、补充

教师身边总是有生动鲜活的内容可以对教材进行补充并加以完善,也就是与学生一起对教材进一步建设。补充主要是指对教材中缺乏生动感性材料和案例支撑的部分内容,结合并利用学校所在地的地理要素、地理景观、主要地理事物等,进行弥补、充实。例如,关于"城市发展到一定规模时,城市功能分区逐步明显"的叙述,教材中没有相关例证,但随着我国城市规模的扩大,各个功能区正在由混杂布置向分区明显发展,如商业区里商业单位越来越多——商业集聚，而设立的开发区内工厂越来越多——工业集聚，这是"城市功能区形成"的生动实例。由此可见，在教学相关内容时，及时把发生在学生身边的这些变化补充到课堂上来，可以使教学变得充实，也对学生了解地理现象，进而探究其变化的本质规律很有益。

四、拓展

拓展是指根据学校周边地理环境中突出的、具有优势的地理要素、地理景观、主要地理事物等，对教学内容进行的拓宽与扩展。例如，对教师地处的城市地质演变可加以拓展，把这一生动鲜活的地理事实引进课堂，引导学生发现、认识家乡地表的变化，进而探究其主要成因、海岸变化的趋势及其影响等。这样就拓宽了教材，扩展了学生的视野，增添了学生学习的趣味，从而产生比较好的教学效果。

五、实践

让学生走进大自然、参与社会实践。地理教学本土化最重要的方面就是选择本土地理环境中具有典型意义的地理要素、地理景观、主要地理事物等供学生观察、调查和考察。这样既丰富了学生的感性认识，又锻炼了学生的综合实践能力。

结合当地实际，积极组织学生对山区、矿区、旅游区等进行综合考察，如参观博物馆、气象局。这些活动不仅可以丰富学生的生活和感性认识，密切地理学与实践的联系，还有利于培养学生关注环境与发展的习惯以及热爱家乡的情感，对学生综合能力提高、健康成长和一生发展都是非常有益的。实践可以使地理教学具有乡土特色和地方烙印。

第五节　教材内容更新方法和途径

世界上的一切事物永远处于有规律的运动之中。地理学随着社会进步也在不断发展并影响中学地理教学的过程、内容、形式及命题。因此,在中学地理教学中,教师要不断完善和更新教材内容,以培养学生科学的思维能力、观察能力和分析能力。

一、注意吸收最新的科研成果和面向现代化的问题

在中学地理教学中,要紧扣教材,把现代科学思想渗透到传统内容中去,引进和吸收最新的科研成果。在吸收新知识时,应力求做到适时、适度。这种方法是渗透和融化的方法,其最大的优势是有利于保持正常教学秩序的稳定性。然而,并不是所有的内容都可以渗透和融化。对教材结构中容纳不了或老化的内容,可以采取更替或增加的办法。例如,更换一部分概念、数据、练习或者增加新的内容,使学生的知识更加丰富和多样化。对于地理教材中一些过时的内容,教师应在教学过程中对其进行及时的更新,如有关中国人口的数据就可以采用人口普查的最新数据;世界政治地图在不断地演变,就应采用最新政治地图。另外,还可以采取在教学中注入较现代的观点,使传统的内容增添新意。

二、注意理论联系实际

中学地理教材内容的更新,要在保证科学性、基础性和系统性的同时,注意理论联系实际,促进二者的有机结合,做到在传授知识的同时,注意基本技能和技巧的训练。这样可以使学生的知识得到不断扩展。理论联系实际时,一要避免过于抽象,增强教材的直观性;二要注意学生运用所

学地理知识解决实际问题的能力。联系实际应着眼于:联系生活实际;联系地理焦点、热点实际;联系相关学科知识的实际。

(一)联系生活实际

如天气现象和天气预报这些地理知识的教学就可以随时联系当时的天气实际来进行,这样就能逐步加强学生对天气现象的关心与探究,培养学生理论联系实际的学风。

(二)联系地理焦点、热点实际

中学生往往比较关心和乐于讨论当时的焦点新闻和热点新闻,在地理教学中可以将《京都议定书》和大气环境的保护、"神舟"号飞船的发射和人类对宇宙的开发等有机联系起来,以便引发学生兴趣,培养学生分析问题的能力。

(三)联系相关学科知识的实际

地理学是一门综合性的学科,中学地理知识与不少学科的知识都有联系,如学习地球公转的角速度和线速度时可以联系有关的物理知识,学习矿物岩石时可以联系有关的化学知识。这样的联系既能沟通各学科的教学内容,又能加深学生对地理知识的理解,还能培养他们现代的系统思维方法以及辩证唯物主义观点。

三、注意培养创新精神和实践能力

中学地理教材内容的更新,应有利于让学生多动脑、动手、动口,积极主动地参与到地理学习和实践活动中去;应激发学生的兴趣和求知欲,发展学生智力,培养学生创新精神和实践能力。这就需要改革传统的地理教学,革新教育观念,把创新教育纳入地理教学之中。从创新教育的角度出发更新教材内容,可以从以下五方面进行。

第一,教师精心设计一些研究性课题,让学生在教师指导下以类似科学研究的学习方法去获取地理知识并加以应用。

第二,设计一些符合学生特点的活动内容,积极开展活动课的教学,通过让学生制作地理资料卡片、绘制各种地图等实际操作来培养学生的创新能力,通过组织学生外出考察、参观、学习调查、写出调查报告等实践活动拓展地理课堂教学的时空范围,使学生思维的主动性和创造性得以充分施展。

第三,搜集一些全新的地理材料,运用案例教学法进行地理教学,培养和发展学生的综合分析能力和创新能力。

第四,设计一些高质量的、新颖的地图,通过读图、析图、用图,培养学生分析地图的思维能力。

第五,向学生介绍一些地理技能和学习方法的内容,使他们切实掌握一些能力并在实践中提高基本技能。

第六节 地理科学发展与中学地理教育改革探析

地理有着其他学科所不能替代的作用。随着社会的发展,人类生产活动、物质生活和文化生活的各个方面都与地理环境的关系日益密切。人类对自然环境利用、改造的程度及规模日益深入和广泛,人类生活的范围已从地表扩大到太空,深入到海底。为了正确认识和处理人与自然环境的关系,合理开发、利用自然资源,保护自然环境,使学生掌握一定的地理知识是十分必要的。以人类生存环境、人地关系和区域为主要研究对象的地理科学,是一门包含自然科学、人文社会科学和工程技术科学的综合性学科。当今世界,资源、环境、人口、发展等全球性问题越来越尖锐,而地理科学是各基础学科中最能综合、直接解决这些问题的课程。因此,世界各国、各地区都越来越重视地理基础教育。

21世纪,高等院校的专业设置和培养方案都在做与时俱进的较大力度的改革与创新。新时期的地理科学与人类社会所面临的全球性问题、人类社会的可持续发展关系密切,在科学发展观的指导下,我国地理科学无论是在理念上还是在方法论上,都有较大的改进,高校地理科学人才的培养也势必受到地理科学改革与发展的影响,从而做出必要的改革与创新。以与时俱进的观点审视高等教育地理科学专业的建设,培养方案应有较大的调整。

一、地理科学专业建设的背景

地理科学的专业建设不能只从学科本身考虑,还应当考虑社会发展的需要,办学的根本目的是满足人才市场的需求。

(一)社会发展背景

地理科学边缘性强,与社会经济、文化、政治等息息相关,社会的重大变革无不成为地理科学专业建设的背景,社会发展是地理科学专业人才需求的基础,社会发展对地理科学专业的主要影响体现在经济、文化、政治方面。

1.后工业时代的经济

21世纪世界经济的前锋已进入后工业时代。经济的生态化、市场的个性化、经营的全球化、合作的区域化、产业的高等化等大趋势,大幅度提升了地理科学在可持续经济发展中的应用地位,深刻地改变着经济地理的区位评价和布局原则。

2.后现代社会的文化

随着发达国家进入后工业时代,社会文化也开始进入后现代发展阶段,对世界文化有着重大影响。社会化与个性化的同时进行,传统文化的新发展,新文化的产生,文化的多元化,都深刻地改变着人地关系,人文地理学及其社会生态方法显得越来越重要。

3.当今世界政治格局

两级冷战对峙已经消失,超级大国的单边主义霸权也难以实现,世界进入多极化。争取世界和平与发展,为地理科学开辟了广阔的用武之地,政治地理学从观念到方法都要与时俱进并有所创新。

(二)学科发展背景

新时期,地理科学本身研究内容和方法的更新力度都很大,地理科学发展对地理科学专业建设的主要影响包括如下两方面。

第一,研究人地空间关系持续优化。地理科学的研究对象集中到人地空间关系持续优化上,从独特的角度,以独特的方法和手段加以研究;从空间的角度研究人地关系或者研究区域人地关系;以人地关系为主题研究区域,避免偏重具体空间分布或偏重一般人地关系。

第二,运用技术手段综合集成。地理科学的技术手段多样,传统的实地调查勘察、面对面的人际交流、地图作业等均不失其必要性,现代信息技术手段与传统技术手段互相支持。

(三)教育发展背景

教育发展对地理科学专业建设的主要影响包括如下两点。

第一,教育重心提升。随着教育的长足发展,教育重心逐步提升,基础教育在普及九年义务教育的基础上,部分地区已开始普及高级中等教育,高等教育中本科比重明显上升,研究生教育普及程度提高。

第二,教育内涵综合。随着教育的素质化、个性化,地理教育在教育总体中的纽带功能有望得到更好发挥,地理科学专业的内涵日益丰富。

二、地理科学专业改革的意义

(一)体现科学的发展观

地理科学跨文理两大科学部类,以协调人地关系为主线,是最能全面综合地体现科学发展观的学科,但过去在高校地理系科办学中体现得不够,这次改革在这方面有重大意义。

第一,以往地理系科的办学偏重自然地理,人文地理在改革开放前曾属于科学和教育的禁区,在改革开放后也属于薄弱环节。人地关系这一最能体现科学发展观的主题在专业培养方案中不够明确。新课程体系增加了人文地理以及协调人地关系的课程,大大充实了体现科学发展观的教学内容。

第二,新方案运用科学发展观进行结构上的统筹调整:培养目标调整了理科人才与文理交融人才、操作层面人才与管理层面人才的关系;培养规格调整了学科知识与相关知识、方法与方法论、智育与德育的关系;课程设置调整了基础、专业基础、专业三大类课程之间的关系,理论与实践课程的关系以及统修与选修课程的关系。

(二)提高人才培养的水平

地理系科办学历来存在人才培养水平不够高、理论不够深入、实践不够丰富等问题,毕业生从事具体的研究和教学工作有困难。这次改革在这些方面有较大的突破。

第一,加强理论素质的培养,拓宽和夯实基础课程,使学生具备了深入研究理论的基础,如数学、文化、方法论课程的加强,哲学、政治经济学课程的改进,都能使专业基础课程和专业课程建立在比较扎实的理论和方法论基础上,可以增加和提升专业理论的内容和水平。

第二,加强方法技术素养的培养,新方案加强了计算机课程和实践类课程,尤其是完善了实践类课程体系。过去的课程实习主要是自然地理类课程的实习,现在增加了人文地理类课程和应用地理类课程的实习;过去专业综合实习很少,现在增加了不同专业方向的总和实习。另外,在这些实践课程中可以大量运用地理科学的新方法、新技术,提供学生动手、动脚、动脑、动口的机会。

(三)促进地理课程的建设

培养方案的改革对地理科学专业的课程内容和形式提出了更高的要求,有力地促进了课程的建设,提高了各门课程的质量,其意义主要体现在以下三方面。

1.基础课程内容加强针对性

基础课程虽然是各学科、各专业通用课程,但实践证明,其教学内容如果能考虑到专业特殊性而有所偏重,就会取得很好的教学效果。从地理科学的综合性、人地关系出发,哲学和政治经济学很有用处,可以从较高的层面阐明科学的人地观;数学课程内容可为地理科学的学习提供定量分析方法和数学模型。

2.专业基础课程内容加大更新力度

随着培养目标和规格的提升,专业基础课程的内容要做较大力度的更新。地理信息类课程不能停留在技术层面,要以地理科学基本理论为指导,为地理科学研究所用;自然地理类课程不能各自为政,应加强自然要素之间的综合联系,充分利用、广泛开发丰富的地理课程资源,使其共同为自然地理环境的构成及其与人类活动的关系服务;人文地理类课程既要加强自然地理基础,又要加强人文要素之间的联系,并且在理念上与时俱进。

3.实践课程加强实验室与实地相结合

不但自然地理类课程要加强实验室操作,人文地理类课程也要有实验室实践,包括地理信息系统实践课程在内,不能只依靠间接资料来进行室内计算机运作,而要到实地考察、思考和收集第一手资料。

地理学要通过基础教育来培养人们的地理学观念,努力提高一般人口的地理学能力,推动地理学的发展。实施科教兴国战略,培养和储存具有创新精神和实践能力的有理想、有道德、有文化、有纪律的一代新人,变沉重的人口负担为人才资源优势是我国在 21 世纪迎接挑战,谋求国家富强与民族振兴的重要战略和重要举措。在这一战略背景下,深化教育改革,全面推进素质教育已成为促进经济发展和社会进步的动力。地理是21世纪人才必备的素养,各地都越来越重视地理教育,中学地理教育改革也开展得如火如荼。

三、中学地理教育改革

地理教育既要使学生认识自然世界,又要使学生认识人文世界,并且通过两个世界的认识进一步懂得人类活动与地理环境的密切关系。但是,随着人类的不断发展,中学地理教育课的现状实在令人担忧。

(一)中学地理教育的现状

由于教材的局限性,学科之间缺乏沟通,学生接受的是一个封闭的学科体系。在应用上难以摆脱知识的割裂关系,难以融会贯通;在教学中强调"双基",冷落"能力"。地理学是实践性较强的一门科学。但长期以来,地理教育重视现成结论,在授课过程中只灌输前人的研究成果,要求学生能够肯定地回答"是什么""不是什么",整个教学过程很难体现一种能动、自主、有创新性的学习。教师一直在向学生传道、受业、解惑,很少进行学生天性所具备的提出问题—调查实验—做出结论的研究性学习的教学。

(二)中学地理教育改革的认识

学校教育是有目的、有计划、有组织地对人的身心施加影响的活动。中学教育更注重对学生能力的培养,提高学生综合素质。传统的教育已经不能满足时代的需要,必须在课程、教学等各方面进行改革,教师必须不断地更新自己的知识,改变自己的教学理念,树立新的基础教育观。

学校课程是把教育理想转变为教育现实的纽带,所以课程改革是现阶段全面推进素质教育的主题。课程改革是整个基础教育改革的核心内容。课程是人才培养目标的施工蓝图,是组织教育教学活动的主要依据,集中体现了教育思想和教育观念。新的课程体系将全面贯彻国家教育方针,以提高国民素质为宗旨,加强德育的针对性和实效性,突出学生创新精神、实践能力、收集以及处理信息的能力、获取新的知识的能力、分析和解决问题的能力、交流与协作的能力,发展学生对自然和社会的责任感。

对中学地理课程而言,新的教材和大纲注入了新的教学理念,体现了从以学科为本向以学生发展为本的转变;从知识本位向能力培养、情感和价值观等教育的转变;注意地理科学精神和人文精神的融合;密切联系实际,体现地理学的实用价值。

(三)中学地理教学的建议

传统的中学地理教学通常是填鸭式的教学,只注重教师的主导作用,忽视了学生的主观能动性,学生是被迫吸收知识的,在一定程度上抑制了学生创造性的发挥。全面推进素质教育,就需要教师适应新时代中学教育的要求,不断地更新知识,提高自己的业务能力,同时要在教学上不断改革,以适应时代的需要。

第一,在教学模式上,应由传统的单向反馈模式向多维模式转变。教师的引导和有效的组织管理可以使学生处于积极主动的地位,可以充分发挥其独立性、自主性、协作性,可以提高学生的自我教育水平。

第二,在教学方式上,应以启发式教学思想为导向,构建多种教学方法和形式优化组合、灵活运用的教学体系。要引导学生从生活走向学科知识,再从学科知识走向生活。注重教师的点拨、引导、启发和激励,注意留给学生思维空间,强调学生的自我探究,使学生善于解决问题,促使其思维发展和能力的提高。

第三,在教学内容上,教师应紧扣大纲和教材,广泛摄取相关知识,联系实际组织教材,使地理教学内容能充分地为提高学生的全面素质服务。

第四,在教学评价上,改变以前那种过分强化考试的甄别功能和选拔功能、评价内容和方式单一的落后局面,用一种发展的观念来促使评价内容丰富多彩、评价方式多种多样。要通过形成性评价、过程性评价、总结性评价倡导学生喜欢学习、主动参与、乐于探究、勤于动手;通过评价内容和方式的丰富多彩,培养学生收集和处理信息的能力、获取新知识的能力、分析和解决问题的能力、交流与协作的能力;通过评价了解学生发展中的要求,发现和发展学生多方面的潜能。

总之,时代在发展,教育要改革,课程要改革,教师的教育观、教学方式也要改革。希望地理专业的学生能够认清形势,加强紧迫感和使命感,紧跟当前课程改革的大好形势,认真学习有关理论,共同促进地理教育的发展。

第七节 开发中学地理教育第二课堂

地理第二课堂是课堂教学的延伸,包含的种类丰富多样,是素质教育的具体体现。地理第二课堂也应以学生为主体,培养学生的学习兴趣,培养学生的自学能力,培养学生的创新和实践能力。在开发与组织第二课堂的过程中,也需要各方面的配合,应注意相关的问题,这样才能起到良好的作用。

一、第二课堂的含义

从广义上来讲,第二课堂是指学生在学习以专业知识为主的教学计划课程之外所从事的一切活动,约等同于课堂教学之外的所有日常生活。学生可以在完成教学计划所规定课程之外的各类活动中开阔视野、愉悦身心、锻炼能力,积累课堂讲授以外的丰富知识与经验。

从狭义上来讲,第二课堂是指相对于第一课堂(课堂教学)而言的具有素质教育内涵的学习实践活动,即学生在教学计划的规定课程之外自愿参加、有组织地进行的各类活动,按照其类别(主要是其培养的学生素质的不同)大致可分为德育活动、社会实践、学术科研、社会工作、学生社团、志愿服务、勤工助学、文艺体育等方面。

因此,第二课堂是学生素质教育的重要载体,是中学校园育人的重要渠道,是中学生丰富实践经验的主要阵地。它以学生为主体,通过开展内容丰富、形式多样、富有特色的课余活动,为学生提供自由而广阔的发展空间,引导学生培养创新精神、提高自主意识、树立正确人生观与价值观,使学生的素质得以充分展示与锻炼。

二、第二课堂与第一课堂的关系

(一)第二课堂是对第一课堂的延伸和补充

第一课堂是学生学习专业知识、培养专业素质的主要途径。通过第一课堂的学习,学生可以储备丰富的理论知识,打下坚实的学术基础。第二课堂可以巩固和加深第一课堂所学知识。当第二课堂活动需要利用第一课堂所学来指导其完成时,学生就会主动而充分地调动自己的知识储备。这无疑会强化、加深学生对课堂知识的理解。同时第二课堂大多不会只要求运用单一课程的知识。这就有助于学生融通所学,打破各门专业课程的界限,提高综合运用知识的能力。

(二)第二课堂是对第一课堂的衍生和升华

第二课堂不仅是对第一课堂的延伸和补充,还是对第一课堂的衍生和升华。首先,第二课堂是对第一课堂的衍生,即第二课堂可以局部替代第一课堂,使原本偏重于说教性的第一课堂的知识通过第二课堂更加灵活多样的方式传授给学生。其优势在于利用第二课堂贴近现实、贴近生活的特点,使课程知识更容易为学生所接受,使教育效果更加明显。由于是在实践中领会知识,学生对知识的理解会更加深入,记忆也会更加深刻。其次,第二课堂是对第一课堂的升华,即在经由实践活动而掌握知识的同时,能从中发现研究课题,找到创新实践的方向,对原本属于第一课堂教学计划内的知识进行升华。理性和感性相结合,理论和实践相结合,学和用相结合,往往就会因碰撞或沟通而创新,迸发智慧的火花,这可以说是在第二课堂对第一课堂延伸和补充基础上的进一步提升。

三、地理第二课堂的分类

对于中学地理教育而言,教师不能为了教地理而教地理,而应为了用地理而教地理。所以,要充分发挥第二课堂的优势,多进行实地调研、野外实习,鼓励学生走出去,去见识一些与第一课堂不一样的东西,从而在实践中学习新的知识,加深对第一课堂所学知识的理解。

参观访问型:参观与地理有关的单位,如天文台、气象台、车站、港口、油田、矿山、钢铁厂、发电厂;参观各种展览会,如水利建设展览会;访问地理战线的英雄模范和对国家有杰出贡献的人,如地质学家、地理学家。

观察观测型:这是一种带有实习性的活动类型,从观察到的各种地理现象和观测数据来印证课本上的地学原理、天象观测、气象观测、物候观测、地震观测、江海滩涂观测、酸雨观测等。

旅游览胜型:根据条件,利用星期天、节假日、寒暑假,组织学生或近或远地开展旅游活动。

野外考察型:河流功能考察、生态农业考察、自然保护区考察等。

调查研究型:旅游调查、环境污染源调查、工业布局调查、鸟类资源调查等。

规划设计型:这是一种较高层次的活动,是综合应用能力的类型,如一座新建公园景点布局设计、生活小区或校园绿化设计。

报告讲座竞赛型:报告会、专题讲座、竞赛等。

地理制作型:这是动手操作的活动类型,如制作地球仪和其他直观形象的教具。

社会服务型：配合街道或居委会向群众宣传地理科普知识，包括日食、月食等知识；设立环境监督岗。

四、地理第二课堂的作用

地理第二课堂可以极大地促进与拓展第一课堂学习，对学生专业（尤其是智育）素质的提高有重要作用。但是，第二课堂不是仅为更好地实现第一课堂的功能而存在，它有着相对于第一课堂而言的独立性，具备第一课堂所无法替代的价值。智育是由以第一课堂为主、第二课堂为辅的途径实现的。从这种意义上讲，对学生非智商素质的有效塑造与培养正是第二课堂独特价值的核心所在。具体来说，地理第二课堂相对于第一课堂而言有以下四个方面的作用。

（一）内容上的丰富性

地理第一课堂的教学内容必定是以基础和专业知识为主要内容展开的，主要讲授的也是课本上的一些理论知识，学生掌握较少的实际动手能力。而地理第二课堂教学内容的丰富性是第一课堂所无法比拟的，无论是参观、观察、考察还是实际动手制作，第一课堂都无法完全涵盖。这些活动所涉及的各种知识、技能，很多与课堂学习没有必然或直接的联系，却是中学生提高自身综合素质，尤其是素质教育下学生发展所必需的。例如，极少数中学生升学后所读的专业是地理方面的专业，时间长了，他们在中学第一课堂所学的地理知识就会被遗忘。但在第二课堂上，学生学到的知识会更加牢固，掌握后难以忘记，对他们以后的学习与工作有着不可替代的作用。

（二）时空上的自由性

地理第一课堂教学在时间和空间上受到较为严格的限制，每周学时相对固定,地点也仅限于教室之中。相比之下,地理第二课堂的时空则相当自由与广阔。自由时空带来的效果,从学生角度说,可以使学生自由掌握参与地理第二课堂的时间,自主进入所选择的地理第二课堂空间;从教学角度来看,地理第二课堂对学生的教育成了潜移默化的持续性的方式,而这恰恰与地理第二课堂所着力追求的"素质需要长时间的锻炼,方能达到良好效果"的特点相吻合。

(三)参与主体上的主动性

不可否认,主动学习与被动学习所实现的效果会存在很大差异。对于地理第一课堂的学习,学生主动选择的范围会受到学时、内容等方面的限制,而地理第二课堂完全是学生自主选择参与的。学生以个体兴趣为起点、以个人志向为依托进入地理第二课堂,地理第二课堂便成为学生个性、潜能、创造力的发挥与展现平台。而一旦才能得到了表现,学生则会满怀热情地在自己所喜爱的领域中不断深入学习与探索,并将其能力转移到实践、修养、人际关系等各个领域。如此,地理第二课堂与学生个体就形成了积极的互动。

(四)目标效果上的全面性

学生在地理第一课堂的学习,其目的集中于打下坚实的专业基础、取得良好的学习成绩。而学生参与地理第二课堂的目的与目标,虽也是地理第二课堂为学生所提供的锻炼与启迪,却是多种多样的。地理第二课堂实际成为学生锻炼自我、实现自我的媒介,从最初怀着各异的目的或兴趣走进地理第二课堂,到毕业后离开地理第二课堂,学生的素质会有着不同程度的提高,所收获的亦各不相同。地理第二课堂可达到显著提高学生综合素质的效果,如促进个性发展、培养创新能力、增强组织能力、丰富社会知识、加强人际沟通、培养团队精神、改善身心健康、建构自我认定、完善人格塑造。

综上所述，地理第二课堂是承载着更为丰富的教育内容与形式的教育阵地和渠道,对学生非智商素质的培养具有显而易见的重要作用,是造就有理想、有道德、有文化、有纪律的全面发展人才的必由之路,与第一课堂有着同等重要的不可替代性。

五、地理第二课堂的开发与利用

(一)地理第二课堂如何开发利用

地理第二课堂的开发与利用需要政府、社会、学校、教师、学生等多个主体的参与与配合。第二课堂的开发与利用是一个复杂的工作,涉及的相关主体较多,如去水利局参观,需要提前和水利局联系,得到相关政府部门的同意,也需要学校支持这样的行为,给予一定的经费支持。教师和学生作为活动的参与人,在此过程中,也需要对于第二课堂的活动本身有着浓厚的参与愿望,这样才能使活动得以顺利进行。

(二)具体的操作开发程序或步骤

1.建立地理活动小组

开发地理第二课堂教学活动,首先应建立各种地理活动小组,不必成立太多,可分年级(有些可以打破年级界限),在学生自愿基础上,根据个人爱好报名参加。小组成立后,在教师的领导下,说明活动的重要性,然后选出组长领导小组活动。

2.制订活动计划

各小组成立后,必须制订活动计划,一般来说,各类活动计划,应包含下列内容。

第一,目的和要求,说明本小组活动的指导思想是什么。要求不要过高,高则不易达到目的。

第二,组织分工和纪律,如分好气象观测小组后,必须排好名单顺序进行观测,认真记录,将任务落实到个人。只有遵循严格的制度和纪律,才能顺利进行。

第三,活动的步骤和方法。为了保证工作能够顺利进行和按时完成任务,每项活动必须按计划、有步骤、有方法地来进行。具体的三个步骤:①确定时间,按时进行;②确定地点,即是室内还是室外,是校内还是校外,是远距离还是近距离,是城市还是乡村,等等;③制订具体措施,每项活动都应妥善周详地制订具体措施。

总之,应做好活动计划,明确步骤与方法,人人事事落实,各负专责,付诸实现。例如,读书报告会,要落实时间、地点、出席人数、报告人、会议主持人、布置会场的后勤工作人员。至于校外参观、地理观察则比较复杂一些,首先事前要做准备工作,如准备行装、车辆,确定出发时间、路线、中途休息的地点、食宿、医药;然后观察和参观对象,听专题报告或讲解员介绍;最后要整理笔记、标本,进行总结。

六、地理第二课堂开发与利用过程中应注意的问题

(一)参与主体学生的安全性

地理第二课堂大多不在学校教室里面,很多都是需要在户外进行,如考察相关山脉、浏览景观。这些户外考察活动的进行,需要有充分的前期准备,如交通、通信。因此,安全教育工作应做到位,在第一课堂上教师就应该向学生传输相关的注意事项,提醒学生将安全放在第一位。

(二)参与行为的准入门槛

虽然地理第二课堂较其他学科门类来说可谓种类丰富、多姿多彩,但我国的教育资源分布极不合理,不同地区之间差异、同一地区的城乡之间差异以及同一地区不同等级学校的差异,这些客观因素都造成了地理第二课堂在不同区域、学校之间可开展的可能性。例如,去地震局参观对于大多数农村学校来说,可进入性很低,因为距离较远。而且农村学校的资金并不很充裕,开展这样的活动对学校来说是一笔不小的开支。但另一方面,农村学校有着城镇学校所不具备的优势,如亲近自然,离山河湖海等自然景观更近,所以农村学校可以充分利用这些优势,因地制宜地开展相关活动。因此,地理第二课堂虽然对于不同学校有着不同的准入门槛,但只要各个学校因地制宜,从自身条件出发,充分利用自身所在的优势,第二课堂就会开展得有声有色。

(三)参与过程的有效性

地理第二课堂虽然有着诸多的优势和益处,但不可否认,在参与第二课堂的过程中,有一些并没有达到相关的效果,甚至只是走走过场,学生在此过程中并没有学到相关的学科知识。因此,在第二课堂参与过程中,教师首先要在学生心中树立一种观念——第二课堂与第一课堂同样重要。然后,相关教师也要做好充分准备,如进入第二课堂前相关问题的设置,引导学生进行相关的思考。最后,教师也要充分了解第二课堂的相关情况,及时对学生进行相关的讲解,而且要有幽默风趣的语言,以吸引学生。地理教师在课外活动中引导学生观察、调查、分析地理事物,弄清它们的分布状况,揭示它们的形成原因,预测它们的未来发展,学生会倍感亲切,从而牢固形成某些观念或地理概念。

第八节　浅谈中学生地理素养及其培养策略

地理素养是指学习者经过地理学习后所养成的比较稳定的心理品格,是当今和未来社会公民不可缺少的基本素养。地理素养教育已成为21世纪国际教育发展的重大课题和紧迫任务。新一轮地理课程改革把地理素养教育置于地理课程目标的核心地位,将培养未来公民必备的地理素养作为核心理念。地理是中学各学科中唯一以探索人类可持续发展为目的的学科,在解决当代人口、资源、环境、可持续发展等问题上有着重要作用。因此,注重中学生地理素养的培养对于学生的终身生活和个性健康以及今后的学习和工作发展具有重要意义。

一、地理素养的构成与特点

(一)地理素养的构成

地理素养是指学习者经过地理学习后所养成的比较稳定的心理品格,包括地理知识、地理观点、地理方法、地理能力、地理态度、地理情感等构成要素,各个构成要素之间相互影响、相互联系。地理素养是一个统一的整体,任何一种尺度的划分都会破坏地理素养的整体性。但是为了研究得方便,可以根据地理素养的内容把地理素养分为地理科学素养、地理人文素养、地理技术素养三个部分。

1.地理科学素养

地理科学素养是公共科学素养的重要组成部分,既具备了公共科学素养的共性特征,也融合了地理学科的个性特征。依据地理学科的特点、学生的心理发展水平和未来社会的需求, 把地理科学素养的构成划分为地理科学知识、地理科学能力、地理科学方法、地理科学品质和地理科学意识五个组成部分。这五个部分之间并不是孤立的、分离的,各个部分互相渗透、互相作用、互相联系,构成了地理科学素养的整体。其中,地理科学知识是地理科学素养的基础,也是地理科学能力发展、地理科学方法运用、地理科学品质养成的载体,地理科学知识的质和量决定着地理科学能力、地理科学方法、地理科学品质发展的深度和广度;地理科学能力是地理科学素养的核心,也是沟通和联系地理科学知识、地理科学方法、地理科学品质、地理科学意识的桥梁和纽带;地理科学方法、地理科学品质和地理科学意识是地理科学素养的重要表现形式,能够为地理科学知识的学习、地理科学能力的培养解放思想、导引方向。

2.地理人文素养

地理人文素养主要包括人文地理知识和地理学科中的人文精神两个部分。人文地理知识主要包括人口、聚落、文化、宗教、经济、旅游、人地关系等相关内容;人文地理精神是指人对自然的基本态度,主要包括人与自然和谐发展,人口、经济与环境价值观,国家意识,地理的审美取向,等等。

3.地理技术素养

地理技术素养是指公民应具有的对地理技术辨别、理解及应用等能力,主要包括地理技术知识、地理技术能力、地理技术观点等。特别强调的是,地理技术素养具有很强的专业性,对于不同阶段的学习者具有不同广度和深度的要求。地理技术素养的构成可划分为地理技术知识、地理技术能力、地理技术观点三个方面。地理技术知识是地理技术素养的基础,也是养成地理技术能力和地理技术观点的重要载体;地理技术能力是地理技术素养的核心,是对地理技术知识的深化与应用;地理技术观点是地理技术素养的重要表现形式。

(二)地理素养的特点

地理学是研究地球表层自然要素与人文要素相互作用及其演化特征的科学,包括地理结构、地理格局、地理过程、地域分异与人地关系等内容,具有广泛的研究范围、丰富的研究方法、综合性的研究内容。因此,它以其独特的研究视角赢得了广泛的生存空间。受地理学科性质的影响,地理素养与其他学科素养相比有共性也有差异。归纳起来,地理素养具有综合性、空间性、动态性、终身性、现实性和实践性等基本特点。

二、目前中学地理教育及学生地理素养的现状

(一)地理课普遍不被重视

许多人认为地理无非是讲讲山川名胜、物产分布等,而对现代地理教育的内容、价值几乎一无所知。他们不了解中学地理教学对开发学生智力、扩大学生视野、陶冶学生情操、提高民族整体素质所能发挥的巨大作用。地理课不被重视,地理教师也就被人瞧不起,由于认识上的原因,各个中学尤其是乡镇中学很少有专业地理教师,地理专业的中青年教师也被迫任教其他课程,学有专长的地理教师流失严重。地理学科的地位低下,必然会影响教师的教与学生的学,地理教学质量也会因此受到很大影响。

(二)中学生地理素养普遍不高

学校、家长及学生之所以不重视地理学习就是考试指挥棒在起作用。不可否认,考试指挥棒的作用在现阶段,无论是对教师的教还是对学生的学,其影响都是巨大的,尤其体现在中考。考试指挥棒的指挥作用自然决定了学生对各学科认识和重视程度的不同,也就必然会影响到各学科的学习效益,以至于目前中学生地理素养普遍不高。

三、培养中学生地理素养的重要性

培养现代公民必备的地理素养是高中地理课程改革的核心理念,它对应了普通高中教育的培养目标,体现了基础教育改革的基本精神。《地理教育国际宪章》指出:"地理教育为今日和未来世界培养活跃而负责任的公民所必需。"这是对地理教育价值的高度概括,笔者从如下六方面看到地理教育在培养活跃而又负责任的公民方面的具体作用。

第一,在学生的认知发展上,地理教育能够使学生形成从地方、区域乃至全球视野看待世界各种事物和现象的意识,可以使学生形成一种特殊的思维品格、思辨能力和创造素质。

第二,在学生思想道德素质的培养上,地理教育对学生爱祖国、爱家乡情感的培养,对只有一个地球、尊重自然、环境道德、资源道德等道德意识的形成均可发挥特殊作用,具有其他学科不可替代的优势。

第三,在科学观念的培养上,地理学科教育承担着使学生具备学科的人地观、环境观、资源观、可持续发展观、全球意识、国际意识的重任。

第四,在公民意识的培养上,地理教育在使学生形成国家意识、道德意识、法律意识方面具有特殊作用。

第五,在培养合格劳动后备力量方面,地理学科中所阐述的有关工业、农业、交通运输、贸易等的布局原理、地域差异、因地制宜观点,是每一个劳动者应当具备的基本常识。

第六,在日常生活方面,地理教育可为学生旅游、购物、选择位置、利用空间、适应环境等提供必要的知识支持。

四、培养和提高中学生地理素养的策略

(一)注重贴近生活,激发和培养学生的地理志趣

学习对生活有用的地理和学习对终身发展有用的地理是两个重要理念。因此,地理教学"走进生活、走进发展"是时代的呼唤,也是地理教学的必然。人类生活在地理环境之中,地理环境的性质及其时空变化与人类的生活息息相关,与生活密切相关的地理知识是鲜活的、学生感兴趣的知识。所以在地理教学中,应将学生感兴趣的、生活中的自然现象和时事热点等地理素材引入地理课堂中,让学生亲近地理。同时注意以与学生年龄特征相适应的大众化、生活化的方式呈现地理学习内容,增加具有广泛应用性的内容,建立地理课程与学生日常生活的联系,让学生体会到地理与现实世界的结合。例如,在讲授时区这部分内容时,由于"跨越国际日期变更线,日期就会不同"这个知识点学生理解起来会有难度,可以在教学时以学生熟知的历史事件为切入点,如麦哲伦环球航行最后少了一天的航海日志,电影《环游地球八十天》中最后时间多出一天,以激发学生学习时区的兴趣,激发学生克服地理学习困难的决心和学习地理知识的热情。

让学生运用所学地理知识和方法,联系生活实际开展研究性学习,鼓励他们自己用所学知识和原理去解决问题,从而发展他们的思维能力,加深对相关地理知识的理解;通过获得成功的体验和克服困难的经历,使学生认识到地理对于未来进一步学习的作用。这样既有助于学生体验地理与现实的相关性,理解地理趣味性和挑战性,又能有效地挖掘学生的学习潜能,培养学生的地理素养。

(二)地理教学中合理运用现代化教学手段

中学地理教学内容广、信息量大,包含着极其丰富的自然、人文及时

空变化知识,改革和创新教学方法显得尤为重要。现代化教学手段具有视听结合、动静相宜、感染力强等特点。运用现代化教学手段,通过各种形象化的教学媒体的观察与思维,引导学生去探索、发现、归纳、总结。学生主动参与学习过程,启发智力,发展能力,切实提高全面素质。运用现代化教学手段有以下两方面的优点与作用。

1.课堂教学效率大大提高

实践证明:如果让学习者既能听到又能看到,再经过思考、讨论、交流,用自己的语言表达出来,知识的记忆就将大大优于传统教学的效果。在教学过程中,会涉及很多地理现象的形成和发生的基本原理,用传统的教学和平面图片等资料是难以让学生理解和接受的。而现代化教学手段跨越时空限制,融听、说、看等多种形式于一体,将文字、声音、图形和图像综合化,为教学提供了逼真形象的表现效果,扩大了感知空间,从而调动了学生的学习主动性,课堂效率也大大提高。例如,在讲授"地球的自转和公转"的过程中,教师利用多媒体课件教学,形象而准确地模拟演示,使学生看到太阳直射点南北移动所产生的现象,从而迅速准确地理解自转和公转的概念以及产生的各种现象。

2.课堂容量大大增加

在传统教学中,教师用粉笔写字速度慢,对于部分重点内容板书下来是很有必要的,但板书某些非重点内容就会浪费时间,使课堂容量变少。而现代化教学可以简化教学程序,加快教学节奏,加大课堂教学密度,不仅能把知识更多、更快地传授给学生,还大大节约了时间,加大了课堂容量。例如,在讲授"经线和纬线"一节时,教师运用多媒体教学的课件进行演示,不仅能很快地让学生掌握经线和纬线的概念,了解东西半球的划分,还能使学生准确地判断出某地的经纬度。这样既快又形象,提高了效率的同时,增加了容量。又如,在地理复习课上,可以用投影片把各种练习题写好,上课时只需要打开投影仪,把练习题一一讲解给学生听就行了,从而减少了板书的时间,增加了课堂容量。在复习课、练习课上,现代化教学手段的优势表现得尤为显著。

现代化教学手段在地理教学中的运用,不但有效地弥补了传统教学手段的缺陷,而且减轻了教师的负担,提高了学生学习的主动性,从而促进了地理教学质量的提高。现代化教学是未来教育技术发展的方向,但现代化教学手段并不能完全取代行之有效的其他教学方法,教师要把传统的教学方法与现代化教学手段有机结合起来,使教学过程最优化,从而达到提高教学质量、培养高质量人才的目的。

(三)运用多种教学方式,增强学生的学习热情

古往今来,热衷于地理方面的学习、精通地理学的名家众多,如地理学家徐霞客在游记中记录的内容,人们如今谈起来依旧妙趣横生;三国时期智慧化身的诸葛亮在赤壁之战中"借东风"的故事,至今还令人津津乐道、赞不绝口。古人把"上知天文,下知地理"的人誉为博学之士,可见学好地理这门学科是多么重要。那么,如何才能学好地理知识呢? 笔者认为运用多种教学方法来激发学生学习地理的热情是十分重要的。

首先,在地理教学中,有意识地引导学生绘制地图,大到绘制地区图、国家地图,小到绘制城市地图。经过长期训练,引导他们从全局分析国家、地区、城市的自然特征和人文特征,同时让学生从情感方面认识事物,在轻松愉快中学习,达到事半功倍的学习效果。

然后,运用多种教学手段,如多媒体、投影仪、自制课件、自制教具,使

教学更形象直观。例如，利用地球仪让学生认识地球的自转、公转原理，引导学生在实践中寻求学习的规律，搞清为何有白天黑夜之分，为何有四季之别。这样，学生学习的热情就会高涨，在轻松、愉快中学习，教学效果就会更加好。

最后，有意识、有目的地引导学生到大自然中去观察事物，如河流为何弯弯曲曲，为何河流旁边会出现小平原。又如，对大自然中动、植物的生长环境进行考察，深入了解当地的气候类型、气温和降水等地理因素与生产生活的联系，从而让学生认识到学习地理知识是为生产、生活服务的。

(四)联系实际,培养学生的应用能力

1.培养和发展学生地理应用能力的时代意义

地理应用能力是应用地理知识去分析和解决各种实际问题的本领。随着社会、经济的发展，环境教育和可持续发展教育已成为地理教育的重要内容。日益严重的环境问题为地理教育提出了新的课题。人口的迅猛增长使人口与资源的矛盾愈加突出；工业化的进程导致资源和能源的短缺，使环境污染日益加剧，生态平衡遭到破坏。环境问题不但制约了经济的发展，甚至威胁了人类的生存。这不但给地理教育赋予了新的内容，而且要求教师教给学生相应的本领，使学生掌握协调人地关系的基本方法，珍惜和合理利用人类赖以生存的地理环境。

地理教育担负着我国可持续发展教育的重任。可持续发展战略是我国经济发展的一个重要战略。其实，可持续发展战略和地理科学是同源同根的，是人地关系认识的加深和发展。它不仅考虑当代人的发展，还考虑后代人的生存和发展，是和中学生的未来联系在一起的。因此，地理教育要为祖国的经济建设服务，就必须重视对青少年可持续发展战略意识的培养，使其成为可持续发展战略的参与者。

2.培养学生地理应用能力对学生终身发展的意义

学习有用的地理是新一轮地理课程改革放在首位的理念，也是这次地理课程改革中最强调的理念。学习生活中有用的地理，学习对终身发展有用的地理，是以学生的认知、生活经历为契机，以灵活的教学方法为切入点，培养学生认识生活、适应生活、安排生活、创造生活的一种尝试，让学生体验到生活中处处都有地理，学好地理终身受益。

第一，培养地理应用能力可以帮助学生养成科学的世界观，使学生更好地认识事物、认识世界。例如，关于索马里海盗为什么那么猖獗且能够劫到货船这一问题，首先要知道索马里位于非洲东北部，相当穷。他们因为不能维持正常的生活才成了海盗，而且索马里附近的红海是重要的国际货运航线，所以才有劫持货船的可能性。试想，如果索马里是一个很富有的地方，那些人还会冒着生命危险去当海盗吗？这仅仅是个例子，但可以简单地说明培养地理应用能力对学生世界观的养成具有重要意义。

第二，培养地理应用能力可以增强学生的生存能力。地理教育中有很多关于自然界事物的介绍，如北斗星的指向、沙漠中水源的存在、地震、泥石流、台风。其中，最简单的是教会学生如何看地图，如何辨别东南西北，这些看似容易但对日常生活非常有帮助。例如，很多同学上了大学还不敢一个人出门，因为辨不清方向，找不到回来的路。由此可见，学生地理应用能力是多么薄弱，同时折射出培养学生地理应用能力是多么重要。

3.培养学生地理应用能力的对策

(1)课堂教学注意联系生活实际

学生每时每刻都处在社会生活的环境之中,人们生活的环境就是一个最大的课堂。教师只有将课本知识与生活实际相联系,才能让学生真正感觉到地理不是枯燥无味、毫无用处的,才能让学生真正体会到生活无处不地理。因此,在地理课堂教学中,教师要千方百计引导学生联系实际,有意识地让学生运用所学地理知识去解释一些自然现象和社会问题;让学生从地理角度去观察和分析生活、生产和社会现实中的有关问题。

(2)组织开展研究性学习活动

现行中学地理教材在每一课的教学内容后面都设计了相应的活动。这些活动问题的答案往往具有不确定性。这些问题的答案学生不可能只花几分钟的时间就脱口而出,而是蕴藏着很多的"研究"成分。对于这类活动,教师可以根据教学需要让学生自己到图书馆、阅览室和网上查找资料,然后组织学生一起进行交流。这样的小型研究性学习既不会加重学生的负担,又可以培养学生运用知识的能力,同时可以培养学生的自学能力、搜集归纳能力,拓展学生视野,开发学生智力。

(3)地理读报,新闻发布

关心国家和国际形势,自觉形成责任感也是地理素养的一个重要组成部分。教师可以组织学生定期开展"我读地理新闻"活动,让学生从自己感兴趣的新闻报道入手,运用所学过的地理知识分析这些新闻的背景或解释其原因。由于是开放式的分析,学生发挥的空间比较大,气氛也会比较活跃,很受学生的喜爱。在读报的过程中,还可以要求学生在讲解时一定要用地图说话,久而久之,对提高学生使用地图的基本素养会十分有益,可以强化他们空间、区域等概念,对他们今后的学习、生活都将有很大的帮助。

　　总之,培养学生的地理素养是一个复杂的系统工程。要提高学生的地理素养,教师首先要提高自身的地理素养,并且在教学实践中有目的、有计划地实践,不断反思。

参考文献

1.[德]福禄培尔.人的教育[M].孙祖复,译.北京:人民教育出版社,1991.

2.[捷克]夸美纽斯.大教学论[M].傅任敢,译.北京:人民教育出版社,1984.

3.[苏联]苏霍姆林斯基.给教师的建议[M].杜殿坤,译.北京:教育科学出版社,1984.

4.[美]泰勒.课程与教学的基本原理[M].施良方,译.北京:人民教育出版社,1994.

5.[德]雅斯贝尔斯.什么是教育[M].邹进,译.上海:三联书店,1991.

6.[英]约翰·怀特.再论教育目的[M].李永宏,译.北京:教育科学出版社,1997.

7.[苏联]赞可夫.和教师的谈话[M].杜殿坤,译.北京:教育科学出版社,1980.

8.卞鸿翔,李晴.地理教学论[M].南宁:广西教育出版社,2001.

9.常华锋.初中地理新课程教学法[M].北京:首都师范大学出版社,2010.

10.陈澄.地理教学论与地理教学改革[M].武汉:华东师范大学出版社,2011.

11.陈永明.现代教师论[M].上海:上海教育出版社,1999.

12.董谦.多媒体给地理教学带来的新变化[M].兰州:甘肃教育出版社,2005.

13.樊志.浅谈如何提高中学生地理学习兴趣[J].中国科技教育(理论版),2012(03):38-40.

14.葛剑雄.悠悠长水·谭其骧前传[M].武汉:华东师范大学出版社,1997.

15.何克抗.建构主义——革新传统教学的理论基础(上)[J].电化教育研究,1997(03):3-9.

16.胡德海.教育学原理[M].兰州:甘肃教育出版社,1998.

17.黄济,王策三.现代教育论[M].北京:人民教育出版社,1996.

18.连榕,李宏英.发展与教育心理学[M].福州:福建教育出版社,1999.

19.刘慧霞.从"大气运动"一课看特级教师的教学思想[J].地理教育,2006(05):17.

20.梅桃源.高中地理课程标准教师读本[M].武汉:华中师范大学出版社,2003.

21.潘信国.浅谈信息技术与地理教学的整合与创新[J].中学地理教学参考,2004(03):53-54.

22.瞿葆奎.元教育学研究[M].杭州:浙江教育出版社,1999.

23.石中英.教育学的文化性格[M].太原:山西教育出版社,2005.

24.王炳照.简明中国教育史(修订本)[M].北京:北京师范大学出版社,1994.

25.吴康宁.教育社会学[M].北京:人民教育出版社,1999.

26.吴式颖.外国教育史简编[M].北京:教育科学出版社,1995.

27.伍新春.高等教育心理学[M].北京:高等教育出版社,1998.

28.熊梅.启发式教学原理研究[M].北京:高等教育出版社,1998.

29.袁书琪.地理教育学[M].北京:高等教育出版社,2001.

30.张斌贤,褚洪启.西方教育思想史[M].成都:四川教育出版社,1994.

31.张大钧.教育心理学[M].北京:人民教育出版社,2004.

32.张焕庭.西方资产阶级教育论著选[M].北京:人民教育出版社,1979.

33.张军.上好高中地理课的几点做法[J].甘肃教育,2016(16):122.

34.张素娟.计算机辅助地理教学[M].北京:人民教育出版社,2001.

35.张祖春,王祖琴.基础教育课程改革简明读本[M].武汉:华中师范大学出版社,1997.

36.郑金洲.教育通论[M].武汉:华东师范大学出版社,2000.

37.朱永新.朱永新教育文集[M].北京:人民教育出版社,2004.